人类学
与中国社会

ANTHROPOLOGY
AND CHINESE SOCIETY

周大鸣 等 著

社会科学文献出版社
SOCIAL SCIENCES ACADEMIC PRESS (CHINA)

目录
CONTENTS

都市与乡村研究

前　言

一　我们从历史走来：站在人类学先驱们的肩膀上

　　20 世纪早期是中国社会近代以来变革最为激烈的时期，出于救亡图存的爱国民族主义情结，一批先进的知识分子最先自觉地接受各种西方社会思潮，意图"洋为中用"，改造中国社会，使之走上富强之路。以进化论作为先导的人类学理论思想就是在这种大的社会背景下进入中国社会的，并逐渐为国人了解和接受。20 世纪初至 20 年代末，是西方人类学开始传入我国的时期。据考证，早在 1902 年人类学这个学科名称就已在我国出现，《清史稿》载湖南的一些知识分子组织学会从事研究，学科中就有人类学。① 至此，人类学译著陆续被介绍进入我国，例如，英国斯宾塞（H. Spencer）著、严复译的《群学肄言》（又名《社会学研究》）在 1903年由上海文明书局出版，法国涂尔干（E. Durkheim）著、许德珩译的《社会学方法论》在 1925 年由商务印书馆出版，芬兰韦斯特马克（E. A. West-marck）著的《人类婚姻史》于五四运动期间在《北平晨报》连载达一年之久。

　　这些译著为人类学在中国的传播起了思想启蒙作用，使国人不但了解了能改造社会的人类学进化理论，而且更重要的是促使一些知识分子自发地运用这些理论思想，结合中国的社会历史文化来审视中国的现实社会。基于西方人类学思想的中国最早的人类学著作，像 1903 年刘师培著的

---

① 张寿祺：《中国早期的人类学与中山大学对人类学的贡献》，载中山大学人类学系编《梁钊韬与人类学》，中山大学出版社，1991。

《中国民族志》，1906年章太炎著的《俱分进化论》，1918年陈映璜著的《人类学》，1924年商务印书馆出版的顾寿白著的《人类学大意》等，都开始有意识地运用已传入中国的西方人类学理论来解析中国的历史和文化。

在运用西方人类学知识分析中国现实和历史的同时，一些有识之士开始积极思考把相关的知识系统化和制度化，进行科学的学科建设，如：1906年国学大师王国维提出，在文学科大学中可以设经学、理学、史学、国文学和外国文学等，其中前三科的课程都应包括社会学，史学课程中还包括人类学；1913年北洋政府教育部颁布的大学规程中规定文科文学门、理科动物学门设人类学课程。与此同时，一些大学和研究机构也相继成立人类学系或确定人类学的研究方向，出现了专门的人类学教职和教授，如：李济1923年受聘为南开大学的人类学教授，后转聘于清华大学国学研究院，担任人类学讲师；厦门大学1922年开设了社会学课程，不久设立了历史社会学系，俄国人类学家史禄国等曾在此任教，并有相当丰富的人类学研究成果出版；北京大学在蔡元培担任校长后，成立研究所，设立国学门、社会科学门等，1917年，在国学门通科（一、二年级）开设了人类学课程，北京大学还进行了富有成果的近世歌谣的收集工作，把研究视点转向平民生活。

中山大学、厦门大学、燕京大学、复旦大学、沪江大学、金陵大学等高校先后开设了人类学、社会学的相关专业。所以，可以说从20世纪初到1927年，中国的人类学知识逐步得到了机构性的制度化，并逐步从进化论、人种学和民族学的思想启蒙转化为一个具有学科体制的知识体系。[①] 当然，更为重要的是，1928年中山大学以及后来中央研究院社会科学研究所和历史语言研究所的成立。这些区域性和全国性的专业机构的设立，为推进人类学在中国的实际研究打下了良好的组织基础，做了人员准备工作，把中国早期的人类学的发展推向了实践阶段。

人类学早期在中国的传播过程中，日本起到了重要的桥梁作用，早期的人类学理论与著作大多是通过日本传入中国的。许多人类学的古典著作，特别是进化论方面的，首先被译为日文，然后才被译为中文，再由在日本的中国留学生介绍到中国。人类学在中国的传播还与一位著名学者的

---

① 王铭铭：《西学"中国化"的历史困境》，广西师范大学出版社，2005。

努力密切相关，他就是被誉为"中国民族学之父"的蔡元培先生。蔡元培先生曾在 1907 年被派往德国的莱比锡大学学习了三年的哲学、文学、心理学和民族学，回国后他开始倡导在"未开化"民族中探究当代文化惯例的起源。1926 年，他发表了一篇题为《说民族学》的文章，这是中国人第一次用自己的语言探讨自己的民族学问题。蔡元培不仅将西方民族学和人类学带到中国，而且积极建立学术研究机构，推动学科发展。1928 年，他在南京创立中央研究院，在其中的社会科学研究所中设立了一个民族学组，对促进中国的民族学田野工作起到了重要作用。

20 世纪 30 年代初至 20 世纪 40 年代末，是中国社会发展中最为波澜壮阔的时期，同时也是中国人类学早期发展的"黄金时期"。大量各类专门化的研究机构得以设立，大范围的田野调查得以开展，许多人类学家、民族学家在当时动荡的社会环境中，怀着对认识和改造国家的满腔热血，脚踏实地地追求自己"科学救国"的理想，为人类学在中国的发展播下了燎原的"火种"，打下了坚实的基础。这些田野调查包括：1928 年夏，俄国人类学家史禄国夫妇，中山大学教授、中央研究院特约编辑员容肇祖和中山大学语言历史学研究所的助理员杨成志等受派去云南进行人类学方面的调查；1928 年 8 月底，中央研究院历史语言研究所派遣黎光明到川边做民物学调查，同年夏，中央研究院社会科学研究所派遣颜复礼和专任编辑员商承祖与地质研究所和中央研究院联合组成广西科学调查团，前往广西对瑶族进行调查；1929 年初，林惠祥受中央研究院社会科学研究所民族学组的委派去台湾进行高山族调查；1929 年 4 月末，民族学组的凌纯声和商承祖赴东北进行满—通古斯语民族的调查；20 世纪 30 年代，燕京大学杨懋春的山东胶县（今胶州）台头村调查，李景汉的定县（今定州）调查，凌纯声和芮逸夫的浙闽畲族调查，刘咸、杨成志、伍锐麟、王兴瑞、江应樑等先后对海南岛黎族的调查。

在 1937 年抗日战争全面爆发前，著名的调查还有费孝通、王同惠的广西大瑶山调查和江村调查，林耀华的黄村和义序调查，凌纯声、芮逸夫等对湘西苗族、瑶族的调查，陈礼颂对潮州地区村落社区和宗族的调查，陈达对闽粤社会和南洋华侨的调查，陈序经、伍锐麟、杨成志等对福建、广东、广西等地疍民的调查，罗香林对广东北江等地客家文化的调查，以及有关机构对大小凉山彝族的调查等，不一而足。

1937 年 7 月抗日战争全面爆发后，中国的政治、经济中心从东南沿海转移到大西南，人类学的研究中心也随之转移到西南、西北一带，学者们仍坚持调查研究的学术风范，并形成了颇有特色的边政研究。这个时期的调查大多是在当时的中央政府直接领导下进行的，带有明显的解决现实问题的目的。比较突出的调查有：1938 年李安宅等人到甘肃从事藏族文化的促进工作和社会人类学的实地调查，并对藏传佛教作了研究；20 世纪 30 年代末 40 年代初费孝通、张之毅等在"云南三村"调查；1941 年许烺光在云南大理调查，大夏大学的吴泽霖、陈国钧等在贵州调查；1938～1943 年，杨成志及学生在云南澄江、粤北瑶山调查；1941 年中央研究院历史语言研究所与中央博物院筹备处合作组成了以凌纯声任团长的川康民族考察团，调查川康民族文化；1942 年中央研究院社会科学研究所经济学组的助理研究员张之毅到新疆调查社会经济；1943 年林耀华与胡良珍等到四川大小凉山彝族聚居区考察；抗战期间，李方桂、罗常培、马学良等在贵州、云南、四川等地对侗族、水族、傣族、纳西族、彝族、独龙族等少数民族的语言文字进行了调查。

这个时期的调查大多是以资料收集的形式完成的。抗战胜利后，才系统地加以整理，在此基础上，陆续发表和出版了大量的调查报告和学术论著，如 1947 年商务印书馆出版了凌纯声、芮逸夫在 1941 年的湘西调查成果《湘西苗族调查报告》，林耀华 1944 年写就的《凉山夷家》也在这年出版。另外，1945 年美国芝加哥大学出版了费孝通等于 20 世纪 30 年代末 40 年代初在"云南三村"的调查成果《被土地束缚的中国》；1948 年王兴瑞的海南岛黎族调查成果《海南岛黎人调查报告》出版；1948 年江应樑的云南调查成果结成研究文集《西南边疆民族论丛》由珠海大学印行。

所有这些调查涉及社会文化、体质、语言、历史、考古等各个方面，留下了大量的田野调查资料，锻炼和培养了一批研究骨干，这既是一个通过调查尝试将理论与中国各民族的实际结合起来进行研究的过程，又是一个人类学中国化的实践过程。

这一时期的综述性著作中，以林惠祥的《文化人类学》（1934 年）的影响最大，他还写了《世界人种志》（1932 年）、《民俗学》（1934 年）、《中国民族史》（1936 年）等；留学日本的岑家梧发表了《图腾艺术史》（1937 年）、《史前艺术史》（1938 年）、《西南民族文化论丛》（1949 年）等。这一时期还出版了一些人类学、民族学刊物，如中央研究院历史语言研究所主编的《民族学研究集刊》、中山大学研究院文科研究所主编的《民俗》。此外，有关边疆研究的刊物（如《边政公论》）和有关学报共约四五十种，也经常刊载研究人类学、民族学的文章。

这一时期也是人类学、民族学教学和研究机构普遍建立的时期，北方以中央研究院和燕京大学、清华大学、南开大学、辅仁大学为中心，南方以中山大学、岭南大学、中央大学、金陵大学、厦门大学、复旦大学、四川大学、云南大学等大学为中心，有十几所高校开设了人类学或民族学课程。1946～1948年，暨南大学、清华大学、中山大学、浙江大学四所大学先后成立人类学系，1949年台湾大学设立考古人类学系（后改称人类学系）。

由于研究主题和理论方法不尽相同，新中国成立前中国人类学研究表现出两种不同的类型，研究者们称为"南派"和"北派"。

"南派"以中山大学的杨成志、林惠祥等人类学家为代表。杨先生1928～1929年关于彝族的调查成果成为学术经典，他本人也以彝族的毕摩经文研究论文获得法国巴黎大学民族学博士学位。杨先生注重实地调查，说人类学研究是靠脚量出来的。他和他的弟子们在南方，尤其是西南少数民族地区做了大量调查。在理论上他主张并容兼收，认为无论是进化论、历史特殊论，还是功能论、结构论，都具有一定的局限性，需要综合起来应用。林惠祥先生则是以台湾高山族研究为重点，将人类学与考古学、历史学结合，在东南沿海民族、考古方面有突出的贡献。"南派"学者在重视实地调查、理论综合的基础上，还注重与历史学、民俗学、考古学、地理学的结合，同时注重实物资料的收集。"南派"学者的研究为南方人类学研究尤其是少数民族研究打下了坚实的基础。

"北派"以燕京大学社会学系吴文藻为首的人类学家、社会学家为代表，他们讲理论，重应用，明确提出人类学中国化的学术思想。吴文藻自1929年留美回国后，一直在探索将人类学、社会学与中国国情相结合的问题，他主张人类学研究应从原始民族扩大到现代民族，中国人类学应研究包括汉族在内的整个中华民族。他认为功能学派理论最适于研究中国国情，曾于1935年邀请拉德克利夫 - 布朗来华讲学，并撰写了一系列文章宣传功能学派的理论方法。"北派"的另一位代表人物是费孝通。费孝通毕生致力于研究中国社会的现实问题，努力摸索一条科学地研究中国社会的道路，他的《江村经济》是人类学实地研究的典型。费孝通以江村作为微观研究的样本，透过江村说明中国农村各种社会制度之间的内在联系，他认为社会科学应在指导文化变迁中起重要的作用。林耀华是这一派的另一位重要成员，他的《金翼》对中国汉族社会的典型特征之一家族制度进行了人类学研究，从不同的个人的角度来处理中国农村许多带有普遍性的问题。这一派的不足之处在于只讲功能、平衡，不讲矛盾、冲突，有一定的局限性。

无论"南派"还是"北派"，以及其他人类学者，都在寻求人类学中国化的发展道路，只是"南派"重历史研究，力图以人类学的理论方法重建中华民族的文化史，并对国内各民族予以系统的分类，"北派"则重理论，提出一些比较系统的见解，更强调解决中国社会的现实问题。

中华人民共和国成立以后到50年代末这10年是中国人类学的学术转型时期，从学理上来看，有三种学术现象可以体现出其特征。

其一，组织机构的调整。随着新兴政权的建立，中央研究院社会科学研究所和历史语言研究所的使命宣告终结（其中有小部分的机构和人员迁台，继续从事相关研究）。大学里的人类学、社会学等相关院系也面临"撤、停、并、转"的命运，其间贯穿着民族院校和与文化人类学类似的"民族学"专业的建立等"事件"。尔后形成的组织格局就是华东、华南的人类学与民族学机构被取消，华北以中央民族学院研究部的形式保留了研究队伍，并充实了一些南方学者。其他各地的人类学研究机构消失殆尽。

其二，研究人员的分流与思想改造。机构不存在了，这些研究人员不得不分流到其他单位，除了一部分人集中到中央民族学院和中南民族学院，继续从事少数民族的研究以外，其余大多数人类学学者不得不转向历史学和考古学，并且从事原始社会史的研究。不仅如此，为了能与非马克思主义思想作彻底的决裂，这些从"旧世界"过来的，一直从事"资产阶级性质"的人类学研究的学者，在新政权的指导下，接受了一次彻底的马克思主义思想教育，所以，20世纪50年代，在人类学与民族学界，出现了大量的研究马克思主义的著述，如林耀华在1951年运用恩格斯的劳动观点，写出了《从猿到人的研究》，中山大学历史系的梁钊韬、厦门大学历史系的林惠祥等转向从事原始社会史和考古学方面的研究和教学，并自己编写新教材《原始社会史》《人类学概论》《中国考古学通论》等。50年代末"反右运动"兴起后，这种思想改造运动发展延续为另一层次更为激烈的思想革命运动。

其三，人类学研究思想"苏维埃化"的完成。随着新兴政权的建立，确立以苏联式的马克思主义为主导的意识形态思想成为新政权的当务之急，这项工作首先在知识分子集中的高等院校展开。1952～1953年，我国在全国范围内的大学里进行院系调整，高等教育部提出"苏联经验中国化"的口号，在全国高等院校中，依照苏联模式展开各项工作。于是，在各类学术刊物中，出现了大量的关于苏联的民族理论和民族学的著述，高等院校的教学计划和教学大纲也是按照苏联模式来改造的，更为重要的是马克思主义在意识形态领域里的主导和支配地位得以完全确立。这个研究取向具体贯彻于民族识别与少数民族社会历史调查的工作思路之中。

1953～1956年开展的全国性的民族识别工作和从1956年开始开展的少数民族社会历史调查工作（50年代末"反右运动"开始后一度中断，但这项工作一直延续到70年代末）的目的是正确处理少数民族问题。在工作中的理论指导思想就是社会进化论，把民族访问所接触到的风俗、语言、制度、经济等现象归结为特定历史阶段的"文化残余"。随着这两项工作的完成，参加这项工作的人类学家和民族学家也基本上完成了其思想的"洗礼"和转变，他们的研究兴趣和理论取向也从多元归于单一，完全站到马克思主义的阵线上来了，基本上完成了转型。

二　我们走向何处去：学科的困境与挑战

人类学自20世纪80年代开始恢复和重建，已逾40年。虽然说已逾"不惑"之年，但是困惑甚多。我不由得想起乔健先生20多年前的演讲。

1994年，乔健先生在《中国人类学发展的困境与前景》演讲中，指出制约中国人类学发展的三个困境。第一个困境是学术界对人类学学科的名称与内容没有达到共识，因为没有这种共识，人类学在官方无法获得明确的学科地位。第二个困境可以说是功利主义的压力，这种压力主要来自政府，但也有来自民间的。在发达国家里，政府都在迫切地寻找一些对经济发展立即有用的知识。而人类学，正像自然科学中的数学一样，是社会科学中最基本的学科，它对经济、社会、政治的发展的功用是根本的、广泛的、长期的，但不是立竿见影的。第三个困境是依靠现有人类学的方法不足以有效地研究中国社会。由于传统人类学的研究方法主要是从研究小型的、简单的与较原始的社会中发展出来的，能否有效地运用该方法来研究中国这么庞大悠久的复杂社会是一个极具挑战性的方法论问题。英国功能学派大师拉德克利夫－布朗认为他从研究原始社会总结出来的一套概念与方法也可以用于研究复杂社会。在他 1935 年来中国讲学之前，已经有他的学生用这套概念与方法去研究墨西哥、菲律宾及日本社会。他到中国后，在燕京大学发表题为《对于中国乡村生活社会学调查的建议》的演讲，他认为中国农村是运用他研究出来的调查方法很理想的研究对象。在他的鼓励与启发下，不少中国学者用他的方法去研究中国农村。

乔健先生看到了中国人类学发展的困境，也指出了美好的前景。首先，中国一直是世界人类学学者以及所有与研讨人类文化历史有关的学者都渴望来到的地方。现代人类学将在新的中国资料中受一次洗礼之后变得更有世界性，上升到更高的理论水平。这是中国人类学发展的第一个前景。中国的文字不是世界上最古老的，有文字记载的历史却是世界上最长久且连贯不断的，相关的历史文献也是世界上最丰富的。从这悠久丰富的历史文献里，我们看到了中国人类学发展的第二个前景。中国人类学发展的第三个前景建立在中国是一个多民族的国家这一事实上。世界上多民族的国家很多，但像中国有这么多民族聚在一起共同经历了千年的岁月，最后终能共存共荣并实现大团结的却绝无仅有。对于这个格局，只有人类学学者可以提供全面的、客观的、系统的解释。这种解释应该包括三个层次：第一，解释中华文化的多元性以及其既有共性又有个性的特点；第二，解释族群之间错综复杂的经贸、政治与文化关系；第三，分析形成这种共存共荣大团结格局的基本原因，而且作出结论，向全世界提供中国的经验。现代社会科学主要在西方社会中形成与发展，不免过分偏重反映西方文化中的认知方式、世界观与价值观。近年来，不论是西方的还是东方的社会科学家都意识到了这种偏差与缺陷，不少人在努力把非西方文化中的认知方式、世界观与价值观整合入现代社会科学中，务使后者能真正具有全球性与多元性。中国文化是非西方文化中的主支，中国人类学学者应该充分利用人类学特别擅长的比较方法与结构分析方法深入中国文化资源，把其中的认知方式、世界观与价值观提炼出来以充实甚至更新现代人类学。在这里我们看到了中国人类学发展的第四个前景。

时间过去了 27 年，乔健先生指出的困境并没有完全解决，学科定位依然不明确，人类学目前是社会学和民族学一级学科之下的二级学科，随着教育部淡化二级学科，本科按照一级学科招生，人类学的发展将更为艰难。长期以来，人类学与社会学、民族学关系模糊，其原因是学科重建后学者所具有的多重性。如费孝通、林耀华等，改革开放以来受命复办社会学，由于是人类学家受命复办社会学，因而复办的社会学具有人类学的印记。至于民族学，一部分学者认为民族学相当于文化人类学。王建民先生在《中国民族学史》中指出，1949 年之前民族学等于文化人类学、社会科学的民族学。1949 年院校调整后，民族学与文化人类学分离，成为历史科学的民族学，重视原始社会史的研究；民族研究取代民族学。民族学学科恢复后，民族学与人类学"关系模糊"。随着民族学日益本土化，实际上形成了中国式民族学。

顾定国先生在《变迁之风》（*Wind of Change*）中用几种"风"概括了中国人类学发展的历史：西风——西方人类学引入，北风——苏联模式的引入，东风——革命的人类学，春风——改革开放之后学科的恢复。美国没有学科分级，大学里社会学与人类学并置，他这样的表述没有考虑到学科内部的分歧。

郝时远先生对中国民族学进行了全盘思考和重新定义。民族学（ethnology）：研究人类社会民族共同体及其发展规律的科学。研究对象：中国各民族，中华民族，世界各民族（族别史志、国家—民族、移民、海外华人）。民族学理论与方法：马克思主义民族理论，中国特色社会主义民族理论（指导思想），中国古代民族观（本土传统智慧），近现代中国民族学理论，西方民族学理论流派（学术理论），民族志方法论，等等。上述课程应是高等教育中民族学学科的公共课程。其他以民族学为母体的二级学科名目及其内含的专业或研究方向，可择其要点，划分为政治民族学、经济民族学、社会民族学、文化民族学、影视民族学等。在民族学与人类学的关系上，文化（社会）人类学超越了民族学研究对象的局限，或者说包容了民族学所针对的"族类"群体并扩展到更广泛的社会群体。从这个意义上说，人类学更宽泛，民族学更专门。虽然它们在学科性的基本理论、基本方法上具有渊源的同一性，但依然是"甲"和"乙"，两者相互兼容而不失个性、相互融通而各有所长，相得益彰，和而不同。中国需要与国际学术界接轨的人类学，也需要影响国际学术界的民族学。包括一些族别性的综合研究领域，如蒙古学、藏学等具有东方学、汉学（中国学）性质的专门学问，可以在民族学、人类学或历史学、语言学、考古学等诸多学科的框架内分解为专业性的研究议题。问题不在于民族学与文化人类学相当或等同与否，而主要在于人类学的学科分类。他最后的结论是：一方面民族学一直没有形成具有"普遍意义的学科体系",另一方面也未能形成其基本理论和知识体系。他认为多数民族学的分支学科是以"民族××学"而不是"××民族学"命名的,说明其分支多数依附于其他母体学科。民族学学科建设的重要支撑是学科定位和学科内涵,这是一个学科的基本"骨架"。①

杨圣敏先生指出,杨成志、杨堃等在欧洲大陆留学,他们回国之后称这个学科为"民族学"。从美国和英国留学回来的人,如李济、潘光旦、吴文藻、费孝通这些人,把这个学科叫"人类学"。于是本来是同一个学科,在中国出现了两个不同的名。在20世纪五六十年代,受苏联民族学的影响,中国民族学的研究重点也具有同样的特点。其中,有几个方面的选题特别受其影响,这就是原始社会史研究、民族起源研究与民族发展史研究(研究的问题到1949年为止,都是1949年以前的)、经济文化类型研究、民族定义与民族识别的研究。

他将目前学者的研究分为以下三种类型。

第一类:继续以西方民族学、人类学理论,特别是后现代人类学思想为验证目标的研究。这批人虽然也较以前更多地深入中国现实社会开展调查,但他们的目标是用这些案例来验证西方的理论或者与西方的学者对话。这可以称为西方理论导向的研究类型。这批人多自称是人类学家而不是民族学家。

第二类:利用西方民族学、人类学界的理论工具,以解释并试图解决中国现实社会中的问题特别是民族问题为目标。这类人的研究可称为问题导向的研究。

第三类:也是以解释和解决中国现实社会中的问题特别是民族问题为目标,但在借鉴西方理论的同时,更多地探讨、寻找解释和解决中国问题的理论和方法。他们也做问题导向的研究,但他们不仅希望解释并推动解决中国当代的社会问题,也希望在这种努力中创建新的更适合于中国社会的理论和方法,因此提出了创建中国学派的目标。

最后他提出创建民族学的中国学派并就此提出五点建议:坚持发展马克思主义民族学(立场、观点);重点开展以问题导向为主的研究(研究

---

① 郝时远:《中国民族学学科设置叙史与学科建设的思考——兼谈人类学的学科地位(下)》,《西北民族研究》2017年第2期。

和解决中国现实问题），从中国当前的社会实践中总结新的理论；在中国数千年的传统文化和历史文献中汲取思想营养；坚持以实地调查为主的研究方法；坚持开放和多学科结合的研究方法。①

　　张小军先生认为，"中国的民族学"，一方面与中国语言、中国哲学、中国文学、中国音乐学等学科一样，具有鲜明的"中国"特点；另一方面与民俗学类同，作为学科都是偏向中国特有的学科。鉴于民族学的本土化，"民族"现象在中国的客观存在是一个不容否认的显性事实，中国的民族学不宜再使用英文 ethnology，因为该词本义就是"文化人类学"，可以使用 minzuology 来表达中国的民族学。

　　何明先生指出中国民族学的危机包括学科内部认同危机、社会信任危机以及体制危机。那么如何破解民族研究的危机呢？首先，重构"民族"概念，寻回被拆迁的"家园"。其次，确立"求真务实"学风，探索与运用一切能够全面准确把握有关民族的社会事实并做出有效解释的研究方法。再次，厘清民族学与人类学的关系，重建民族研究者的学科认同。最后，吁求相关管理部门转变理念，进一步构建平等对话、共同协商的体制机制。

　　上述学者的看法是很有建设性的，也准确地把握了学科的脉络。笔者就民族学的未来发展提出了几点设想：

　　第一，把民族学打造成中国特色学科，类似中文、哲学。

　　第二，建立起中国民族学的学科体系，包括理论、方法、对象等。

　　第三，民族学与人类学、社会学三科并立。

三　面向未来：立足本土、走向世界

　　本文集名为《人类学与中国社会》，毫无疑问，是本土研究。有人说：人类学是研究他者的学科，应该立足海外研究。其实，每个国家人类学的发展之路是不同的。英、法的人类学是从研究海外入手，再研究本土。美国则是先研究本土，尤其是印第安人，再走向海外。笔者以为，立足本

---

① 杨圣敏：《走向世界学术舞台中心的道路——建设民族学中国学派》，《西北民族研究》2019 年第 2 期。

土、走向世界是中国人类学发展之路。2019 年，在北京大学人类学专业开班仪式上我曾经做过一个演讲：《作为强国的学科——人类学》。在演讲中，笔者将人类学概括为"三强之学"，即强国、强校、强人之学。

作为"强国之学"的人类学有两层含义。其一，人类学乃世界强国之必需。历史上的欧美强国，没有不重视人类学的。其二，人类学是促进国家强盛之学。因为其研究的广度在人文社会科学中首屈一指，论独特视角和深度，人类学也是人文社会科学中的佼佼者。

作为"强校之学"的人类学同样有两层含义。其一，人类学乃强校必设之学科。目前，世界排名 300 名以内的综合性大学均设有人类学系。其二，人类学也是大学通识教育不可或缺的一部分。在美国，人类学事实上已成为一种迈向社会公众的公共学科。在当代不少欧美国家中，人类学甚至已经是中小学人文社会科学中的必修内容。可以说，在西方社会发展过程中，人类学学科曾经而且仍在源源不断地为公众教育与社会科学研究提供人性塑造与理论素养培养所需要的各种知识。正因为人类学对社会发展所具有的这种巨大贡献，西方普遍将其与社会学、政治学、经济学、心理学并称为五大社会科学。在西方社会中，人们以有没有开设"人类学系"这一不成文的指标来衡量一所大学是否够得上"综合性"的大学。

作为"强人之学"的人类学，主要是指人类学知识对于培养人的素养的重要性。其一，人类学帮助我们认识自己。马林诺夫斯基曾指出，人类学可以帮助我们摆脱本土文化狭隘的文化偏见的束缚，最终达到苏格拉底那种"认识自己"的智慧。而这种文化相亲的原则，正是与大学通识教育的基本原则相吻合的。我们知道，大学通识教育的一个基本宗旨与目的，就是要大力提高学生的人文素养，增进社会关怀，培养个体之间合作与欣赏的个性，最大限度地启发学生对于不同文化的理解，从而增进学生对于保护世界生物多样性与文化多样性的责任感的认识——而这正是人类这个物种在这个地球上的重要使命之一。其二，人类学帮助我们认识人性、理解人性。人类学是一门理解人性的学科。培养高素质人才的大学，毫无疑问首先必须将人文素质的养成置于十分重要的位置。培养学生从文化角度认识人性的复杂性是人文主义的一个核心内容，同时也是大学教育的一个基本职能。通过长时期的科学研究，人类学在理解人类的观念和行为的复杂性方面，相比其他学科而言更易于提出众多合理的解释体系。而通过分享人类学的这些成果，大学生群体能够更好地理解世界上不同人类观念与行为的差异化表达，从而达到"己所不欲，勿施于人"，并消除任何具有种族倾向的偏见。"大学之道，在明明德，在亲民，在止于至善"，重新回味这一大学精神的高度概括，可以发现儒学经典中有近似于人类学的情怀。教育的终极目标，一定要回归解决人类的自身问题，而这一点，也正是人类学这一学科的使命，为此《大英百科全书》将人类学定义为"达至对人类复杂本性的理解"的一门学科。人类学可以帮助我们更好地理解人性，不断反思自己，改变自己，完善自己，并树立起敢于为生民立命的责任感。作为一门使社会美好的学科，它传递的是一种自然、人类、社会和谐共处的人文情怀。

走向世界，是中国人类学未来的发展方向。

首先，人类学可以帮助我们认识世界。认识世界，认识自我，以一种反思的自我去认识世界，在世界之中认识自我，这些是人类学的真功夫，能够为国家处身世界提供恰到好处的视野、境界、真知。一国之人民想象世界的方式、对于人类前途的憧憬必须有一个不断养成与优化的机制，保证行在人类文明的正道，行在时代主流的潮头，都需要发挥人类学专业的作用。所有这些都需要做基础的工作，就是支持人类学学者到世界各地进行扎实的第一手调查。不了解对象国的真实生活，不能够把个别地区放置在世界之中做整体思考，我们就不可能作出客观真实的判断。中国现在决心拥抱世界，走强国路，就要在学科建设上走人类学国际先行的路。这是一个现代国家建设必走的路子。

其次，人类学可以帮助我们的社会科学走向世界。没有在世界范围内进行实地调查的人类学，就不可能有在国际上强盛的社会科学，也就没有支持国家在世界谋求优势地位的思想学术条件。以人类学作为指标观察、评估，中国的社会科学在"世界"意义上还很局促，因为我们长期都只是一个在国内进行实地调查的知识圈。数十万社会科学工作者守在国境线内做调查，关着门做学术，想由此使国家成为世界强国，恐怕不现实。"秀才不出门，能知天下事"，这要么是书呆子的自以为是，要么是做实事的人用反问语气对书呆子的嘲讽。

再次，人类学是走向世界的基础设施。对于世界的运转来说，道路、电力系统、网络设备是传统意义上的基础设施，银行、法律与执法机构、对话与谈判机制等是制度方面的基础设施，生产不同民族、不同语言、不同宗教的人群能够互相了解、包容、合作的知识条件的人类学也是世界体系良性运转的基础设施。中国政府基于国家的发展，更加积极主动地谋求在世界中的位置，倡议设立亚洲基础设施投资银行，提出"一带一路"倡议，实际上是在打造谋求自己在世界中的新地位的基础设施。基础设施是一个系统运行的先行条件、基础条件。我们全面检视这些项目的先行基础条件，检视这些项目所支持的强国战略的基础条件，能够清楚地看到一个本该先行却滞后的条件缺失，这就是人类学的基础作用的缺失。

最后，中国要深度介入世界，一定要有能够深入世界的人类学提供知识生成的基础条件。人类学学者以扎根社区的思想投入实地调查，能够娴熟使用当地人的语言，能够理解他们的宗教，能够在日常生活中和他们同吃同住，也就最有机会真正理解他们，最后把真切的理解用民族志文本、民族志电影传递给自己的社会，使自己的社会在细致入微的意义上认识异族他乡。人类学有人类一家的情怀，擅长在不同文化之间架设沟通的桥梁，调整不同人群之间的成见，培养人民之间"美人之美"的能力，最大可能地让世界强国成为对世界贡献最大的国家。如果我们有了具有这样一种功能的人类学，"一带一路"建设就可能有足够优秀的知识条件。

走向未来，人类学海外发展是必由之路。随着"一带一路"建设的推进，一直以理解不同文化为主要面向的人类学，是我国深入了解海外情势、正确制定海外政策、顺利推进"一带一路"建设不可或缺的重要学科。随着海外民族志的拓展，也许我们下一本书的主题是"人类学与海外社会研究"。

是以为序。

周大鸣
2021 年 3 月 14 日

人类学视域下的中国社会

人类学与中国社会研究

周大鸣[*]

要深入了解人类学与中国社会，我希望先从什么是学科的研究谈起。说到学科分野的形成，基本上可以从150年以前甚至更早的时间开始谈起。划分不同的学科是那一时期的学者们所做的事情，限于那个时代的知识结构与对世界的认知方式，他们提出了一套分类方式。这些学者将不同的知识领域划分成不同学科，包括经济学、社会学、人类学、物理学、数学、化学等。如今150年过去了，整个知识体系无论是量还是组成学科的最本质的那些因素，都发生了巨大的变化。大家有兴趣了解科学史的话，就应该明白，仅仅是科学的概念本身，近150年来就发生了很大变化。过去的知识很多时候需要能够直接证明，它才是科学的。但是恰恰后来很多东西是不能直接去证明，只能间接证明。甚至到后来，可以被证伪但还没有被证伪的，也被算作科学的范畴。所以，科学的概念，特别是量子物理学产生以后，发生了巨大的变化。

我想人文社会科学也是同样的，只是因为目前的学科设置可以使得我们的学习更为方便，所以我们使用的是某一学科的理论与方法，实际上在具体运用的过程中，大多是没有这种界限的，而且越来越没有界限。所以，教育部提出了新的跨学科专业，批准了很多新的跨学科专业，就是为了满足新的时代新的认知需求。所以，大家一定要有这样一个认识，不要还有那种画地为牢的思想。这是第一个问题。

第二个问题，所有的人都会犯错误，包括我自己和所有的老师，大家、院士也难以避免。所以你要尊重前人，尊重老师，但不要盲目崇拜，

---

* 周大鸣，中山大学社会学与人类学学院教授、移民与族群研究中心主任。

这是需要强调的。因为作为老师，我比你年长，见识可能多一点，这是我们中国人经常讲的。我走过的桥比你走过的路多，那只是说我的经验多，但不代表我所讲的都是对的。所以，我们在读前人的研究成果的时候，就不要有这种思想与束缚，不要认为前人讲过的就一定是正确的。当初我写本科学位论文，就曾与中国社会科学院考古研究所的一位大家发生争论，我发现他用的材料存在错误，做史学、考古学研究，如果你用的材料错误，那就是硬伤。你文章写得再好也没有用，史料用错了，文章就没价值了。但是我不是说要你随便去挑战权威，而是要你知道老师也会犯错。

第三个问题，人类对知识的分类是不断变化的，所以过去我在教方法课的时候，也是让大家去看百货公司、超市是怎么做商品分类的，这种分类的方法，包括图书馆的分类体系，都是按照一定的方式设计出来的，包括电脑上面的字母，编排的位置，你要去改变它可能不容易。很多人认为它不是最合理的，没有人去挑战它，没有人去较真，很多事早已习惯了。但实际上我们在做研究的时候，一定要有一种这样的意识，我们自己要有一套对你发现的知识进行归类的方法，将它进行归类，然后解释这种分类，最后再把它概括出来。

如今学科细化以后，反而在一定程度上束缚了我们的研究。中山大学历史系的一位教授说过一个笑话：有一个厨师，他是皇宫里面的御厨，从皇宫里出来后，有个财主请了他，想的就是皇宫里面的厨师做饭的水平可能特别高。有一天，这个财主想显摆一下，就请御厨帮他做一桌菜。御厨说他不会。财主说，你是皇宫里面的御厨，不会做菜，你是干什么的？厨师说他是做白案的，就是专门做面食的。财主说，你给我们做一做面食也可以。厨师说他不会，他是专门做饺子的。财主说，那给我们做一顿饺子也行。厨师说他也不会，他是做饺子馅的。

举这个例子是因为，我们很多的知识分类也是这样的，分得很细。你真正要想做一桌菜的时候，要把你关于厨艺的东西整合起来。我们的知识分类越来越细，我们的社会分工也越来越细。你要到珠三角的那些厂子里面去看，它们是一条生产线，例如，汽车厂中，每个人在流水线上只承担一道工序，所以对这一道工序很熟练，可以做到极致。整个流水线上的工人通力合作，才可以打造出可以跑的汽车。

所以，我们做人类学的研究，首先要认识到前人的局限性，其次要认识到老师不一定都是对的，最后不要把自己束缚在被细分得狭小的学科里。其实很多知识是相通的。

关于学习到底是专好还是面宽好，其实一直都是很有争议的。中华人民共和国刚成立时，我们学的是苏联体系，苏联体系是专的，所以把每一个学校都叫作专科学校，什么农业机械专科学校，什么拖拉机专科学校。我们那些从苏联留学回来的前辈，学的都是很专的知识。而苏联体系与美国体系、欧洲体系都不一样。所以我们就可以看到，美国体系里的哈佛大学，本科生进校根本就没有专业。哈佛大学本科生实行学院制，很多人被分到一个 house，一帮同学都住在里面，这个 house 里有自己的饭堂，有自己的一个活动范围。House 不是一种学术专业，有点像我们居住的社区，彼此间毫无差别。哈佛大学人类学系的凯博文教授，就拿过医学的学位，也拿过心理学的学位，还拿过人类学的学位。所以在美国体系里，一个人可以拿很多种不同的学位，但是你最终从事什么样的专业，那看你个人的兴趣，想做什么样的研究。所以，凯博文有行医执照，但他不行医了，他来做人类学的教授。个人有个人的爱好。从这里可以看到，其实不同国家里，大学的体系也是不一样的。

那么到底是宽点好还是窄点好？大部分教育家还是认为，个人的知识面广一点会比较好。费孝通先生就主张知识面要宽一点，他说个人应该有一种跨学科的知识。他原来是准备学医的。学医要先读两年预科，这个预科里面就有数理化课程，这些医学基础课程，他全部都学过。但是他学完医学以后，参加了当时的一个学潮，东吴大学因为这件事情将他开除了，他就跑到燕京大学去改学社会学、改学人类学。所以他跟史禄国一起，学解剖学、体质人类学。实际上他到英国就读的是社会人类学，他认为自己有一个跨学科的知识体系背景，对于他之后的研究有帮助。

我们现在很多学校开始搞博雅教育，就是从不同的系里面挑一些学生到一个学院里面学习，从希腊、罗马的古典学，到中国的国学，学生都要学。博雅教育要求学生既要有中国传统哲学的功底，也要有西方哲学的功底。这是一种培养学生将东西方知识融会贯通的能力的教育模式。

我们可以探讨教育的理念，当然想要彻底改变它不容易，因为我们已经形成了一种细分专业的教育体系，同时每一种改革都会涉及既得利益者的既得利益，所以它不容易改变。如果各位将学术作为自己的志业，未来有一天做到了教授，你就必须能够发现别人的研究与观点里的毛病。我们的职业就是专挑毛病，同时如果别人对你的文章提出批评，也不要有意见。我们在评论文的过程中，就是给文章挑毛病。文法不通，标点符号不对，文献引用不正确，这是最基本的问题。然后再看这个观点是不是正确，材料是不是能够说明问题，逻辑是否通顺。这就是一个寻找问题的过程。所以不要太过在意被老师打击，即使问题一大堆，也要保持自信，有问题是好事，说明有可以进一步改进的空间。所以，作为一个博士生，你应该学会在前人的研究里挑毛病，你不学会挑毛病，就难以进一步展开研究。如果你认为别人都已经十全十美了，那么这个问题还有什么进一步研究的空间呢？如何表述我们发现的问题也值得重视，我们经常看见政府的官方表述方式，如在某一个方面需要进一步发展、进一步加强，这都是指出问题的表述。如果被人评价还有发展的空间，就说明做得不够好。

讨论完学科观念之后，我们可以具体谈谈人类学与中国社会研究到底谈哪些问题。首先我们会讨论一下人类学发展的历史，这些都按照我所拟定的体系去讨论。国内有不少关于人类社会发展的文章，但是如果要论比较完整的著作的话，主要有三本，一本是王建民的《中国民族学史》（上下册）。还有一本是顾定国的《中国人类学逸史——从马林诺斯基到莫斯科到毛泽东》，听起来有点像传奇，被翻译成"逸史"，顾定国不太高兴，像是说他写得很不正经的样子。还有一本是胡鸿保的《中国人类学史》。

历史是人写的，那么由谁来书写？大家往往认为应该是胜利者、成功者来书写。历朝历代的胜利者，自己书写历史，会把自己写得很好，把别人写得很坏，我们看到几乎所有的朝代史都是这样写的：到了某朝代末期，皇帝已经变得很坏，社会已经民不聊生，所以我是替天行道，应该让我来做皇帝。在我们做田野调查的时候，其实每一个人做自我表述时，都会把自己觉得好的东西讲出来，不愿意把那些丢人的东西讲出来。从个人的访谈、个人的口述中，我们很难得出详尽客观的结论，还要从别的人那里了解信息，不能只凭这一个人的说法，这是同样的道理。

既然是中国社会研究，我们自然要讨论一下中国文明的问题，因为关于文明的研究，其实是一个综合性的话题。欧洲叫它古典学。在美国，有专门的东亚文明系、南亚文明系，专门做这一类的研究，所以很多时候会把不同学科做文明研究的学者集中在一起。

中国关于文明的研究其实也有相当多的讨论，我们一直想重建叙事体系，像我们搞的夏商周断代工程，花了很大的力气，因为我们过去的历史就是讲我们怎样从旧石器时代发展到新石器时代，然后出现了国家，接着一直发展过来。这中间有很多不同的时期,不同的人群是怎么样连接过渡的,一直没有人研究,所以我们关于文明的研究,相对来说一直没有一个定论。谢维扬曾经写过《中国早期国家》,他现在每天都在世界各地考察文明的遗址。这是一本比较完整的用考古材料写的关于中国文明起源的书。另外,还有卜工写的《文明起源的中国模式》。这些研究其实涵盖了很多问题,如文明起源的地方,文明的概念,怎么定义文明,怎么用考古学的材料去论证,都不太容易。还有就是文明与农业起源的关系,文明与城市起源的关系,都是讨论很多但是没有讨论清楚的问题,特别是在中国,农业起源、城市起源、文明起源、国家起源,这是相关联的一连串概念。

实际上现在中国的考古发现越来越多,原来在很多偏远的地方,大家从来没有想过会有人活动,现在有了很多新的考古遗迹发现。那天我们调研了高庙遗址,我相信它是一个很重要的遗址,现在发现的遗迹肯定是非常重要的,但是还没有人真正地从文明类型出发进行分析。又比如三星堆,有的人说可能是外星人文化遗址,因为那里出土的文物形象确实很奇特,特别是眼睛,就像戴了一个望远镜一样。关于这个形象,我曾经与另一个老师讨论过,他认为很有可能是傩面具。因为西南地区的傩文化十分普遍,不能直接判定三星堆出土的面具就是傩面具,但至少可以把它作为一个启发性的论题——它可能是当时住在这个地方的人所使用的一种面具,所以没有做成一个真实的人的样子,我们今天解读它的时候才会觉得是外星人文化遗址。这些都是可以进一步将民族学、民俗学与考古学联系起来分析的。所以我认为苏秉琦先生的满天星斗的提法是有一定道理的。过去我们认为黄河流域是我们中国文明的中心,后来有人说长江流域也是,现在可能珠江流域、辽河流域之类的都是,包括青藏高原和塔里木盆地。我之前去大理的剑川调研,发现当地在过去有非常精美的青铜工具与非常细致的青铜冶炼工艺,至少可以说明西南边陲也是中国文明的一个发源地。

过去中国的人类学研究,大都集中在乡村社会,而做乡村的研究,一直都是做中国研究的一个基础,毕竟在过去农业人口占全国人口的绝大多数。过去讲求对中国实地的深刻分析与理解。有时候这些并不是通过单纯的理论可以简单概括的,比如经济学界一位十分权威的专家关于人民公社的研究,就与中国的实际状况相差甚远。他认为人民公社制度解体最重要的原因是社员之间缺乏监督，劳动没有效率。我们过去下乡在农村进行过劳动，亲身体验到的是人民公社时期社员劳动的效率极高，劳动的热情也很高，只是做的事情可能没有什么用。比如说大家去大寨参观，大寨在山西，主要是发展梯田，回来以后我们也搞梯田，这种盲目的学习方式其实结果一般不是很好。同时人民公社的另一个问题是它破坏了我们过去的多种经营方式并存的传统，所以我在做小农经济研究的时候，认为中国是一种精工细作的农业，采取的是一种兼业型的经济发展方式。中国的每一个家庭，它的生计方式不是单一型的，而是兼业型的，都是多种经营。之前我们到云南去调研就深有体会，农民除了种粮食，还可以到山里面去采野菜、摘果子，更不要说去打野味和自己养殖了。在这种生计方式下，女人会刺绣，男人会做木活、会编织，每一家每一户都呈现一种多样性的生计方式。所以，当时费孝通先生在云南选择一个以商业为主的村落、一个以农业为主的村落以及一个以手工业为主的村落来做调查。中国农村在很多时候实际上是以某一行业为主业，并不是现代工业那种单一化的分工模式。

宗族研究在乡村研究里也比较重要。宗族领域的研究特别多，不论是国内还是国外，中国宗族研究一直都是一个非常基础与传统的领域，可以说离开宗族，人类学的中国社会研究中好多东西就无法继续研究下去了。关于宗族的性质以及什么是宗族组织，其实争议非常大。过去毛主席在很多文章里认为宗法制度是压迫中国的封建制度的核心组成部分之一，也就是"三座大山"之一，革命是要把它推翻的。毛主席之所以对这个问题有这样的认识，很大程度上应该是因为当年他做农村调查的地区，主要在湖南、江西和福建北部、广东北部。这个区域恰恰是中国宗族制度最发达的地区。如果当时毛主席的调研地点换一个区域，或许会得出很不一样的结论，因为中国是一个极度多样化的地区。

所以，过去读文献的时候，我特别佩服陈翰笙。他当年在做中国的土地与农民调查的时候，在无锡做调查，光是称量粮食的量具——斗，就有40多种不同标准。一亩地的面积，甚至有100多种统计标准。所以，这也是为什么我们强调做研究一定要到实地去调查一下，作为学者，我们不能人云亦云，对于需要证实的事情需要自己去求证。

曾经有一次我带学生去做社会评估调查，发生过这么一段插曲。有一个调查对象说他们家有一个10万平方米的房子要赔偿，结果学生就把这个数字原封不动写到报告里面去了。我回来就骂他，我说：10 万平方米有多大你知道吗？一个足球场有多大？你给我算一下。当年陈瀚笙他们在广东做调查的时候，珠三角普遍实行的是宗族土地所有制，这是一种很特殊的所有制，土地都分在宗族名下。他当时调查了几个县，比如新会，村宗族占有土地的面积占整个新会的土地面积的 60%。番禺是 50%。这应该是当年限于技术手段的一个比较粗略的调查了。你可以发现它不是我们过去在政治文件中广泛看到的地主占有制，而是宗族土地所有制，有的地方这个比例还非常高，比如珠三角的沙田地区高达 80%。我们现在去的番禺，靠近南沙这些地方都是沙田，过去都属于宗族所有，因为沙田耕作需要非常多的劳动力，经过组织才能够在那个地方将大海围拢排水造田。所以，我们做研究的时候，脑子里面要有一根弦，有些事物其实是具有多样性的。

　　另一个讨论得比较多的关于中国研究的关键问题是民间信仰。按照李亦园先生的话说：如果你不了解中国的民间信仰，就没有了解中国的一半。他将民间信仰看得非常重要。我认为中国的民间信仰体系可能是世界上最复杂的，因为神的体系极为复杂，在这一点上，我相信没有人能讲得清楚。所以，当年杨庆堃先生就做了一个分类，基本上现在全世界都接受了他的分类法，他认为一部分是制度性的宗教，一部分是分散性的宗教，实际上就是非制度性的。他说分散性的宗教是有原因的，其实也有它自己的制度。我们只知道妈祖文化在福建广泛传播，但其实在福建的整个区域内，女神的信仰极为普遍，多得你数都数不过来。妈祖只是一个代表，只是被朝廷认定的一个很重要的神祇。对于这一类型的研究，过去有很多学者进行过讨论。我在凤凰村做博士学位论文的田野工作的时候，就发现在周边同一个名字的神，落实到造像上并不是同一个人物原型，这就复杂了。这也就是说同一个词代表的是不同的东西。比如说湘潭的槟榔，跟潮州人所讲的槟榔就不是同一个东西，潮州人所讲的槟榔是橄榄。我曾经与季羡林先生交流的时候，问过他这个问题。他做糖史研究时把历朝历代的各种文献里面关于糖的记载做成卡片，然后写成糖史。我就问季先生，您认为不同时代不同地方关于糖的记载是同一个东西吗？虽然我这样提问，但是我认为同一个"糖"字的背后不一定是同一个东西，因为每个地方关于糖的概念可能是不一样的。你真的要去做统计分析的话，甜度达到什么样的程度才算糖，其实真是个很复杂的事情。季先生也觉得这是一个可以讨论的问题，他可能忽略了这个问题，所以季先生这样的权威也有可以改进的领域。实际上我们在现实中去做调查的时候，你经常会发现这样的事情：同一个词所表现的可能不是同一个东西。

另外还有一个值得我们去思考的问题，最近几年重新盖的庙越来越多元化，把不同的神全放在一个庙里面。我们在做田野考察的时候，发现只要是重新修建的庙宇，它的神都是很多样化的，我们过去认为相互冲突的体系的神，在现在建庙的过程中都被放在了一个庙宇里，可以相安无事。

关于民族和族群的研究在人类学领域也是比较重要的。首先我想要说明的是，作为一个研究者，我们不一定要评价民族认定这件事的正确与错误，但是我们一定要了解民族的认定过程。对于过去的民族认定过程，现在的民族学、人类学博士更需要了解，我们不需要去评价它的对错。有时候我们提出一个概念很容易，但你要去讲清楚，非常难。因为实际上人群的互动、人群的形成、人群的关系很复杂。我们现实生活中有很多人看起来是朋友，但其实可能背后掐得很厉害。但他们之间也有千丝万缕的联系，也必须坐在一起。两个人之间是这样的，如果是不同的人群在一起，它会变得更复杂。

中国的人力资源与都市研究，也是一直贯穿于我所做研究的始终的。我认为，不管是做什么研究，都要从发展的角度去看问题。因为中国从2012年开始，城市常住人口已经超过50%。我们过去叫农业大国，现在我们已经成为城市大国，目前全世界哪个国家都不会有中国这样多的城市人口，也不会有哪个国家有中国这么多大城市。最近我去河南讲学，到郑州，当地人告诉我郑州已经超过1000万人。我到开封去，有人说开封是小城市。我问有多少人，据说将近100万人。100万人只能算小城市，这就是中国的现实。所以我们要认识到，如果人类学者不去做城市研究，这么一大块阵地不去争夺，以后还有哪里可以成为主战场呢？所以，未来的人类学研究里，城市肯定是一个很重要的领域。过去我们说城市移民也是随着农民进城而产生的，我们将他们叫作乡城移民，这是一个很重要的概念。我们要研究农村里的人到城市后是怎么样在城市生活的。

研究方法有很多种，过去社会学家都会做抽样调查，但最后统计完了以后，其实看不到人，这是一个最大的问题。比如说我们所谓的常住人口，其实他们有各种各样的不同的背景，有的可能是来打工以后留下来的，有的可能是跟随着子女一起过来的，有很多种不同的情况。但我们对不同的人群没有做分门别类的研究，我们只是想用一套方法来解决所有的问题。我们在做实际研究的时候，一个习惯就是瞄准城市少数民族。我们估计有很多少数民族进入城市。还有民族地区，这些研究都是值得开展的。同时民族地区本身在城市化，对于这一个领域的研究现在也是非常不够的。我们之前组织过去昌都做研究，也是想了解在一个藏族聚居的地区，城市化的过程反映了一种怎样的城乡关系，又是怎么样变化的。研究的初步反馈是，在西部民族地区，城乡的二元对立会越发严重。在城市里有各种各样的资源，很多研究其实都可以做。我们现在比较局限于做城市移民研究，其实做城市里面原有居民的研究也很重要。我们以前一直想问一个问题，就是原有居民去哪儿了，特别是像上海这样的大城市，原有的居民去哪儿了。曾经有一次上海东方电视台在采访我的时候，我也提出过这个话题。上海的文化原来是叫海派文化，即上海的原有的居民创造的文化。但是现在这些过去的原有居民去哪儿了，其实很多大城市还没来得及思考这个问题。北京也有同样的问题：北京原有的那些居民去哪儿了？有时候我们在思考，在北京和上海这些地方，原有的居民在一个如此大的城市里面变成少数了。四十年前我刚来广州的时候，广州有 200 万人，现在广州是 1000 多万人，大部分是移民。有一次交流的时候，我听广东省人口发展研究院的朋友说，常住广州的人口里，光湖南人就有 660 万，远远超过了原有的广州人，那过去的广州居民干什么去了？相关研究的数量是相对不够的。所以，未来我们不应仅局限于做移民研究，还要做原有居民的研究。其实还有一个更深层的问题，当时我们在思考：当一个城市原有的居民不再是本地人口最重要的组成部分的时候，过去这座城市的文化特色还存在吗？原有的城市文化的精神，还能继续保留吗？其实还希望提出一个问题：如果中国以后的城市都是没有特色的城市，这是不是一件十分恐怖的事？如果未来我们都是千城一面，所有的城市的景观都是高度同质的，这样就很难将不同的城市作出一个区分。这其实还不是最重要的，如果不仅从城市景观上无法区分，而且如果我们从文化上面也无法区分不同的城市，在这种既没有一个城市的习俗也没有一个城市的文化，更没有一个城市的精神的状态下，中国的城市是什么？所以有时候人类学的任务就在这里，我们还是要寻找一种城市的文化。过去我们建立城市，完全是把城市化看成一个物化的过程。现在是数字化，也没有讨论怎么样塑造一种城市居民共享的精神。所以，我们做研究的时候也许可以思考怎样在这些方面挖掘一些可以研究的话题。

最后我们谈谈人类学的应用。人类学的应用研究现在越来越多，但是大家依然认为人类学是个无用的学科，所以我觉得还是要考虑怎么样在这方面做一些努力。过去费孝通先生写了他在各地考察后的一些考察报告，现在类似的做法基本上是为各个地方提出一些对策性建议。这些当然可以算是一种应用人类学的尝试。针对 20 世纪 80 年代小城镇异军突起后怎么样来解决小城镇的发展问题，费老连续写了三篇以"小城镇大问题"为主题的文章。现在回过头来看，小城镇的发展可能是对的。当时对小城镇的发展很多人是不看好的，认为要发展大城市，大城市的效益高，小城镇的效益太低，又污染环境、重复建设，指出很多弊端。当时我也算是比较乐观的，所以我在写《乡村都市化》的时候，也比较乐观。因为我认为人发展到一定程度，就会对自己所处的生存环境有更高的追求。首先是解决生存的问题，只有能够活着，才会去想怎么样活得更好，美好生活是所有人所共同追求的。珠三角的那些小城镇现在发展得很好，环境很好，各个方面景观也很理想，因为人们发展到一定程度，就会有动力来改变自己居住的环境。浙江、江苏、广东的小城镇，都发展较早，现在三省恰恰也是全国经济发展较快的地方。

现在回溯这个问题的时候，我们才能确认这件事情做的是对的。我们最初研究乡村都市化的时候，大家对我们的研究都很感兴趣，回过头来看大家最后的共识是：每一个时代我们对某一件事情的认识都是有局限性的。20 世纪 80 年代的城市化，具有一个很重要的特点，我个人认为它是一个消灭乡村景观的过程，把湖泊排干，把池塘填平，把山推平，把草除掉，把树林砍完，当时就是这样一个过程。然而到了 20 世纪末 21 世纪初，国家又提出要发展山水园林城市，又开始人工挖池塘，人工建草坪，人工做处理，不过走了一个圈又回到原点而已。我们当时提出乡村都市化的时候，就旗帜鲜明地反对这种城市化过程。在这种消灭乡村景观的城市化进程中，我们当时认为最重要的变化是人的生活方式的转变。对于当时我们提出来的观点，大家觉得不能够接受。人的认识受时代的影响，是有局限性的。如果当时我们的观念能够被广泛接受，我们就可以少走很多弯路，至少不至于今天重新去把那些填掉的湖泊挖开。

应用研究的另一个方面是做项目。我个人认为，项目评估是未来人类学专业学生职业规划的一个很重要的方向。项目成功，需要大量人的共同努力，现在所有大型的投资项目都需要做评估，其中几个评估是肯定不能缺少的：风险评估、环境评估、社会评估。这是一个很大的系统性工程，不同的学科和学校都是可以参与进去的，而且相对容易入手。我本人过去就是实践者，我们曾经给世界银行做过一些项目评估，这些都可以深入挖掘，进一步做到极致。就做一件事情而言，我一直强调要做就做最好。

"底层"的空间生产

——以广州兴丰垃圾场拾荒者为例

李翠玲[*]

一 导论：中国研究的底层视角

20 世纪 90 年代以来，随着社会转型持续推进，底层社会群体过于庞大已经成为社会发展进程中不容忽视和回避的问题。不论是出于社会责任、人文关怀，还是对社会秩序的忧虑，人文社会科学诸学科都纷纷展开积极行动，加入底层研究行列，使其成为汇聚多种理论视角和研究路径的跨学科领域。尽管各个学科的研究范式有所差别，但其出发点和落脚点都牢牢立足于中国社会现实，试图透过"底层"概念和实践，讨论中国社会变革的原因、表现及其深远影响，探索解决相关问题的可能性，并将其作为知识生产的重要资源之一。既有研究成果显示，"底层"涵盖的因素复杂多元，从宏观政治经济制度变迁到微观日常生活经验，从历史到现实，从农民、农民工到下岗工人，从权益抗争到身份、阶层、文化再生产，从市场、效率到伦理、归属，无不涉及。这种状况既反映出底层研究的多元维度以及多层次性，也意味着在多个学科的共同推动下，中国研究的底层视角正在形成。

---

* 李翠玲，武汉大学社会学院副教授。

二 底层研究脉络及其空间转向

当前，底层研究在多个学科沿着不同脉络展开，除了社会学、人类学之外，影响较大的还有历史学、政治学和文学。

历史学的底层研究源于对精英主义历史观的反思和批判。一些历史学者认为，自上而下的精英史观遮蔽了广大平民的声音，使之成为"沉默的大多数"。而这大多数正是历史的主体，无论被"表述"与否，他们都在以实际行动参与和影响历史进程。这就导致传统的精英史观书写既无法如实记录过去，也无法贴近和认清现实。为此，这些学者倡导建立一套不同于精英史观的"底层史观"，主张运用口述方法，研究农民、劳工、妇女、少数民族等群体，尽可能地展现被掩盖了的、体现着差异的事实，揭示出潜藏在普遍历史之下的多种声音和多种可能。① 随着"底层史观"的扩展，"口述史"也日渐流行，成为继典籍文献解读之后最重要的历史学研究方法和资料来源。近年来，我国历史学界的底层研究主要受印度"庶民研究"影响，这项研究以印度历史学者为核心，聚焦于探讨南亚底层民众的历史、文化、生存状况和反抗斗争。② 尽管印度底层学派秉持的方法论、历史观以及女性主义主题受到我国历史学者肯定，但部分学者也意识到，印度底层研究的后殖民主义研究框架和重塑印度民族历史的立场并不适用于我国，中国底层研究主要关注的是改革开放以来的社会结构变迁和社会分化的事实及其后果。③ 印度底层研究对中国历史学界更大的借鉴意义在于，在进入底层生活空间感受底层日常生活、倾听并记录底层言说的基础上，确立普通人的日常生活与宏观社会历史之间的有机联系，经由对待历史的新态度来观照当下现实。④

---

① 张旭鹏：《"庶民研究"与后殖民史学》，《史学理论研究》2006年第4期；王庆明、陆遥：《底层视角：单向度历史叙事的拆解——印度"底层研究"的一种进路》，《社会科学战线》2008年第6期。

② 刘健芝等选编《庶民研究》，中央编译出版社，2005。

③ 王庆明：《底层视角及其知识谱系——印度底层研究的基本进路检讨》，《社会学研究》2011年第1期。

④ 郭于华：《作为历史见证的"受苦人"的讲述》，《社会学研究》2008年第1期。

政治学的底层研究关注重点在于弱势群体的政治话语权和应对策略。一些西方政治学者借用人类学视角和方法，在深入细致的田野调查基础上，讨论文化、权力与阶级之间的关系，形成了一批极具启发性的成果。如汤普森从文化史的角度对平民文化和工人阶级形成过程进行了研究。① 保罗·威利斯则通过调查追踪一些工人子弟的学习、生活经历，对底层社会再生产的逻辑、过程和机制进行了精彩阐释。② 美国学者詹姆斯·斯科特对东南亚农民反抗的研究也在"底层政治"研究领域占有重要地位，不同于经典政治学理论对公开的、大规模的、群体性的反抗的关注，他将目光投向了怠工、谣言、小偷小摸等隐蔽的、分散的日常反抗，深入探讨了底层民众政治参与的非政治动机，将政治学研究从公开的集体行动引申至嵌入社会文化肌理之中的"隐藏的文本"。③ 在斯科特和以查特杰为代表的印度底层学派带动下，我国政治学界以"底层抗争"为主题的研究大量涌现，这些研究展现了底层抗争的各种形式，并形成了"权利诉求"和"道义伦理"两条解释路径。④ 政治学的底层研究不但深化了对"政治"的认识与理解，展现了底层民众与政治权力之间深刻的、错综复杂的连带关系，而且表明了将"政治"置于社会文化整体之中进行分析讨论的必要性。

在文学界，进入 21 世纪以来，"底层文学"逐渐成为一股令人瞩目的新思潮，以底层小人物为叙事主体的文学作品大量涌现。不仅职业作家，一些底层民众，尤其是青年农民工，也加入底层叙事群体，在亲身经历的基础上开展诗歌、小说创作，发展出独树一帜的"打工文学"。⑤ 除了反映

---

① 〔英〕E. P. 汤普森:《英国工人阶级的形成》，钱乘旦译，译林出版社，2001。
② 〔英〕保罗·威利斯:《学做工:工人阶级子弟为何继承父业》，秘舒、凌旻华译，译林出版社，2013。
③ 〔美〕詹姆斯·C. 斯科特:《农民的道义经济学:东南亚的反叛与生存》，程立显、刘建等译，译林出版社，2001;〔美〕詹姆斯·C. 斯科特:《弱者的武器:农民反抗的日常形式》，郑广怀等译，译林出版社，2007。
④ 吴毅:《"权力—利益的结构之网"与农民群体性利益的表达困境——对一起石场纠纷案例的分析》，《社会学研究》2007 年第 5 期;于建嵘:《抗争性政治:中国政治社会学基本问题》，人民出版社，2010;应星:《草根动员与农民群体利益的表达机制——四个个案的比较研究》，《社会学研究》2007 年第 2 期;应星:《"气"与抗争政治——当代中国社会乡村社会稳定问题研究》，社会科学文献出版社，2011;折晓叶:《合作与非对抗性抵制——弱者的"韧武器"》，《社会学研究》2008 年第 3 期;陈柏峰:《农民上访的分类治理研究》，《政治学研究》2012 年第 1 期。
⑤ 白浩:《新世纪底层文学的书写与讨论》，《文艺理论与批评》2008 年第 6 期;刘旭:《在生存中写作:从"底层文学"到"打工文学"》，《文艺争鸣》2010 年第 12 期。

底层的生存现状和为底层群体"立言","底层文学"还充满强烈的现实批判主义色彩,力求透过底层民众的个人命运审视、反思社会转型所导致的矛盾和问题,将文学重新带回现实社会生活场域,在发挥文学的批判力量的同时,重建文学的"政治诗学"。① "底层文学"对于底层研究最具学科意义,其贡献在于通过细腻生动、极富感染力的文学叙述,不仅关注与底层相关的社会问题,而且关注底层人的心灵、情感和精神世界,表达伦理、道德、意义、归属等价值层面的诉求。

以上梳理表明,各个学科的底层研究都表现出良好态势,丰富了底层研究的层次和肌理。与此同时,这些学科也不同程度地汲取了社会学、人类学底层研究的养分,尤其是在基本概念、研究视角和研究方法等方面。无论从深度、广度还是影响力而言,社会学、人类学都在底层研究中处于主导地位,具有明显优势。国外社会学底层研究发端于芝加哥学派,20 世纪初,新兴的芝加哥学派最早将目光投向移民、少数族裔、非法团伙、舞女、妓女、流浪汉等底层社会群体,关注贫困、种族冲突、吸毒、青少年犯罪等社会问题。芝加哥学派对美国城市中黑人区、唐人街、犹太区、拉丁区等外来人口社区进行了系统研究,其代表人物帕克还在对城市移民的研究中提出了"边缘人"(marginal man)的概念。② 这一时期出现的社会学底层研究经典著作还包括《身处欧美的波兰农民》《黄金海岸和贫民窟》《团伙》《流浪汉》《芝加哥的黑人家庭》《街角社会》等。③ 人类学家也为都市底层社会研究做出了重要贡献,人类学家奥斯卡·刘易斯先后出版了《五个家庭》(1959 年)、《桑切兹的孩子们》(1961 年)和《拉维达》(1966 年)等著作,并在这一系列著作基础上提出了著名的"贫困文化论"。

国内社会学自 19 世纪末 20 世纪初萌芽以来,就高度重视底层社会研究。当时国内主要学术机构,如中央研究院社会科学研究所、北京社会调查部、上海社会调查所、上海市政府社会局、燕京大学社会学系、南京国立中央大学社会学系、金陵大学社会学系、四川华西协和大学社会学系、

---

① 李云雷:《新世纪文学中的"底层文学"论纲》,《文艺争鸣》2010 年第 6 期。

② Robert Ezra Park, "Human Migration and the Marginal Man," *The American Jornal of Sociology*, Vol. 33, No. 6, 1928, pp. 881 – 893.

③ 芝加哥学派的底层社会研究在威尔逊《真正的穷人:内城区、底层阶级和公共政策》(上海人民出版社,2007 年)一书的附录《城市贫困:最新文献综述》中有较详细的介绍。

广州岭南大学社会研究所和中山大学研究院文科研究所人类学部等纷纷开展以地域社会为中心的社会调查，调查内容涉及人口、劳工、风俗、妇女、教育、灾祸和社会概况等，对底层群体生存状况的关注十分突出。[①] 1956 年我国社会主义改造完成以后，"底层"作为一个社会阶层被认为不复存在，关于底层的社会学研究也暂时中断了。直到 20 世纪八九十年代，随着社会转型的后果逐渐显现，以农民、农民工和下岗工人为主体的底层群体规模日益扩大，底层社会作为一种研究视角才又重新被纳入社会科学视野，并日益获得重视。

当前，我国社会学、人类学底层社会研究主要沿三个维度展开。

一是制度—结构维度，围绕这一维度展开的研究主要从宏观层面探讨政治、经济制度变革导致的社会阶层变动及其影响。大量研究表明，中国当前已经形成了相对稳定的社会阶层结构，各阶层的规模、身份和社会地位较为清晰，阶层内部认同形成，阶层之间的流动速度放缓。社会学界对于中国社会阶层的结构认知主要有十阶层论[②]、断裂论[③]和"倒丁字型论"[④]。尽管对于社会分层的认知和态度存在显著差异，但大多数学者对于中国当前社会结构的一个基本共识，就是社会结构不合理，底层社会过于庞大。对于这样一个规模巨大、数量还在不断增长的底层群体的出现，当前的解释可分为两种：一是市场论，认为自由市场转型及相应的产权结构变化是引起社会分层机制变迁的主要原因，底层群体的出现是自由竞争的结果，是社会发展中产生的问题；二是阶级论，将底层群体规模过大归咎于所有制结构不合理，认为政治权力、资源的不平等才是导致社会两极分化的根源。[⑤] 不论是市场论还是阶级论，其源头都可追溯至广泛而深刻的社会转型，这种转型同时涉及权力转移和结构演化，因而国家和市场在社会分层与流动过程中扮演的角色都应被充分考虑。

二是权利—生存维度，围绕这一维度展开的研究主要讨论公民权利缺失对于底层群体，尤其是农民工生存状况的影响。有学者指出，农民工问

① 近年来，《民国时期社会调查丛编》已经由福建教育出版社系统整理出版。
② 陆学艺：《当代中国社会阶层研究报告》，社会科学文献出版社，2002。
③ 孙立平：《断裂：20 世纪 90 年代以来的中国社会》，社会科学文献出版社，2003。
④ 李强：《"丁字型"社会结构与"结构紧张"》，《社会学研究》2005 年第 2 期。
⑤ 冯仕政：《重返阶级分析？——论中国社会不平等研究的范式转换》，《社会学研究》2008 年第 5 期。

题本质上是一个"身份—政治"问题，是由制度隔阂造成的权利不平等问题。① 城乡二元体制背景下的户籍制度以及一系列与之捆绑在一起的社会制度在社会分层与流动问题上受到的批评最为集中，也最为激烈：一方面，农民工的生存权，如人身权益、劳动权益和社会保障权利得不到充分保障；另一方面，农民工的发展权，如受教育权、话语权、政治参与权也处于基本缺失状态。这些因素不但导致农民工经济贫困，也是该群体受到社会排斥和歧视的重要原因。②

三是文化—认同维度，围绕该维度展开的研究侧重于从文化和社会心理层面分析底层认同如何产生、传递和再生产。在一些学者看来，"底层"不仅是经济的、政治的，而且是文化的，底层往往还意味着与之相关的价值观念、生活方式和行为模式。底层社会的出现，既是制度的结构性安排结果，也是作为行动主体的底层群体通过日常生活实践内化自身"弱者"身份和地位认同的过程。③ 从事环卫业的农民工在遭受社会排斥和污名化的过程中实现职业集体身份建构，认为自己的工作"又脏又臭""受人白眼"，且"提心吊胆，怕被车子撞"。④ 与之类似，许多从事建筑业的农民工也下意识地按照主流价值判断，把自己归为"没素质""没出息"的"大老粗"。⑤ 作为生产与再生产社会与文化不平等的主要场域，学校教育在文化和阶层再生产中发挥的作用受到社会学家的高度关注。熊易寒发现，无论是就读于公立学校还是农民工子弟学校的农民工子女，很难通过教育实现向上流动，他们中的大多数人始终处在阶级再生产的阴影之下。⑥ 而逃离学校和工厂也并不能摆脱阶层再生产，逃离导致的学习和职业生涯

---

① 陈映芳：《"农民工"：制度安排与身份认同》，《社会学研究》2005 年第 3 期；王小章：《从"生存"到"承认"：公民权视野下的农民工问题》，《社会学研究》2009 年第 1 期；〔美〕苏黛瑞：《在中国城市中争取公民权》，王春光、单丽卿译，浙江人民出版社，2009；郭忠华：《农民工公民身份权利的分析框架——本土化创新的尝试》，《人文杂志》2015 年第 2 期。

② 陆益龙：《户口还起作用吗——户籍制度与社会分层和流动》，《中国社会科学》2008 年第 1 期。

③ 潘泽泉：《自我认同与底层社会建构：迈向经验解释的中国农民工》，《社会科学》2010 年第 5 期。

④ 康红梅：《社会排斥视域下底层群体生存困境的形塑机制研究——以环卫农民工为例》，《人口与发展》2015 年第 3 期。

⑤ 赵德雷：《内化的污名与低劣之位——建筑装饰业农民工底层地位的"合法性"》，《青年研究》2014 年第 2 期。

⑥ 熊易寒：《底层、学校与阶级再生产》，《开放时代》2010 年第 1 期。

碎片化，最终还是会指向底层结构位置的再生产。① 不过，近年来有关底层研究的一些新作表明，以往有关底层群体的刻板印象可能并不完全符合现实，如从事性工作的"小姐"群体对自身的定位和认知。②

进入 21 世纪以来，底层研究一个令人瞩目的新动向，就是空间转向。事实上，空间转向已经成为当前社会学发展的总体趋势，作为一个重要的知识或分类概念，空间，尤其是社会空间能够涵盖经验事实、话语场域和精神世界。由于空间能够为考察人与人、人与物之间的相互关系提供特别富于洞察力的解释框架，因而其受到许多社会学家的青睐，带动理论界"空间热"的兴起。③"底层"本身就是一个空间概念，随着社会学空间转向的发展，"空间"逐渐成为底层研究的关键词之一。近年来与空间相关的底层研究主要围绕空间分化与隔离展开。一些学者发现，改革开放以来，我国城市空间在资本、权力的影响下发生深刻变化重组，包括农民工在内的各个社会群体对城市空间展开激烈争夺，其结果就是空间阶层化——既得利益者和新兴中产阶层多居住在城市中心，农民工、下岗工人则栖身于城中村、老旧社区或城乡接合部。④

空间视角的引入为阐释剥夺和不平等提供了有力工具，丰富了底层研究理论和实践，为底层研究开辟了新方向。不过，当前底层研究的空间转向还停留在物理空间层面，大多数研究讨论的都是与居住相关的空间分化。事实上，"社会空间"的含义远远超过物理空间。法国社会学家列斐伏尔（Lefebvre）指出，理解社会空间必须从两组相互对应的"三重奏"入手，即：空间实践（spatial practice）、空间表象（representations of space）和再现的空间（representational space）；感知的空间（perceived space）、构想的空间（conceived space）和实际的空间（lived space）。在列斐伏尔看来，"空间实践"指作为每一社会构成之特征的具体地点和空间位置，负

① 秘舒、苏春艳：《"洞察"与文化生产：城市底层青年的社会再生产》，《中国青年研究》2016 年第 8 期。

② 丁瑜：《她身之欲——珠三角流动人口社群特殊职业研究》，社会科学文献出版社，2016。

③ 潘泽泉：《当代社会学理论的社会空间转向》，《江苏社会科学》2009 年第 1 期；郑震：《空间：一个社会学的概念》，《社会学研究》2010 年第 5 期。

④ Li Zhang, "Contesting Spatial Modernity in Late-Socialist China," *Current Anthropology*, Vol. 47, No. 3, 2006, pp. 461 – 484；张鹏：《城市里的陌生人：中国流动人口的空间、权力与社会网络的重构》，江苏人民出版社，2014；陈映芳等：《都市大开发——空间生产的政治社会学》，上海古籍出版社，2009。

担着社会构成物的生产和再生产职能，这种空间及其生产是可感知的。"空间表象"界定的是"概念化的、被构想的空间"，这种构想的空间与关系、知识、符号、秩序等相连，它能通过控制译解空间的手段进而控制空间知识的生产，从而也成为权力和意识形态、控制和监督的再现。在社会生活中，这是一个属于科学家、城市规划专家、技术统治官僚和社会工程师之类人物的空间。①"再现的空间"包含复杂的符号体系，它与社会生活私密或底层的一面相连，也与艺术相连，它在本质上是一个生活空间。"这是一个与想象和符号联系在一起的实际的空间，也是'居住者'和'使用者'的空间。"②

如果从这两组"三重奏"来看，"底层"不仅指具体的物理空间和场所，而是由权力、秩序、符号、认知、感受、身体、节奏、社会关系网络、生产活动等因素构成的完整的生活世界。这一生活世界只有在日常生活的细枝末节中才能被把握和呈现，"底层"也才能作为一个多元立体的整体被理解。基于这一认识，本文将在深入的民族志调查基础上，以广州的兴丰垃圾场的拾荒者群体为例，探讨"底层"的空间生产。拾荒者可以说是"他者中的他者""底层中的底层"，他们既是城市的外来人口，同时又干着比较脏的工作，有点神秘甚至危险。③ 在大多数社会分类体系中，与"不洁"联系在一起的社会群体都会被认为是危险的、低贱的，越是不洁，社会地位越低。④ 以这样一个群体为研究对象，对于"底层"的探讨将更具代表性。

三　探访"垃圾村"

2005 年，因为要完成以拾荒者为主题的硕士学位论文，笔者开始关

---

① Henri Lefebvre, *The Production of Space*, translated by Donald Nichiolson-Smith, Blackwell Press, 1991, p. 38.

② Henri Lefebvre, *The Production of Space*, translated by Donald Nichiolson-Smith, Blackwell Press, 1991, p. 39.

③ 胡嘉明、张劼颖：《废品生活：垃圾场的经济、社群与空间》，香港中文大学出版社，2016，第 ix 页。

④ 乔健：《底边社会———一个对中国社会研究的新概念》，《西北民族研究》2002 年第 1 期。

注、追寻拾荒者的足迹。由于个体拾荒者流动性较大，不容易追踪调查，笔者将目标定位于垃圾场的拾荒者群体。在前期查阅文献和与环卫部门相关工作人员交谈的过程中，笔者得知广州几乎所有垃圾填埋场都有数量不等的拾荒者存在，他们通常在垃圾场附近聚居，形成规模、形式各异的"垃圾村"。经过实地考察、比较之后，笔者认为在兴丰垃圾场的"垃圾村"开展田野调查的可行性更高，因而寻找兴丰"垃圾村"就成为这项研究的第一个重要目标。

位于广州市东北方向 38 公里处的白云区太和镇兴丰村坐落于帽峰山麓深处，2002 年，兴丰垃圾场在这里建成投入使用。这座填埋式垃圾场占地面积近 100 万平方米，号称"亚洲最大"的垃圾场，承担着广州中心六区的垃圾处理任务，截至 2016 年，每天进场垃圾 9000 吨，占广州市每日垃圾处理总量的 60%。

兴丰垃圾场是国家环境保护"十五"重点工程项目，项目设计和营运工作通过国际公开招标，由法国亚洲惠民环境技术有限公司承担，环保标准相对较高。广州市市容环境卫生局在兴丰垃圾场设有一个"广州市生活废弃物管理中心"，负责对法国亚洲惠民环境技术有限公司的监管和各种外部关系的协调处理。填埋区的景象十分壮观：整座山被横切，形成巨大的剖面，没有一棵花草树木，大约 3/4 的地方被绿色的塑料膜所覆盖，上面等距离地压着一些套着黑色塑料袋的重物，其间管道纵横，几条水泥路将这些区域连接起来。除了来来往往的一些垃圾车、正在进行填埋作业的四五台大型挖掘机和负责现场指挥调度的工作人员外，将近 100 万平方米的范围内空旷沉寂。

很少有人知道，在垃圾场外侧的山谷中，隐藏着一个小小的"垃圾村"。由于地势低洼，规模较小，这个聚落显得相当隐秘。在一间间用垃圾场上捡来的木条、纸板、油布搭建而成的简易窝棚里，生活着 100 多名拾荒者。这些拾荒者均来自湖南，以三四十岁的青壮年劳动力为主，其中三四名是单身男性，其余都是夫妇二人一起在这里捡垃圾，每对夫妇住一间窝棚，各自干活、各自开伙，自成一个生产单位。"垃圾村"里还有 3 个孩子：两个女孩分别为 5 岁和 2 岁，都是在垃圾场出生的，2 岁的女孩是家里的第三胎，母亲又怀有身孕；另外一个 10 岁的男孩随父母从湖南老家来到兴丰，在当地的一所民办小学就读。

2005 年夏天，在进入垃圾场多次寻访之后，笔者终于在当地一名知情人的带领下走进"垃圾村"。隐蔽的地点，简陋的窝棚，随处可见的苍蝇，横流的污水，挥之不去的垃圾气味，衣衫褴褛的拾荒者，生动地再现了"贫民窟"的"悲惨世界"景象。不过，当笔者于2005年7月和11月先后两次在这里开展了近3个月的田野调查，亲历了拾荒者日常生活的点点滴滴之后，不禁开始反思以往对于"底层"的刻板印象。在很大程度上，拾荒者并非经济上的赤贫人群，相反，他们的收入水平总体高于工厂务工人员；生活环境的恶劣也并不妨碍外来拾荒者们将这里营建为自得其乐的"家园"。尽管如此，"垃圾村"的居民还是无法摆脱"穷而无告""弱而无助"，在社会文化中被污名化和边缘化的命运。① 在拾荒者中间生活的时间越长，就越感觉到他们与我们并没有那么不同，尤其是在人性层面，每个人都面临各种各样的生活压力，都有各自的经历和故事，都在不懈地为更美好的未来努力奋斗。另外，差异确实也以彼此都能感受到的力量时时刻刻横亘于笔者和他们之间，似乎不可抗拒的外在力量和主动选择在将我们推向不同的生活道路。这也促使笔者进一步思考：何为底层？包括"垃圾村"和拾荒者的工作、生活、关系网络和选择机会在内的底层空间是如何被生产出来的？

四　底层空间的生产

如前文所述，从社会空间角度而言，"底层"是一个涵盖了经济、社会和文化的复合概念，它并不指某一处固定的地理位置或者某个特定的阶级、职业和身份，而是泛指那些经济、文化和社会资本匮乏，处于社会分层底端的人群。② 就其本质而言，"空间"意味着时空脉络和社会关系向度下的关系网络丛结，"底层空间"的特殊性是从动态、开放与冲突的过程中获得的，任何空间都是内外关系的特殊混合体。正是在这种意义上，社会空间理论强调空间不是静态的"容器"或"平台"，而是政治性的和策略性的，其间容纳着各种意识形态，是连续的和一系列操作的结果。换而

① 许倬云：《社会的"底"与"边"》，载乔健编著《底边阶级与边缘社会：传统与现代》，新北市立绪文化事业有限公司，2007。
② 文军、吴晓凯：《大都市底层社会的形成及其影响——以上海市的调查为例》，《华东师范大学学报》2015年第5期。

言之，空间被各种社会力量支配和形塑，是被社会性地生产和建构出来的，所有社会关系变迁都将在空间生产过程中留下印记。借助这一分析思路，本文将从外部社会关系、内部主体经验以及与拾荒者相关的话语和想象三方面着手，对底层空间的生产展开讨论。

（一）拾荒者的社会关系

拾荒者的社会关系主要涉及与国家、市场、拾荒老板、当地村民的关系，以及拾荒者相互之间的关系。国家和市场看似与拾荒者的日常生活十分遥远，但这二者却从总体上决定着垃圾场的形态和拾荒者群体的出现。与拾荒老板、当地村民和拾荒同伴打交道则是拾荒者日常生活的主要内容之一，牵涉到具体的人和事，直接对拾荒者个人的生活状态产生影响。以下笔者将分别对这几种社会关系进行分析。

1. 拾荒者与国家的关系

拾荒者社区表面上不受任何国家机构或组织管辖，但这并不表明这里就是国家权力的真空地带，事实上，拾荒者社区的命运在很大程度上掌握在国家手中。首先，垃圾场的选址、建设和管理方式由政府决定，其中的每一项决定都直接对拾荒者社区产生影响。拾荒者社区必须依垃圾场而建，垃圾场建在哪里，"垃圾村"就跟着建到哪里。其次，政府决定垃圾场的管理、运营模式。兴丰垃圾场实行的是与国际接轨的政企分离、封闭管理、垃圾随到随填的运作方式，这就使得"垃圾村"的拾荒者规模受到很大限制：一方面这种操作方式减少了垃圾堆积面积，缩短了堆积时间，没有那么多垃圾供拾荒者捡拾；另一方面拾荒受到政府和实际运营企业——一家法国环境公司的双重制约，扩大拾荒规模困难重重。兴丰"垃圾村"的许多拾荒者以前在李坑拾荒，他们经常回忆李坑"垃圾村"的"盛景"：垃圾堆积如山，环卫局公开对垃圾场的拾荒业务招标，成千上万的拾荒者四散在垃圾场，争相从垃圾堆里"淘金"。兴丰垃圾场的运营模式，决定了这种情景几乎不可能重现。再次，垃圾场不仅是一个处理垃圾的场所，也是代表国家权力和技术的象征符号。

此外，国家对拾荒者的影响还体现在垃圾处理方式上。一些发达国家和地区，垃圾分类回收深入人心，各类垃圾在家庭、企业、餐厅等源头就已被细致分类，然后直接运往分拣厂由人工或机械进行分拣回收。物资回收只是资源循环中的一部分，资源循环还包括利用有机垃圾堆肥、生产生物燃气、焚烧同时回收热能等。这种处理方式既可以减少垃圾量，还能够有效回收利用资源，变废为宝。但在包括中国在内的一些发展中国家，垃圾分类回收还处于非常粗放的阶段，当前我国大部分垃圾处理采取的是定点投放、混合收集、定期清运、集中填埋的方式，既增加了垃圾资源化、无害化处理的难度，造成了环境污染，也增加了土地和财政方面的负担，越来越多的城市不得不面对"垃圾围城"的困境。近年来，中国政府开始大力宣传、推动垃圾分类，并在广州、上海等少数城市进行试点，但由于体制、政策、设施、公众意识和参与度等方面的因素，各个城市的垃圾分类并未达成预期效果。[①] 而填埋之外的垃圾焚烧也常常因为环境污染遭到周边居民的强烈反对而无法广泛推行。[②]

不过，垃圾缺乏有组织的分类回收却为拾荒者提供了机会。据广州当地一家媒体报道，广州的垃圾分类回收主要靠"民间系统"自发完成，家庭、环卫工人和拾荒者都在不同程度上承担着这一工作。[③] 混杂着大量可回收物资的垃圾在拾荒者眼里不啻于"宝藏"，从 20 世纪 80 年代末开始，广州的几座主要垃圾场附近开始常年聚集人数众多的拾荒者，他们每年从垃圾场捡拾的废旧物品数量相当可观。不仅中国，在埃及、印度、巴西、印度尼西亚等第三世界国家，拾荒者也扮演着举足轻重的角色，他们为减少垃圾流动、促进资源循环利用、创造就业机会专利、帮助国家和地方政府建立更加清洁高效的垃圾处理系统做出了积极贡献。[④] 遗憾的是，我国几乎没有城市地方政府正式承认拾荒者的地位和作用，也未对这个群体提供实质性的服务及保护。除了拾荒老板，兴丰"垃圾村"的绝大多数拾荒者几乎从未与当地任何政府机构或政府工作人员打过交道，拾荒老板不但是拾荒者社区的创建者，也是生产和生活秩序的维护者。拾荒老板之所以创建这类社区，完全是受利益驱动。20 世纪 80 年代以来，随着以市场为导向的社会转型持续推进，资本逐渐成为支配社会生活的主导因素，废旧

① 孙其昂等：《为何不能与何以可能：城市生活垃圾分类难以实施的"结"与"解"》，《中国地质大学学报》2014 年第 6 期。
② 陈晓运、段然：《游走在家园与社会之间：环境抗争中的都市女性——以 G 市市民反对垃圾焚烧发电厂建设为例》，《开放时代》2011 年第 5 期。
③ 李鹤鸣：《广州垃圾分类由民间完成》，《信息时报》2005 年 6 月 14 日。
④ 〔法〕卡特琳·德·西尔吉：《人类与垃圾的历史》，刘跃进、魏红荣译，百花文艺出版社，2005 年，第 214～215 页。

物资回收也在这一过程中被资本控制，走向市场化和产业化。

2. 拾荒者与市场的关系

新中国成立初期，中国的废旧物资回收几乎全部由国营供销社网点垄断。"1954 年经国务院批准，全国供销总社成立废品管理局。为了推动回收利用事业的全面开展，在总社废品局成立之后，立即着手在京、津、沪等大城市成立废品经营处。1955 年在上述城市相继成立了废旧物资的专营机构，此后各省、市、自治区又先后成立了废旧物资经营和管理的专业部门和回收利用网点。从此一个从中央到地方，从城市到农村，从沿海到内地的回收利用行业基本形成。"[1] 1955 年 8 月，全国供销合作总社《关于加强废品回收工作方案》中规定，城乡废品回收业务统一由供销社负责，回收对象除城乡居民外，还包括机关、厂矿、企业等部门。20 世纪 80 年代以后，随着社会主义市场经济逐步确立，计划经济退出历史舞台，以计划经济体制为支撑的供销社系统受到严重冲击，国营废旧物资回收行业萎缩，亏损严重，功能严重退化。

与此同时，随着经济迅猛发展，城市生产、生活垃圾激增，得不到有效处理和回收，不仅浪费资源，而且对环境也造成很大污染和负担。在体制和现实需求的双重压力下，个体废旧物资回收应运而生，迅速抢占了国营供销社退却后留下的阵地，开辟了一个巨大的经济和就业空间。城市拾荒者的主体是外来农民工，市场化促进了人口流动，大量农村剩余劳动力从户籍制度中松绑，获得了进入城市谋生的机会。受体制和自身条件限制，农民工从事的大多是"脏、累、苦、险"的工作，拾荒就是其中之一。拾荒对资金和技术的要求较低，收入回报也较为可观，因而对许多外来农民工颇具吸引力。从散见于报纸、杂志的各类报道中可知，农民工拾荒族已经在许多城市形成了颇具规模的"非正式经济体"，除了街头流动拾荒者、走街串巷收购废品者和垃圾场定点拾荒者等"一线工人"之外，这个"非正式经济体"还包括更高层级的小废品收购点和大型废品收购站。一般而言，层级越高，生意规模越大，所需成本越高，获利也越多。

不起眼的垃圾不仅养活了大批以拾荒为生的农民工，还造就了众多大大小小的"老板"，帮助他们富裕起来。兴丰垃圾场的拾荒老板就是靠垃

---

① 毕琢：《回收利用事业是生产发展的产物及其在五十年代的经营活动》，《再生资源研究》1994 年第 1 期。

圾发家的传奇人物之一，拾荒者与老板的关系复杂：利益与感情、剥削与反剥削……种种微妙的因素相互交织，构成"垃圾村"社会生活最耐人寻味的一条主线。

3. 拾荒者与老板的关系

垃圾场拾荒的运作模式不同于街头流动拾荒，采取的是老板承包的形式——老板向当地环卫局缴纳承包费，获得垃圾场废旧物资回收的经营权，然后招募拾荒者进入垃圾场拾荒。所有拾荒者都必须服从老板管理，并将捡到的废旧物品低价卖给老板。制度上的漏洞为私人承包垃圾场拾荒业务提供了条件，垃圾场上大量的废旧物资需要回收，而政府并未建立有效的回收体系，因而将这一工作交给廉价的农民工去处理就成为可行的权宜之计。但各地环卫部门从未将拾荒者纳入政府管理体制，一名环卫部门工作人员声称，现在政府都希望管得越少越好，一来上头有文件规定，政府不准搞营利性企业，二来直接对个体拾荒者进行管理社会成本过高。[①]交给拾荒老板去处理是最为省事的办法，把垃圾场包出去，剩下的事情都由拾荒老板负责处理。这种处理方式正是拾荒老板所期待的，或者说是他们动用种种手段极力促成的。垃圾是被错置的资源，垃圾场是资源汇集之地，具有巨大的经济价值，因而成为多方激烈争夺的对象。

政府的授权为拾荒老板对"垃圾村"和拾荒者的管理提供了基础：一方面，对垃圾场这一关键资源的控制迫使拾荒者在经济上依附于老板，他们的"饭碗"掌握在老板手中，老板既能为拾荒者提供工作机会，也有权力开除他们；另一方面，老板是"垃圾村"的管理者和与外界沟通的中介，他将垃圾场上各个分立的因素有机整合到一起，并使之成为生产力，在此过程中牢牢确立自己的权威。"垃圾村"所在地由老板出资向当地村庄租用，社区住房、水电设施均由老板提供并负责维护。此外，老板还必须维护"垃圾村"基本的生产生活秩序，如为拾荒者"排班"（安排工作时间），督促拾荒者保证一定劳动时间，防止他们偷懒，防止拾荒者将废旧物品卖到外面，防止拾荒者在仓库中相互偷窃，将别人的劳动成果据为己有，更要防止拾荒者偷窃老板已经收购的物资。

兴丰"垃圾村"的老板是一个姓刘的年轻人，他从父亲手中继承了这

---

① 周大鸣、李翠玲：《垃圾场上的空间政治——以广州兴丰垃圾场为例》，《广西民族大学学报》2007 年第 5 期。

家"垃圾公司"。他的父亲老刘老板是一位颇具传奇色彩的人物，最初也是李坑垃圾场的一名普通拾荒者，但他头脑灵活，善于抓住机会，很快就在垃圾场附近开办了一个矿泉水厂，后来又回乡寻找合伙人，参与垃圾场拾荒竞标，积累起大量财富。现在，老刘老板的生意越做越大，除了承包垃圾场拾荒业务，还在广州开了一家绿化公司，在邵阳老家开了几家大超市，交给子女经营。小刘老板的岳父和妹妹、妹夫是常住"垃圾村"的实际负责人，他们负责管理拾荒者，处理"垃圾村"的对外事务，如与政府交涉确定拾荒范围、帮拾荒者办理暂住证以及处理与当地村民的纠纷等。老板既是生意上的负责人、管理者，也是拾荒者社区的监管者，集"经理"和"家长"角色于一身。空间政治性的一个表现就是占有空间的私人或团体可以经营并剥削它，控制生产的群体也控制着空间的生产，并进而控制着社会关系的再生产。①

尽管老板与"拾荒者"之间的劳资关系十分明确，但"垃圾村"管理上的"非正式"特征也很突出。老板与拾荒者之间没有签订雇佣合同，拾荒者的劳动时间安排也比较富于弹性，他们每天工作多少时间，捡多少货②，小家庭的生产生活怎么安排，老板都不会过问。老板也不会为拾荒者发工资，拾荒者的收入完全来自卖货所得，捡的货越多，卖的钱就越多。由于不能靠明确的规章制度对工人们进行约束管理，老板除了监管以外，也很注重与拾荒者保持良好的关系。他们强调与拾荒者的"老乡"情谊，老板委派的几名主要管理人员几乎每天都出现在"垃圾村"，他们经常和拾荒者们一起娱乐，打麻将，跟他们聊天、开玩笑，以此拉拢拾荒者。在拾荒者需要帮助或陷入麻烦时，老板会适当介入，从中周旋调解，表现出保护的姿态。作为社区的最高负责人，他的权威建立在"发挥某些社会职能的基础上"，为了使权威得到承认，获得合法性，"他必须担当起某种社会责任"。③

普通拾荒者对老板的态度、感情十分矛盾、复杂。一方面，他们是合作者，老板为拾荒者提供了工作机会，有时还帮他们说话办事，有恩于拾荒者；老板与拾荒者朝夕相处，他们之间是有感情的；老板有钱有势，令

① 包亚明主编《后大都市与文化研究》，上海教育出版社，2005，第10页。
② 拾荒者一般称捡的废旧物品为"货"，下同。
③ 〔美〕杜赞奇：《文化、权力与国家——1900—1942年的华北农村》，王福明译，江苏人民出版社，2003，第128页。

普通拾荒者敬畏。另一方面，老板又剥削普通拾荒者，压迫他们，监管他们，有时甚至还对拾荒者进行人身伤害，令拾荒者厌恶、痛恨。老板和拾荒者之间的对立，其实质是劳资对立，双方各自所处的位置决定他们之间的矛盾不可避免。老板收购废旧物资的价格远低于市场价，压价不说，有时还在秤上做手脚，收购时缺斤少两，引起拾荒者严重不满。生活上的监管也令拾荒者不自在，原则上，只要拾荒者把捡的货卖给老板，按时足额缴纳管理费就可以了。至于拾荒者什么时候干活、什么时候休息老板是没有权力干涉的，也没有规定每个月拾荒者必须卖给老板多少货。但实际上，老板因为自身利益的关系，很难对拾荒者的作息时间安排完全放任自流，他会采取比较隐蔽的方式予以干预，对拾荒者施加压力，一位拾荒者说，"待在房子里的时间稍稍长点，老板的眼睛就像长了刀子似的"，许多拾荒者认为这种"监视"威胁到了他们的"自由"。

为了反抗老板的剥削压迫，拾荒者们会聚集在一起私底下议论声讨老板的"恶行"，骂老板心太"黑"，有时他们也冒险偷偷携带一些值钱的废旧物资到外面卖。如果冲突涉及众人利益并升级到一定程度时，拾荒者甚至会联合起来与老板公开对抗。2005 年 8 月，老板当众殴打了一名益阳拾荒者，原因是怀疑他偷玻璃。这件事情引起益阳籍拾荒者们的集体愤慨，认为老板并没有掌握嫌疑人偷盗的确凿证据，他遭到如此对待只是因为他为人老实好欺负。而且要是动不动就打人，那怎么行！由于双方互不让步，局势一度非常紧张，闹到益阳籍拾荒者们威胁要罢工的地步。后来经过中间人调解，事态得以平息，但这件事情表明，老板与拾荒者群体之间的较量与抗衡一直存在，而且可能在一定情境下被激化。总之，拾荒老板与拾荒者之间的依赖和对立紧密交织在一起，这也是构成这个社区社会空间重要的一方面。

4. 拾荒者的相互关系

兴丰"垃圾村"的拾荒者几乎全部来自湖南省的邵阳、益阳和衡阳三个地区，这个聚落规模虽然不大，总共只有 100 多人，但内部却以地域为单位，形成边界较为清晰的三个次级群体。群体间的关系可从聚落空间布局中清晰地反映出来，"垃圾村"从总体上可分为三个区域：纵向区域，横向区域和位于纵横区域之间的一排棚屋。三个区域为三个不同地区的人所占据，益阳人居住在纵向区域（简称"益阳区"），衡阳人居住在横向区域（简称"衡阳区"），邵阳人住在纵横区域交界的那一排棚屋（简称

"邵阳区"），背靠衡阳区，面朝益阳区。从人口分布和居住条件来看，益阳人最多，有五六十人，社区商店和自来水龙头都在这一区域。由于地势倾斜，益阳区的生活污水都能排到下游处，门前没有什么积水。益阳区夹在两排棚屋中间的公共通道还铺着从垃圾场捡来的红色地垫，走在上面像走红毯一般。衡阳区有三四十人，这一区域的地势较为平坦，不利于排放生活污水，因而窝棚前的排水沟常年积水，而旁边就是做饭的灶台。他们如果要取水或买东西，就需要拐到益阳区来。"垃圾村"的邵阳人最少，只有十来人，所以他们的房子只有一排；但他们的地位却较益阳人和衡阳人为高，因为承包垃圾场拾荒业务的老板是邵阳人，这些邵阳人全都跟老板沾亲带故，做的也都是监督、计量、收购、检验、洗衣做饭等相对清闲的工作，因而被称为"管理人员"。社会空间理论认为，空间的形式、结构和功能与权力相关联，空间中心往往也是权力的中心。[①] 拾荒者社区的空间布局回应了有关空间形式与权力的观点，"管理阶层"居于空间的核心，起着控制全局的作用；益阳人和衡阳人居住环境的差异也体现了两者之间的权力对比关系。

整体而言，普通拾荒者群体中存在一种团结感，他们是来自湖南的老乡，同为捡垃圾的拾荒者，很容易形成群体身份认同。相对简单的工作关系、短暂的居留也对拾荒者之间的关系产生影响。"垃圾村"的一名妇女告诉笔者，这里人相互之间关系都比较好，邻居之间很少吵架，因为都是各人做各人的事，不像在家，会为地皮之类的事闹纠纷，而且以后都是要回家的，又不会永远住在一起，闹意见划不来。这种描述与笔者对这个聚落的第一印象较为吻合，人们可以随意进入邻居的棚子聊天、交谈，借用邻居家的东西如桌椅等也非常自由，需要就可以拿来用；人们相互之间较为信任，夜不闭户在这里很常见；家庭化气氛浓郁，人们经常会分享食物，在一起聚餐、看电视、打牌，儿童受到全体成年人的爱护。

但是时间一长，一些矛盾就开始暴露出来，有邻居为了争夺"装车"（外面的厂商来调货时需要一些搬运工人）机会激烈争吵，有人在货场相互偷货，评价某位邻居做人小气、狡猾，私下议论哪对男女关系暧昧，等等。影响私人关系的因素主要有利益冲突、个性差异和亲缘、地缘关系。

① Henri Lefebvre, *The Production of Space*, translated by Donald Nichiolson-Smith, Blackwell Press, 1991, pp. 147 – 158.

拾荒者们既是生活中的邻居、老乡，又是工作上的同事、竞争对手。据说以前李坑垃圾场经常发生拾荒者之间因为抢垃圾而打架的事件，兴丰垃圾场的拾荒者虽不至于因为争夺垃圾打架，但相互之间还是存在一些竞争，难免会因此心存芥蒂。个性不和也是影响拾荒者关系的因素之一，特别是邻居之间，常常因为看不惯对方为人处事的方式而闹意见，不相往来。亲缘、地缘是连接人们的重要纽带，拾荒者社区中有很多人之间有亲戚关系，还有一些人来自相同的镇、村，在老家关系就十分亲近。也有一些人相互之间本来不认识，到这里做了邻居之后，发展成好朋友。台湾人类学家乔健①先生提出，底层社会常常表现出与主体社会相对的"反结构特征"，如淡化纵向地位、等级观念，强调横向的义气、平等，重视职业团体，不拜祖先拜祖师爷，等等。

5. 拾荒者与当地人的关系

当地社区居民对拾荒者的态度分为两类：一是中立友善，一是敌视欺压。

大多数村民对拾荒者比较中立，这主要是因为拾荒者居住的地区远离当地居民居住的社区。这是两个不同的世界，他们的语言不同，生活习惯不同，谋生方式不同，经历的节奏和身体感受也完全不一样。这两个世界的交叉点非常少，互不相扰，没有产生冲突纠纷的基础。而且，这些外来拾荒者对当地经济有一定拉动作用，他们经常到兴丰的商店、集市购物，因此，普通村民对拾荒者并没有太大反感，部分经常与他们打交道的店主、菜农甚至对他们十分友好。不过因为拾荒者从事的工作的原因，当地村民也不会与他们特别接近，总是带有某种程度的回避与疏离。

村委会大院的墙上张贴的"外来人口管理条例"规定，除了遵纪守法、不能损害本村人利益外，还规定晚上 10 点以后禁止外来人口外出游荡，带有明显的歧视色彩。"垃圾村"出现之前，部分拾荒者租住在村民家，他们提到，如果村里有人家里被盗，他们总是最先受到怀疑的对象，甚至有保安到他们的住处，要求搜查。有些村干部也很坏，经常拿计划生育政策威胁拾荒者租他家的房子，这种房子的房租和水电费比普通人家的要贵不少。有拾荒者告诉笔者，这个村里有些人坏得很，沾不得、碰不得，伤了他们的一只鸡、一条狗都不得了，不赔个千儿八百他们不会放过

---

① 乔健编著《底边阶级与边缘社会：传统与现代》，新北市立绪文化事业有限公司，2007。

你。有些拾荒者抱怨，在别人的地盘，说话都不敢大声！

拾荒者住地旁边就是村民承包的龙眼果林，每当龙眼成熟的季节，拾荒者和当地村民之间总会发生一些偷采龙眼的纠纷。拾荒者很少大量偷采龙眼，他们摘的龙眼基本是自己吃，不会拿去卖。而且在有些拾荒者看来，当地村民采收过一遍之后，他们就可以自由去摘剩下的果子，就像在稻田里拾稻穗一样。但当地村民不这样认为，因此矛盾冲突不断。一旦偷采龙眼的拾荒者被抓到，村里的保安就要对他们予以重罚。虽然老板通常会帮拾荒者说好话求情，但多少还是会被罚点款。除此之外，一年里的大部分时间，拾荒者和当地村民能够保持相安无事。

（二）内部主体经验

社会空间理论不仅关注外部的物理空间及与之相关的社会关系和权力关系，而且十分强调空间主体，即人在日常生活中的行为、感受、观念、情感、想象、欲望等因素在空间生产中的作用。事实上，人的主体性生成与空间生产相辅相成，彼此处于相互建构的状态。空间以特有的方式影响人们的日常生活实践，而行为主体的社会行为、行动意义以及愿望、诉求也可以借由空间来考察。在很大程度上，我们的感性认识依赖于身体怎样感觉和行动，依赖于身体的所欲、所为和所受。[1] 这也使得社会空间理论与身体密不可分，作为生物性、社会性和文化性的结合，身体被视为空间性的、物质和精神相统一的知觉主体。在福柯看来，身体是铭刻权力的空间，权力技术利用纪律、监视、惩罚等手段，将身体驯化为易于控制且极具效能的个体乃至群体。与福柯的悲观不同，尼采和列斐伏尔强调身体的能动性和创造力。尼采讴歌身体的健美、欲望和力量，用身体颠覆传统价值体系，他认为身体不说谎，身体感官天然具有接近事实的能力。真理和知识、道德都起源于身体，身体为人们的行为提供依据和基础。列斐伏尔也将开创新生活的可能性寄希望于身体，他指出，空间最初始的实践基础，是身体的剩余能量和激情，而不是理性与工具技术。[2] 剩余能量的创造力，或身体欲望的反抗性，也许能够为我们揭示差异和另一种空间的可

---

① 冯学勤：《系谱学与身体美学：尼采、福柯、德勒兹》，《文艺理论研究》2009 年第 2 期。
② 刘怀玉：《现代性的平庸与神奇：列斐伏尔日常生活批判哲学的文本学解读》，中央编译出版社，2006，第 410 页。

能性。鉴于身体在社会空间理论中的重要性，接下来，本文将尝试从身体角度探讨拾荒者的主体经验。

1. "垃圾村"的生活节奏

在列伏斐尔的社会空间理论中，节奏可以作为理解空间存在的方式。"对节奏的分析必须有助于恢复身体的整体性，这是必要的，也是必然的。"① 拾荒者社区的节奏可分为宏观、中观和微观三个层面，宏观节奏以季节为区分单位，中观节奏以一个工作周期为区分单位，微观节奏以天为区分单位。

"垃圾村"的人口处于季节性变化之中，一般来说，以 7 月、8 月为界，之前人会少一些，之后人会多一些。由于广州上半年多雨，捡垃圾的工作变得较为困难。而且夏天天气非常炎热，不是每个拾荒者都愿意忍受这样的酷暑工作，因此有人会在这两个月回家休息，看看老人、孩子。过了 7 月、8 月，天气没那么热，也比较干燥，加上下半年节庆较多，垃圾量较大，拾荒者人数也会相应增加。夏季和冬季的作息时间也有一定差别，夏天人们普遍会选择下午出工，深夜回来，因为晚上比较凉快；而冬天则会早去早回，因为夜里气温低，很冷。

社区里的拾荒者都有自己的工作习惯和工作周期，每工作一段时间后，他们会给自己放 1~2 天假。排除天气干扰（有时雨天不便干活，不得不休息），拾荒者的作息周期保持在 7~15 天不等。有些拾荒者经济负担相对较轻，或者不习惯长时间艰苦重复的工作，就会有意识地缩短作息周期，多安排些时间休息；有些拾荒者家庭经济压力大，而且特别能吃苦耐劳，每十天半个月才休息一次。休息日有人选择睡觉，有人选择逛街，购买日用品或买点鱼肉回来做顿好吃的。还有人喜欢找邻居或朋友打牌、聊天。

从一天的节奏来看，拾荒者的工作时间分为早班和晚班两个大的时段。上早班的人凌晨四五点就要起床，做饭，吃早餐，6 点左右去垃圾场。工作到约 12 点，在山上吃午饭，就地休息一个小时左右，再继续工作。下午四五点回到住地，洗澡，洗衣服，吃晚饭，乘凉，晚上七八点睡觉。上晚班的人一般在上午 11 点到下午 1 点之间起床，之后活动，做家务，吃饭。下午 3 点左右上山，工作 3~4 个小时，在山上吃晚饭，休息一会儿，捡到凌晨一

---

① Henri Lefebvre, *The Production of Space*, translated by Donald Nichiolson-Smith, Blackwell Press, 1991, p. 405.

两点回来，中间还会有短暂的休息，吃点夜宵补充体力。回到住地洗澡，再吃一顿饭，凌晨三四点上床睡觉。这是夏季生活时间，冬天会有一些小调整，白天的工作时间延长，晚上则相应缩短。

拾荒者的这种生活节奏给了他们一种"自由感"。从表面看，他们的确很自由，作息时间由自己决定。但实际上，他们并不能完全控制自己的时间。一方面，会有一种内在的压力促使他们保持一定的工作时间，多劳多得的分配原则令每个人产生危机感，不劳动就没有收入，时间就是金钱；另一方面，虽然没有明确的条文对他们的作息时间作出限制，老板的非正式监管却仍然存在，他会用其他方式督促拾荒者保证一定工作时间，因此，拾荒者们所珍视的"自由"仅仅是一种假象。

2. 工作及收入状况

拾荒者的主要工作内容有三项：捡货、选货和卖货。

拾荒者在垃圾场上捡的货主要有纸壳、纸板、塑料、玻璃及金属等。虽然同样是捡货，但拾荒者之间的收获会存在一些差异，造成差异的因素主要有两个：劳动强度和技术。劳动强度依拾荒者的体质和劳动意愿而定，身体好的拾荒者能够承受长时间的高强度劳动，而生病或身体素质差自然会影响劳动效率。劳动者的意愿也很重要，有些拾荒者非常能吃苦，可以在工地连续工作12个小时甚至更长时间，而另外一些人则不想让自己太过劳累，觉得时间差不多就会收工。另外，拾荒也有一定技术含量，有经验的拾荒者能迅速辨别物品的质地以及同一类质地材料之间的细微差异。捡货时还有一些小窍门，如捡膜（一种特殊的薄塑料），必须当天捡当天交货，因为隔的时间长了水分就会失去一部分，没那么重了。一名好的拾荒者不仅要身体素质好，眼疾手快，还要掌握一定"专业"知识和小窍门。

将货捡回来之后，还要经过一个重要的处理环节——选货，也就是按材料质地的不同将废旧物品进行分类。相比较而言，捡膜和捡瓶的拾荒者在选货上的工作量比较小，因为两种东西都不需要进一步分类，捡金属的拾荒者花费在选货上的时间与精力则相对较多。金属材料往往是一件物品的一部分，要获得金属材料，必须进行一些拆解，而且有时一件物品中混合有几种不同的金属材料，还要再将其进行细分，因为各种材料的价格不一样。金属中比较常见的有铜、铁和铝，有时仅从外形难以区分，就要借助刀和磁铁等工具来识别，先拿刀砍砍刮刮，铁的硬度较铜和铝高，铜常呈黄色或红色；再用磁铁吸，有磁性的是铁和铜，没有磁性的是铝。一般的拾荒者在货场选好货之后直接交货，但也有一些拾荒者在住地选货，尤其是一些捡金属的，如果有他们认为比较贵重的货，他们就会带回住地选。选货的周期依据拾荒者捡货的量而定，如果捡的货多，可以当天或第二天选了去卖；如果捡的货数量不多，就会先放着，等积累到一定数量一并去选货、交货。

交货是拾荒的最后一个环节，一般在清晨进行，拾荒者先要将之前选好的货交给验货员检验，看他们选的货是否与所报品名相吻合。经检验合格以后，再去过秤，记账。交货现场喧闹不堪，拾荒者与总管争吵声不绝于耳，拾荒者总是希望将斤两往上抬，总管又巴不得往下压，双方争得脸红脖子粗之后取个折中的数字了事。这里的拾荒者每人都有一个编号，总管小何专门制了一张表，上面列有拾荒者的号码和各种材料的名称，每次交货之后小何或验收员都要在交货者的号码下记下哪天各种材料的货各交了多少，然后交由交货者本人抄写留底。每个月统计一次各人在这个月各种材料的货交了多少，然后清算结账，相当于发工资。

拾荒者的工资有很大的浮动性，而且每个人每月所领到的工资可能都不一样，这是因为拾荒者拿的是"效益工资"，卖多少货得多少钱。一般而言，一对拾荒者夫妇一个月捡的货可以卖到2000元左右，多的可以拿到3000～4000元，少的不到1000元。工资的高低取决于劳动时间、技术和劳动力数量。有些人特别能吃苦，去得比人家早，回来比人家晚，一天干十五六个小时，一个月才休息两三天，这样捡的货多，拿到的钱也多。拾荒者以夫妇二人为生产单位，有的夫妻两个都是"硬劳动力"，两个人的劳动成果加起来相当可观；而有些家庭则只有丈夫一人劳动，妻子专门在家负责家务，干活的人少，劳动成果自然也会相应减少。

除了常规工资，拾荒者经常会有一些意外的"收获"，如捡到现金、手机、金银首饰或其他贵重物品。拾荒者几乎人人都捡到过现金，只不过金额多少不同而已，其中有一些还是外币，美元、日元都有。拾荒者们说，有些钱他们也没见过，不知道是哪个国家的。几乎所有拾荒者的手机和SIM卡都是捡来的，能打免费的电话。有的拾荒者还从垃圾堆里捡到过小猫小狗，甚至婴儿！据说有个从垃圾场上捡来的孩子已经被一名拾荒者抚养到十几岁了。对部分拾荒者来说，拾荒并不只是一份工作，还意味着更多的情感和生活。

3. 衣食住行

高筒胶鞋、反光背心、破衣烂衫构成了垃圾场拾荒者的主要"行头"，有时还会加上一顶帽子、一副手套。对于拾荒者来说，一双高筒胶鞋是上"工地"的必备之物，无论春夏秋冬都要穿，因为填埋现场有垃圾渗出的废液，一年四季都潮湿、泥泞不堪，不穿胶鞋根本走不进去。每个拾荒者都会准备几套破旧经脏的衣服，用于拾荒时穿，这样即使弄脏弄破也不会觉得可惜。橘红色的反光背心可以算作拾荒者的"制服"，老板规定上工必须套在外面，这样可以加大一点安全系数。大部分拾荒者工作时不戴手套，他们认为戴手套碍手碍脚，影响工作效率，而且长年累月跟垃圾打交道，手套也起不到什么防护作用。许多拾荒者双手的皮肤都很黑，任凭怎么用肥皂洗都没用，他们说这是垃圾水渗到了皮肤里，洗不掉的。工作之余，拾荒者穿"便服"，穿着打扮与普通人相差无几。拾荒者的衣物有的是从家里带来的，有的是来这里以后买的。拾荒者挣的是辛苦钱，舍不得花钱买衣服，他们买衣服的价位多在 30~50 元。也有些衣服是从垃圾场上捡回来的，这对他们来说很正常。如果在垃圾中发现比较好的衣物，他们就会捡回来，清洗之后供自己使用。

拾荒者们对吃都比较重视，吃好不仅是为了保持体力，也是人生的一大乐趣和安慰。拾荒者们都是单独开伙，每家每户都有自己的炉灶，可以按照自己的口味和喜好做饭吃。大多数拾荒者喜欢食用猪油，他们固执地认为吃了猪油才有力气干活。他们通常每隔十天半个月就去一趟太和，买生猪油回来自己炸。湖南人喜欢吃辣椒，所以红辣椒和辣椒粉是每家必备的调料。猪油炒辣椒产生的浓烈辛香，是这个拾荒者社区挥之不去的"家乡味"。总体而言，拾荒者的伙食都安排得不错，基本上每顿都要带点荤腥，不是吃鱼就是吃其他肉食。拾荒是力气活，劳动强度大，"不吃点好的不行"。不过也有的人家特别节省，饭菜都吃得很简单。拾荒者们平时都到兴丰村买菜，有时没时间就在社区小商店买一点，休息日可以去太和镇的农贸市场，那里的生鲜蔬菜种类更多。因为烧的是木柴，冬天的时候一些拾荒者会买些鸡鸭鱼肉回来，熏制腊肉。保持家乡的饮食习惯，吃得舒服自在，是很多拾荒者对"垃圾村"的生活较为满意的重要原因。他们认为这比在工厂吃食堂要好得多。

拾荒者都住在老板提供的小窝棚里，每对夫妇一间，只身来此的拾荒者一人住一间。每个窝棚的面积有五六平方米，高度只有两米左右，低矮逼仄，而且只有门，没有窗，光线非常不好，白天进屋都要开灯；也不通风，夏天在房子里非常闷热。这里夏天温差比较大，白天热得像蒸笼，晚上到后半夜温度又会骤降，而且湿气很重，睡得很不舒服。这些窝棚搭建得都非常简陋，四壁只是用油布、纸板等围起来，不但隔音效果差，难以保护个人隐私，而且蚊虫多，老鼠成群，整晚都可以听到老鼠在房顶跑来跑去。一次笔者在一间窝棚和一个暑假来探望父母的女孩子聊天时，竟然看到一条蛇从后门爬进来！虽然这些小窝棚都非常简陋，但有些拾荒者还是把自己的"家"收拾得清爽整洁。为了防潮，窝棚的地上都铺着各种塑胶纸，有些拾荒者家中的塑胶纸擦洗得干干净净，夏天可以直接在"地板"上坐卧，平时进门都要脱鞋。有些人还在屋后自建了小小的浴室，这样洗澡方便一点。

普通拾荒者平日上工或在社区活动都靠步行。他们自己开辟了一条从拾荒者社区到垃圾场的路，因为每天都有人走，路面被踩得光滑结实，下雨也不会太泥泞，路边的草还经常有人割。"垃圾村"下边还有一条通向兴丰村的碎石路，可以容纳小型机动车通行，拾荒老板每次开车来"视察"就是走的这条路。除了拾荒者，这条路平时并没有其他使用者，路边都是龙眼树和竹林，环境清幽。这条路连着兴丰村的主干道——一条柏油马路，修建垃圾场以后，村里开通了一趟往返兴丰至太和镇的公交车，村民和拾荒者去镇上比较方便。如果要回湖南或者去其他地方，他们通常从太和去广州，然后在广州中转。

4. 工伤病痛

在垃圾场拾荒是一项危险系数非常高的工作，经常会发生一些工伤事故，轻微的包括被垃圾中的玻璃割破皮肤、在垃圾车轮胎爆炸时受伤，严重的有车祸，会对拾荒者造成重大人身伤害。

相比危及生命的重大事故和外伤，肠胃病和皮肤病似乎不值一提，但这并不意味着痛苦的减轻。拾荒者大都患有慢性肠胃病，他们饮食不规律，吃饭没有固定时间，经常饥一顿饱一顿，极易落下肠胃病。生活环境也是致病原因之一。拾荒者不得不经常在垃圾堆旁边就餐，而且有的拾荒者还会捡垃圾中的食物来吃，很容易受到细菌感染患病。拾荒者还要经常忍受皮肤病的折磨。因为长期接触带有大量病菌的垃圾，很多人的手部皮肤会过敏，症状表现为红肿、发痒，抓破感染就会溃疡。由于填埋区遍地是垃圾中流出的污水，地面常年湿滑，拾荒者们必须一年四季穿着高筒水靴作业。冬天还好，夏天广州天气炎热，胶皮水靴又不透气，腿脚整天都被汗液浸泡，也经常溃烂。风湿病也是拾荒者中的常见病之一。由于"垃圾村"的窝棚建在山谷中，地势低洼，室内阴冷潮湿，常年住在这样的房子里，很多人会患风湿病。

拾荒者们对这些病患的处理方式都比较简单，只要痛苦还在可以忍受的范围内，不会对日常生活、工作造成不便，他们就会选择默默忍受，或者自己买点药物简单处理。只有实在疼得受不了，他们才会去一些收费比较便宜的小诊所就诊，打针吃药。

（三）与拾荒者相关的话语及想象

在"空间三重奏"理论中，"空间的再现"主要依靠话语和符号实现。符号再现体系在意义建构过程中扮演了构成者的角色，符号的编码功能成为现实律令，[1] 将空间与认知联系起来，并产生社会分类的功能。习性与社会空间位置是一个生产实践的分类架构体系，产生了那些可以用来分类的、客观地分化了的实践与表征，这种习性和社会空间位置作为分类架构体系，具有区分自身、接受分类、形成分类性判断的功效，具有社会类别化的效果。[2] 各种利益群体，尤其是统治者群体，竭力区分和维护差异，试图以此确定资源配置关系。这也表明，我们在理解某一社会群体时，必须思考群体符号边界、叙事性分类和话语修辞体系中的差异性建构，解释身份认同的生产机制。

拾荒者是以捡垃圾为生的人，"垃圾"在人们的分类意识中，是"污秽"或"不洁"的代表，这种"污秽"不仅是现实意义上的，也是社会文化意义上的。玛丽·道格拉斯指出，"污秽"令人厌恶的实质，在于这类事物会对秩序形成威胁。[3] 主流分类体系将垃圾视为脏污的、可被丢弃的、没有意义和价值的、充满病毒和细菌的，垃圾的存在凸显了正常与病态、洁净与肮脏、想要的和不想要的、应该的和不应该的边界。[4] 这种观

---

① 刘怀玉：《现代性的平庸与神奇：列斐伏尔日常生活批判哲学的文本学解读》，中央编译出版社，2006，第288~289页。
② 潘泽泉：《当代社会学理论的社会空间转向》，《江苏社会科学》2009年第1期。
③ 〔英〕玛丽·道格拉斯：《洁净与危险》，黄剑波等译，民族出版社，2008，第2页。
④ 胡嘉明、张劼颖：《废品生活：垃圾场的经济、社群与空间》，香港中文大学出版社，2016，第x页。

念深刻地影响了外界和垃圾自身对其职业的评价和认同。

政府环卫部门是垃圾场的直接主管单位，但他们通过拾荒老板管理垃圾场，从不与个体拾荒者打交道，也从来没有任何环卫部门工作人员去过拾荒者社区。在提到拾荒者时，一名政府工作人员使用的称呼是"他们"，三言两语，一带而过，有意回避。但是《广州市环境卫生总体规划》中列有李坑和大田山垃圾场垃圾回收的物资量和价值，这表明政府虽然意识到拾荒者对于废旧物资回收和环境保护的价值，但不愿正面承认拾荒者的贡献和地位。

兴丰当地村民也有意无意地与拾荒者保持距离。很多当地人表示他们不知道这些拾荒者确切的住址，也不想知道，因为这群人的存在基本与普通村民没有关系。一名在兴丰村马路边开餐馆的老板说，拾荒者从不到餐馆就餐，一来他们不愿花钱，二来他们也有"自尊"。言下之意，其他食客会嫌他们脏，拾荒者对此心知肚明，不愿自讨没趣。更有甚者，拾荒者社区的一名妇女说，她儿子在学校和同学打架，学校为此把双方家长请去对各自的孩子进行批评教育，结果本地小孩的母亲根本不承认自己的儿子有错，还骂她"垃圾婆"，她为此非常气愤。许多拾荒者的子女在学校不愿提及父母的职业，或有意掩饰，因为父母从事拾荒令他们感到羞耻。

主流社会的分类评价体系也内化到拾荒者的职业身份认同中。很多拾荒者认为，他们做这一行是最差的，不是看在挣钱的分上，谁都不会来干这个。笔者曾在路遇他们的时候跟他们打招呼，问他们是不是上班去，有拾荒者纠正我说，上什么班？干活去！有位拾荒者上工之前请笔者帮他拍张照，说要拿回去给他儿子看，不好好读书就要像他老爸一样捡垃圾！一次在衡阳区的棚户里，笔者提议帮一名妇女拍照，她谢绝了，她认为笔者是记者，来摄像的，要在电视里播，"给家乡人看到我们在这里捡垃圾，还不丑死！"许多拾荒者的子女在珠三角打工。虽然相当一部分拾荒者认为拾荒比进工厂打工自由、收入高，但拾荒"说出去不好听"，所以他们还是希望孩子到工厂去打工，不愿意孩子们年纪轻轻就来垃圾场待着捡垃圾。

笔者在"垃圾村"听到最多的一句话，就是"我们再怎么苦怎么累都没关系，只要孩子有出息就行"。拾荒者们殷切希望子女能够改变自己的命运，摆脱父辈所面临的辛苦低贱的处境。很多拾荒者表示，只要孩子肯读书，读得进去，他们就是再辛苦，哪怕砸锅卖铁也要供孩子读，不想孩子再像他们一样捡垃圾。遗憾的是，从笔者的调查来看，拾荒者子女改变自身命运的前景并不乐观。

案例一 何辉，今年 10 岁，父母都在垃圾场，与承包垃圾场的刘老板是亲戚，是家里的独生子，一年前转学到这里，在兴丰的邻村穗丰读小学四年级。他的成绩不太好，最差的是英语，因为他湖南老家的小学根本不开设小学英语课程，而广州的小学生从三年级就开始学英语了，他这种插班生根本就跟不上，连单个的字母都认不全，何谈单词和句子。学校发的英语练习册里面他会做的不超过 10%。他妈妈对他读书的前景比较悲观，说照他这样，能把初中读完就不错了。他自己对学习也不太感兴趣，从来不会主动做功课，倒是对什么样的废品值钱很敏感，也有一定分辨力，还跟他爸爸学会了从灶里掏木柴上落下的铁钉卖钱。

案例二 李风，17 岁，读到高二辍学，据说在学校调皮捣蛋，经常旷课，后来干脆不读了，没人管得住。父母担心他学坏，把他带到身边看着。笔者在"垃圾村"做田野调查时，他已经是垃圾场的正式"员工"了，是负责插旗的"管理人员"之一，每天和大人们一样上工，但是身形单薄，一看就还是个孩子。他觉得在垃圾场不错，比在工厂好，但是也不打算长待，计划干到年底就走。

案例三 佳佳，15 岁，初中就辍学了，一是他自己成绩变差不想读下去，二是他生长于单亲家庭，父母很早就离婚了，母亲独自抚养他，经济上比较拮据。他现在还太小，什么都做不了，被送出去学过几次室内装修之类的手艺，每次都是过两个星期就把钱花光跑回来，他妈妈也拿他没办法。现在跟他妈妈一起离开了垃圾场。

案例四 周世界，和佳佳年龄相仿，初中毕业，也不想再读了，说不喜欢读书，暑假跑到垃圾场来待了段时间，一边玩一边跟父母学"赶货"（回收物资分类）。后来也走了，据说去学手艺。

拾荒者的孩子能够读到大学的很少，多半是读完初中以后上技校、职高，或者不再升学。他们的出路绝大多数是打工。初中毕业的孩子还太小，他们会先在家或到父母这里玩一两年，等到了十七八岁，就会跟随亲戚或老乡去珠三角地区的工厂打工。由于社会资源匮乏，以及其他结构性因素的制约，拾荒者子女所拥有的选择机会极其有限，摆脱底层地位实现向上流动困难重重，等待他们的更有可能是阶层再生产。

五　结论与讨论

　　作为一个描述社会分层的术语，"底层"的空间意涵主要表现为政治、经济地位上的"边缘""弱势"，这也导致很多自上而下的宏观底层研究停留于数据分析和抽象理论阐述，无法触及底层群体真实的生活状态。基于微观事实的经验研究虽然能够反映底层的日常生活处境，但又常常过分沉迷于事实而不自知，忽略具体社会问题与政治经济和话语符号之间的内在关联。为了避免二者的缺陷，本文尝试采取法国社会学家列斐伏尔的"空间三重奏"理论，从组织结构、身体体验和话语想象三方面对一个拾荒者底层空间的生产进行综合分析，力图将这个"小社区"置于"大社会"中进行考察，同时讨论拾荒者的主体生活经验和象征符号在底层空间生产中扮演的角色。

　　研究表明，"垃圾村"的产生、发展既是宏观政治、经济变迁的组成部分，也是社会变迁的结果。国家和市场为"垃圾村"这类底层空间的出现提供了结构性条件。20世纪80年代以来，国家推动的以市场为导向的改革深刻地改变了资源配置格局，随着资源配置机制的变化，贫富差距、城乡差距扩大，而且原有社会结构被打破了，这造就了以农民、农民工和下岗工人为主体的，具有相当规模的"底层社会"。[①]"垃圾村"就是其中之一，这里的拾荒者均为来自乡村的农民，他们进入城市寻求更好的经济机会，却在就业市场、人际关系网络和社会资本等多重因素作用下，选择以拾荒为业，成为与垃圾为伍、饱受歧视的底层拾荒者。国家对拾荒者底层空间生产的影响还体现在国家对公共资源的配置上。垃圾场是城市公共环境卫生体系的重要组成部分，承担着垃圾处理功能，规划、选址、建设、管理都由政府环卫部门全权负责。从这种意义上来说，国家的空间策略直接决定了拾荒者社区的地点、规模和可能的治理模式。表面上看来，拾荒者是离国家政权最远的社会群体之一，游离于正式国家机构的管理和约束之外，但国家对他们的管理并没有因此放松，国家权力借助空间渗透到最细微的社会现实中，每个人都生活在国家权力的笼罩之下，拾荒者也

---

　　① 孙立平：《资源重新积聚背景下的底层社会形成》，《战略与管理》2002年第1期。

不例外。

市场对拾荒者底层空间生产的影响同样显著。市场经济体制改革瓦解了计划经济体制下以供销社为载体的废旧物资回收系统，催生了新的以拾荒者和私人资本为主体的"非正式"回收经济体系。资本决定了农民工在废旧物资回收体系中的分工和地位，资本雄厚的"大老板"经营大回收站，或承包某一地区垃圾场拾荒业务，垄断区域废旧物资回收经营权；资本较少的"小老板"投资经营成本更低的小型收购站；缺乏经济资本的农民工只能出卖劳动力，成为街头巷尾或垃圾场的"一线"拾荒者。尽管拾荒老板极力营造温情脉脉的"老乡"情谊，但还是难掩他与拾荒者群体之间实质性的劳资关系，拾荒者就是为其生产剩余价值的工人。为了使其拾荒生意正常运转，老板积极与政府环卫部门、当地村委会和拾荒者沟通协商，一手建立起"垃圾村"，并充当社区生产和生活秩序维护者，使之成为其个人权力控制下的"私人王国"。与政府官员打交道、"拉关系"的能力和在底层民众中的号召力及对底层民众的控制力，赋予了私人资本在底层"非正式经济体"中的主导地位。

底层拾荒者在空间生产中的作用也不可忽视。一方面，他们保持着熟悉的生活习惯尤其是饮食方式，拥有较为"自由"的弹性作息时间，与同伴保持亲密友好的关系，共同反抗老板的剥削与监管，试图使"垃圾村"更接近某种理想"家园"；另一方面，他们的工作环境、劳动强度、居住条件以及与拾荒相关的疾病和事故，却无时无刻不在各种身体感知层面提醒拾荒者的地位和处境。充斥在空气中的垃圾臭味，溃烂的皮肤，渗着垃圾汁液的双手，高温酷暑下的炙烤，长时间的弯腰劳作，肠胃病、风湿病日复一日的折磨，甚至还会面临被垃圾车撞、被铲车铲的生命危险，这一切都是"底层"最直观的写照。拾荒者的身体被迫忍受繁重的体力劳动、恶劣的生存环境以及疾病带来的痛苦，人身安全得不到充分保障，底层群体"弱而无助""穷而无告"的生存境况一览无遗。

更不幸的是，这种生存体验还会投射在话语以及象征符号当中，形成与态度、价值观念相关的评价体系。以捡垃圾为生的拾荒者不仅受到外界在语言上和行动上的歧视、排斥、隔离，而且许多拾荒者的子女也以父母的职业为耻。拾荒者群体的自我评价也以负面否定态度为主，尽管经济收入并不低，甚至要高于部分工厂工人，但污名化的职业声誉还是令许多人感到做这一行是最差的，不愿意让家乡人知道自己从事的职业，训诫子女不好好读书以后只有来捡垃圾。事实上，拾荒者是在帮助城市"排污"，不仅如此，他们的工作还是社会生活正常运转和社会正常规范秩序得以维持的必要条件，极具价值和意义。因此，主流社会对于拾荒者的认知亟待改变与矫正，应以积极正面的话语重构拾荒者形象，这一点对于维护拾荒者的尊严意义重大。

本文试图阐明，拾荒者底层空间不仅是国家、市场、拾荒者的主体经验和话语符号等因素交织互动的产物，它还体现为某种特殊的组织结构。在一定程度上，这个空间的本质更类似于处于相对稳定状态的"关系结构"。不与政府建立良好的关系，拾荒老板和拾荒者就不能顺利进入垃圾场；不与当地村委会、村民协商，拾荒者社区就无法建立；没有老板与拾荒者之间的关系，"垃圾公司"的生产经营就不能运转；没有拾荒者之间复杂微妙的关系，"垃圾村"就会呈现完全不同的社区风貌。值得关注的是，在拾荒者社区这类"非正式经济体"中，经济行为主要依靠"关系"展开，亲缘、地缘等非理性、非制度性因素对经济活动和社会生活具有决定性影响。这类非正式经济实体本身的结构阻止产生一套正式的"制度"，因为"基于亲友关系的生意关系要求'平等'，不允许产生明显的管理结构"。① 不论是家族式笼统的管理，还是老板对普通拾荒者的管理，都是靠"关系"在维持。"关系"的生产也是社会空间的生产，正是在这些多重的、立体的关系网络中，拾荒者社区才逐步形成自身的空间。

本文是建立在民族志基础上的个案研究，既能在一定程度上反映底层空间生产的共性，也有其特殊性。必须说明，"底层"本身不是纯粹的统一意识，底层民众所在国家和地区的政治经济制度、生计方式、生活环境、组织结构、主体体验、文化背景等状况千差万别，其空间生产的多样性和复杂性有待进一步深入探索。

---

① 项飙：《跨越边界的社区——北京"浙江村"的生活史》，三联书店，2000，第192页。

闲暇、阶级与生活方式：人类学
视域下的休闲研究

王越平[*]

从人类诞生之初，劳闲间杂便是人类基本的存在样态，这既源自人类生理结构的特点，人类需要通过休息和娱乐来调适身心，也是人类自身和社会发展的需要，人类必须利用劳作之外的时间进行必要的社会交往和思维创造。然而，闲暇的多义性和范畴的宽泛性，使得长期以来在人类学的视域下休闲从未成为一个有着明确研究范畴和边界的领域，相反休闲或者闲暇[①]是被嵌入人类社会形成和发展的历史脉络中以及人们的日常生活中加以使用。休闲或者闲暇与劳动相对应，反映的是一个社会中人们的生活方式以及社会所秉承的一套价值观念和道德规范，由此闲暇的研究也被嵌入该社会日常生活中，成为衡量社会发展、文化心态的一个重要的视角。

休闲在真正意义上成为学者们争相关注的议题是在工业革命以后，尤其是当人类社会经过工业社会和后工业社会的洗礼之后，闲暇成为消费主义的代名词，"炫耀性消费""异化"等成为学者们研究休闲的一个重要的

---

* 王越平，云南大学民族学与社会学学院副教授。

① "闲暇"和"休闲"在英文中对应的单词均为 leisure，该词来源于古法语 leisir，是指人们摆脱生产劳动以后的自由时间和活动；而该法语又出自拉丁语 licere，意思是自由的、没有压力的状态或合法的、被允许的。早期我国引入国外休闲研究著作，均把 leisure 翻译成休闲，如马惠娣、于光远的翻译著作。然，在日本学者祖父江孝男等著的《文化人类学事典》（陕西人民出版社，1992，第275页）中，中译者把 leisure 翻译成闲暇。从词语的内涵上，在中文语境下闲暇与休闲具有相近的内涵，都强调它是人类在摆脱义务与责任的同时对具有自身意义和目的的活动的选择。只是在具体的场景中，闲暇更强调"赋闲、空余"的状态，而休闲强调的是"休息、闲适"的状态。由于本文主要从学术脉络体系中分析 leisure 这一概念在西方以及中国学者研究视野中的演变，为了保证论述的充分，故主要考虑的是学界以同样的英文单词 leisure 为研究主题（具有同样的内涵）所展开的讨论，因而在下文中可以不加区分地使用。

切入点。人类在获得工作的同时也获得了可自由支配的"手边的时间"，同时在这个时间内也提供了一个个体展示文化资本、显现社会区隔、巩固自我社会地位、划定社会边界的机会。① 人类对于闲暇符号化、差异化的消费体现了现代社会的等级、秩序和经济理性等，由此而衍生出的关于休闲的冲突分析模式、结构功能性解释和解释性阐释遂成为经典的休闲研究路径。②

随着人类学学者们对于前工业社会、工业社会和后工业社会休闲研究的重视，学者们更多地从休闲的多个维度进行探索，尤其开始关注闲暇在不同社会中的差异性表达以及由闲暇的特征出发如何理解人类的日常生活和人的本质属性。从宽泛的休闲范畴中归纳和总结出其本质和特征，理解人类在劳闲间杂中从事活动的意义，并基于对闲暇活动内容的研究反思人类学的仪式理论、时空研究、经济理性和文化理性等问题，加深对于人类本性一致性和社会差异性的认知，均具有重要的意义。为此，下文将分别从人类学休闲研究的历程梳理当下休闲研究可能的领域和理论议题的角度，以期对休闲研究的方法、路径和研究范畴做出系统的讨论。

一 闲暇抑或闲适：多维视角下的休闲概念界定

休闲概念自古有之，古希腊和先秦时期就有对休闲问题的论述。亚里士多德把休闲视为"手边的时间"，它是一种"不需要考虑生存问题的心无羁绊"的状态。③ 中国古人在《诗经》中就强调了古人闲暇生活的闲适与从容。随着近代康德、韦伯等学者理性思想的萌发，休闲研究则更多地被赋予了理性主义的色彩，也打破了以往由哲学家和诗人垄断休闲话语权的局面，人类学、社会学、经济学、哲学等学科都从不同的角度对休闲进行了研究。

① David E. Harris, *Key Concepts in Leisure Studies*, Sage Publications, Incorporated, 2005, p. 267.
② 〔美〕约翰·凯利：《走向自由——休闲社会学新论》，赵冉译，云南人民出版社，2000，第172~178页。
③ 转引自〔德〕约瑟夫·皮柏《闲暇：文化的基础》，刘森尧译，新星出版社，2005，第40页。〔希腊〕亚里士多德：《政治学》，吴寿彭译，商务印书馆，1996，第59页。

（一）"自由时间"与休闲

早期社会学家们在对休闲进行探究时，大多把休闲作为一种"自由时间"，强调其是与刚性的、强制性的工作时间相对的可自由支配的时间内的活动。马克思很早就强调："人们是什么样的，这同他们的生产是一致的——既和他们生产什么一致，又和他们怎样生产一致。"在19世纪50年代他又进一步阐述"生产决定消费、消费制约生产的辩证法"。① 在他看来，作为生活方式的休闲也是一种消费行为，它建立在对自由时间的消费的基础上。自由时间仅仅是恢复劳动力所必需的时间，隶属于劳动时间。这种消费行为本身是由生产方式决定的，不同的生产方式又与生产资料的占有方式密切相关，所以休闲也具有了阶级意识和阶级划分的内涵。休闲所表征的是一套与资本主义社会相契合的有闲阶层的生活方式。波德里亚就曾指出："自由时间的多少，是由每个人在资本主义社会中的工作时间和工作效率决定的，视其劳动对经济贡献的大小而获得，它是'赚到的'时间、是可赢利的资本、是潜在的生产力，因而需要将其买回来以资利用。"② 因此，休闲就被等同于劳动所挣来的消费，而不是真正获得了自由时间，也并不是人们出于自我实现的需要而主动争取获得的，而是资本主义社会中劳动力再生产的一环，是保证人们继续劳动的必要手段。在资本主义社会中，人们永远不可能获得真正的自由时间。人们在"自由时间"中的有意识的休闲活动是一种消费行为，是对时间的消费。由马克思及后续学者对休闲是自由时间的界定，可发现他们更多的是强调了休闲的时间属性，强调休闲是与劳动时间相对的时间安排。而之所以出现休闲与劳作间杂的安排，更主要的是源自社会再生产的需要，人类需要通过自由时间内的社会再生产实现社会的延续，也就是说作为自由时间的休闲并不自由。不过，单向度地从资本主义社会闲暇时间讨论休闲，也引发了关于休闲的内涵是否只是时间消费或者闲暇时间就等同于休闲的争论，更多的学者认同应该回归到休闲活动的内涵中寻求解答。

（二）"欢愉"与休闲

对于休闲活动内涵的追问最早可以追溯到亚里士多德，他在《政治

---

① 黄平：《误导与发展》，中国人民大学出版社，2006，第92页。

② 〔法〕让·波德里亚：《消费社会》，刘成富、全志钢译，南京大学出版社，2006，第121页。

学》一书中认为"休闲才是一切事物环绕的中心"，① 在休闲中人们可以通过欢快的活动甚至静心的思考实现自我的反省以及科学的探索。约翰·凯利对此进行了进一步的概括，指出休闲是"成为人"的过程，② 通过休闲实现自我实现和自我发展。上述富有哲学思辨意义的讨论，事实上已经初步勾勒出休闲活动的内涵——一种发自内心的"欢愉"或者"畅快"的体验。休闲与工作的区别不在于个体具体从事什么样的活动，而在于在这些活动的进行中能获得怎样的主观感受。结合这一阐释，巴赫金进一步把休闲和狂欢置于同一范畴下进行讨论。他提出了"第二个世界"和"第二种生活"的概念并指出，这一世界是彻底非教会和非宗教的，完全属于另外一种存在领域，在这个世界里，人们摆脱了占统治地位的真理和现有的制度，取消了一切等级关系、特权、规范和禁令……在这里，人回归到了自身，并在人们之中感觉到自己是人，与这两个世界相联系，还形成了歪曲节庆本性的官方节日与体现节庆真正本质的狂欢节之分。③ 休闲也正是这样一种狂欢，因为休闲统一是在主体置身的现实世界之外建构起了"第二个世界"和"第二种生活"。

另一位社会学家皮柏也从休闲欢愉的本质出发，系统阐释了休闲的三个要素："不用气力、平静松弛和庆祝，而其中的庆祝是休闲的精髓。"④ 他认为，休闲具有三个特征：第一，休闲是"一种理智的态度，是灵魂的一种状态……休闲意味着一种静观的、内在平静的、安宁的状态；意指从容不迫地允许事情发生"；第二，休闲是"一种敏锐的沉思状态，是为了使自己沉浸在'整个创造过程'中的机会和能力，这是一种沉思式的庆典态度"；第三，"既然休闲是一种庆典，那么它就与努力直接相反，与作为社会职责的劳动的独特观念相对立"。⑤ 在这里，休闲活动与一系列的节庆、狂欢庆祝活动联系在一起，从本质上具有了欢愉、愉悦的特征，这也成为划分休闲时间与劳动时间、休闲活动和其他活动的唯一标准。这样的界定能够很好地解释在传统社会中人们边劳动边休闲的活动，把这些事项

① 马惠娣：《休闲问题的理论探究》，《清华大学学报》（哲学社会科学版）2001 年第 6 期。
② 马惠娣：《编者的话》，载〔美〕托马斯·古德尔、杰弗瑞·戈比《人类思想史中的休闲》，成素梅等译，云南人民出版社，2000，第 5 页。
③ 〔苏〕巴赫金：《巴赫金全集》第六卷，河北教育出版社，1998，第 1~69 页。
④ 〔德〕约瑟夫·皮柏：《节庆、休闲与文化》，黄藿译，三联书店，1991，第 125 页。
⑤ 〔德〕约瑟夫·皮柏：《节庆、休闲与文化》，黄藿译，三联书店，1991，第 70 页。

界定为劳动抑或休闲根本不在于他们从事什么样的活动，而在于活动主体自身的评判，即是否在这些活动中能获得愉悦和欢快的体验。

二 经济理性与文化理性：休闲的人类进化史

关于休闲的两种不同维度的概念界定，都给人类学的休闲研究带来了诸多启示。在早期的人类学的休闲研究中，尽管其尚未成为一个独立的领域，但是与休闲相关的时间内涵、赋闲的内涵已经引起学者们的注意，并由此引发了把休闲放置于人类文明进化史下进行分析的视角，探究休闲作为与劳动相对的人类的存在样态，其背后所反映出来的不同社会的"经济"观念。因为在这些学者看来，对休闲活动的选择，事实上体现的是一个社会对于劳动的放弃，也即对经济活动的放弃，他们希冀由此反驳经典经济学理论中对于"经济理性"的假设，提出文化理性甚或多样的理性原则，并由此反思人类学经济行为研究的形式论与实质论的论争。

（一）经济剩余与闲暇

在人类学休闲研究的系谱里，一个重要的方面便是把休闲视为时间利用方式，由分析不同社会中剩余时间获得的多少来描述社会的演替过程，甚至是"文明"程度。很多学者认为休闲的产生与经济剩余有着密切的联系，可以把休闲作为衡量社会变迁的一个重要指标，并引入了"经济剩余"（economic surplus）的概念，它是指"超过生活所需的生活总产量的一部分"，① 其中也包括闲暇时间的剩余。现代人类学的开创者之一博厄斯曾提出"食物的充裕就为人口的增长提供了可能，并且也带来了更多的闲暇时间，一旦具备了前述两个条件，人们就具有了创造和发明的能力，这又会促使人口增长和闲暇时间增多，进而带来农耕生产方式的变革"。② 其后，马文·哈里斯、Cohen、Boserup 等人也论证了这种剩余理论，并进一

---

① Edward E. LeClair & Harold K. Schneider, *Economic Anthropology: Readings in Theory and Analysis*, Holt, Rinehart & Winston of Canada Ltd. , 1968, p.468.
② F. Race Boas, *Language and Culture*, New York: Macmillan, 1940, p.45.

步推演，提出了闲暇是促进人们行动的动力源泉。① 斯图尔德也提出食物生产方式的变化将带来闲暇时间的变化，并将导致社会分阶段和经济生产的专门化。② 而另一位经济人类学的鼻祖赫斯科维茨特也对剩余理论进行了讨论。由于受到凡勃伦的思想的影响，他也认为社会总是有能力把经济的剩余转化为仅限于社会中特定的人群可以获得的社会性闲暇。③ 经济剩余概念强调的是在社会文化发展中它是主要的动力。比如在农业社会中，农业就提供了比狩猎采集社会更为稳定和可靠的食物来源，因而也使得人们的劳动时间减少，人们获得了更多的可自由支配的时间，也即闲暇时间。

建立在对于人类进化理论的假设基础之上的经济剩余理论也引发了后续的经济人类学家的挑战，争论的焦点在于狩猎采集社会的闲暇时间是否就一定比农业社会少，或者是狩猎采集社会就一定存在经济剩余。对于上述两个相关问题的讨论，萨林斯做出了精细的分析。他通过对狩猎采集和农业社会的比较研究，提出了"原始的充裕的社会"的概念。狩猎采集社会的人们在"维持温饱之外，需求通常是很容易获得满足。这种'物质丰富'部分依赖生产的简易，技术的单纯，以及财富的民主分配。……他们相对免受物质压力的影响，毫无占有之心，表达出薄弱的财富观念，完全无视任何物质压力，对于发展自身的技术能力表现得漠不关心"。④ 狩猎采集社会是一个丰裕的社会，是一个拥有着足够的物质供给但又比较克制的社会，同时也是拥有着大量闲暇时间的社会。

当然，萨林斯的研究其实也涉及这样一个问题：狩猎采集社会闲暇时间的获得是由于贫困还是富足、闲暇时间是充裕还是稀缺？有学者就认为，尽管在狩猎采集社会中，人们拥有了最充裕的闲暇时间，但这些时间的获得并不是当地人主动的选择，而是因为贫困没有能力去从事其他活动，所以就把打发时间作为最主要的活动，因此根本谈不上充裕。⑤ 针对

---

① 参见 R. J. Braidwood, "Prehistoric Men Chicago Natural History Museum Popular Series," *Anthropology*, No. 37, Chicago: Chicago Natural History Museum Press, 1948。

② 参见 J. Steward, *Theory of Culture Change*, Urbana: University of Illinois Press, 1955。

③ 参见 Melville Herskovits, *Economic Anthropology*, New York: Alfred A. Knopf, 1952。

④ 〔美〕萨林斯：《石器时代经济学》，张经纬、郑少雄、张帆译，三联书店，2009，第 13、17 页。

⑤ 参见 I. Kopytoff, "Labor Allocation among the Suku," paper presented at the Conference on Competing Demands for the Time of Labor in Traditional African Societies, Holly Knoll, Virginia, 1967。

这些观点，Peter Just 在其论文中提出了疑问：闲暇时间一定是社会分阶段化、经济生产专业化和文化整合的前提条件吗？狩猎采集社会真的是被迫接受闲暇吗？他指出，"这个论说实际上是把节约等同于选择性和稀缺性，他认为稀缺和充裕是相对的，节约就是在各个选择之间做决定，选择哪个充裕的东西来换取一个稀缺的东西。与之相对，富足不仅指不用花费时间就可以很轻松地获得东西，还指不用花费很多时间就可以获得稀缺的资源。由此可见，在不同的社会，由于对稀缺和节约的认知不同，时间也不一定能成为稀缺的资源，时间的概念是不具有同一性的。也就是说，如果把闲暇作为社会变革的动力，也是不充分的。不能只把闲暇看作一种经济现象，它同时也是一种文化整合的产物，尽管它不能够在社会的变革中发挥决定性的作用，但至少可以说还是起到一个参与者的作用"。[①] 他的论点与萨林斯的观点不谋而合，在萨林斯看来，"原始充裕的社会"因为普及一套与现代西方人不同的"经济理性"观念，或者是他们对于经济的理解是不同的，所以在闲暇和劳作的安排上表现出与现代人所不同的方式，放弃劳动获得休闲。萨林斯和马文·哈里斯认为，狩猎采集社会向农业社会乃至现代工业社会的转变，并没有使人类的闲暇时间增加，反而减少了。也就是说，依照经济剩余理论假设来推断社会复杂程度的提高，并认为社会进步是由于闲暇时间的增多是不正确的，闲暇时间的减少才带来了社会进步。

（二）文化复杂性与休闲时间

早期经济人类学家对于经济剩余理论的反思和批判，也使得后续的学者开始引入更为严谨的概念来分析休闲与社会变迁之间的关系。他们摒弃了以往的就两极化的社会——狩猎采集社会和现代工业社会进行对比的视角，而是通过更为多样化的民族志个案，在其中加入了处于中间序列的园艺栽培社会和游牧社会进行比较，探究休闲时间与文化复杂性的关系。

"文化复杂性常被作为一种文化进化过程的量度，发现与许多其他社会文化变量相关，包括社会和政治组织、战争、经济、社会问题、工作、

---

① Peter Just, "Time and Leisure in the Elaboration of Culture," *Journal of Anthropological Research*, Vol. 36, No. 1, 1980, pp. 105 – 115.

一定的词汇域、成人礼和社会化实践。"[1] 这一概念的引入，侧重于描述文化进化以及闲暇时间的获得和使用之间的关系，因为作为与文化复杂性相关的文化表达，"如游戏、谜语、艺术、歌曲和舞蹈的风格、宗教事件等，常被认为是对休闲的追求或发生在闲暇的场域中"。[2] 也就是说，闲暇时间的增多、人们有意识的对闲暇时间的利用，都可能成为文化复杂性提高的一个表征。这就从一定程度上避免了经济剩余理论假设中只强调了闲暇时间的增加或减少，但忽视了闲暇时间的有意识利用的问题。[3]

根据跨文化的民族志个案以及关于闲暇时间与文化复杂性之间的关系的讨论，学者们提出了 U 形曲线假设，认为："（单位时间）的劳动投入可能在较低的经济技术水平下较为温和，在中等经济技术水平下经济复杂性则会大幅上升，在高技术经济水平下又落回较缓和的程度。"[4] 这样的理论在现代工业社会的民族志材料中也得到验证，"从发展的角度来看，似乎劳动时间随着人类对环境掌控驯化的强化而增加，在密集定居的农业社会达到顶峰，然后随着工业的发展又逐渐减少"。[5]

U 形曲线假设是建立在对多个社会民族志材料进行比较的基础上的，但因为休闲活动范围的宽广以及主体界定的问题，在具体衡量每个社会的闲暇时间时所执行的标准并不能完全相同，尤其是对于处在中间层次的社会的文化复杂性进行讨论时，在闲暇时间获得上彼此之间的差别并不是特别大。但是从总的人类社会文化复杂性演化的情况来看，确实存在狩猎采集社会和现代工业社会比其他处于中间层次的社会拥有更多的闲暇时间的状况。并且，近年来越来越多的学者也指出，还应注意到在同一社会内

---

[1] 〔美〕盖瑞·奇克：《休闲、劳动和文化的复杂性：一个人类学的视角》，《中国休闲研究学术报告 2011》，旅游教育出版社，2012，第 52 页。

[2] 〔美〕盖瑞·奇克：《休闲、劳动和文化的复杂性：一个人类学的视角》，《中国休闲研究学术报告 2011》，旅游教育出版社，2012，第 53 页。

[3] 关于这一点，萨林斯等人的观点也受到 Just 的批判，他认为狩猎采集社会的人们所获得的闲暇时间只有很小的价值或没有相对的价值，因为他们处于时间充裕而非缺乏的状态。林德也认为在工业社会中自由时间是一种稀缺商品，它有价值存在，有价值的东西要使用得当，而不是"广义上的懒散"。参见〔美〕盖瑞·奇克《休闲、劳动和文化的复杂性：一个人类学的视角》，《中国休闲研究学术报告 2011》，旅游教育出版社，2012，第 57~58 页。

[4] R. H. Munroe, R. L. Munroe, C. Michelson, A. Koel, R. Bolton & C. Bolton, "Time Allocation in Four Societies," *Ethnology*, XXII, 1983, p. 363.

[5] W. Minge-Klevana, "Does Labor Time Decrease with Industrialization? A Survey of Time Allocation Studies," *Current Anthropology*, Vol. 21, 1980, pp. 279–298.

部，由于社会阶层的不同、年龄的不同、性别的差异等，在闲暇时间的获得上也有极大的差异。如在狩猎采集社会中，女性较之男性所获得的闲暇时间就相对较少。这应该与文化复杂性无关，而与一个社会的结构、生态环境等有关。

（三）文化理性与休闲

从社会演替的角度入手分析其与闲暇时间获得的关系，是人类学休闲研究的又一个重要视角。人类学学者对初民社会、前工业社会进而到现代工业社会的分析，使得人们越来越明了闲暇时间的产生并不仅仅是因为资源供给不足带来的劳动时间空余，相反是由于初民社会对于时间价值的认识与现代工业社会有一定的区别。前者认为时间不是稀缺的，后者认为时间是稀缺的；前者认为时间是用来打发的，后者认为时间是可以用来生产的。在两个社会中时间具有不同的文化意义。

同时，对不同文化复杂性的社会中闲暇时间获得的分析还可以呈现出各个社会生产、生计方式以及资源利用方式和理念的不同，也即经济观念的不同。诚如萨林斯在对狩猎采集社会的分析中所指出的，"原始的丰裕社会"选择减少劳动投入、控制人口规模、获得大量闲暇时间，更多的是源自狩猎采集社会迁徙性的特点，以及在生产实践中所建构起来的一套观念。费孝通在对中国西南禄村进行研究时所提出的"消遣经济"亦有着相同的逻辑。他认为，实际上在村里享有闲暇时间的人，不是因为没有工作的机会，而是因为握有土地所有权，即使不劳作，也能靠着不劳而获的部分来维持生活。闲暇的产生与社会的土地制度之间有着密切的关系。韦伯提出经济理性的概念，认为"西洋论经济者大多以'最少痛苦来换取最大快感'作为个人经济打算的基本原则"，事实上这种观念在禄村是不存在的。"……依这种说法，人类行为可以很明白地分成两类：一类行为的目的是在忍受现在的痛苦创造将来可以享受的效用；一类行为是享受本身。"[①] 消遣经济"与西方的从快乐主义的基础上发展而来的苦修主义不同，禄村的消遣经济是以控制消费或者是消费欲望为前提，追求现在的快乐"。[②]

---

① 费孝通、张之毅：《云南三村》，社会科学文献出版社，2006，第108页。
② 费孝通、张之毅：《云南三村》，社会科学文献出版社，2006，第108页。

从休闲以及闲暇时间获得的角度来看"原始的充裕"的狩猎采集社会和"消遣经济"下的中国农业社会，可以发现一套与西方经济理性不同的文化理性。生产的目的不在于财富的积累，可能是闲适的生活的一种获得方式，也可能是对狩猎采集生计方式的适应。由互动的视角来看休闲，可以揭示不同社会的文化逻辑和多样化的理性观念，也能探究生态、技术、文化和社会之间的多维关系。以此为出发点来研究休闲，可以从多维度、多面向来分析与呈现不同社会、不同群体的闲暇时间获得情况，并以此揭示休闲在人类社会演替中的价值意义。

三　结构与反结构：休闲的整体性研究

由休闲的时间特性出发，人类学家也注意到休闲作为人们日常生活中的间奏的价值，因为其区分出劳动与闲暇不同的活动内容，同时也实现了对于时间的转换。尤其是在现代工业社会中，人们在休闲时间从事活动获得的内心的体验是愉悦而欢快的，在工作中所从事的活动可能是单调而机械的。由人们的时间经验所划分出来的劳闲间隔的生活样态，自然地把学者们引入了分析这一机制产生的原因以及如何对这一机制进行研究的路径。有学者就提出，对于现代人劳动与休闲的二元时间观念以及在背后所呈现出来的结构特征，可以用特纳的阈限理论来进行解释。"如果将特纳的理论模型应用到休闲问题的时间机制上，可以进一步解释为，处于同一社会系统中的人，从原先的强调结构关系的工作状况，进入到强调共睦关系的休闲状况，需要经过特定的阈限机制，即休假制度得以实现。休假调整后，再重新融入崭新的社会结构关系，即工作状态。从这个角度看，人类社会发展遵循一种'工作—休闲—工作—休闲……'的动态进程模型。"[①] 把休闲嵌入人类日常生活中并分析其与其他生活样态之间的关系，笔者认为这是一种关于休闲的整体性研究。在这一视域下，学者们对于休闲与工作的关系持有两种略有差异的观点，其中一种认为休闲是劳动的补充，另一种强调休闲与劳动的互构，下文将分别对这两种观念进行阐释。

---

① 黄金葵：《休闲时间机制的人类学解读——维克多·特纳学术思想应用研究》，《中国休闲研究 2014》，中国经济出版社，2014，第 33 页。

（一）休闲是劳动的补充

人类学者在对人类时间观念尤其是现代工业社会的直线型时间观念和农业社会的循环时间观念的讨论中，特别提出了休闲在现代工业社会中的作用和价值的问题，并着重关注了其与工作抑或劳动之间的关系。在现代工业社会时间观念下，由于认为时间是稀缺的资源，是有限的，所以人们在进行时间分配时，就特别强调对于闲暇时间的利用所带来的效用。凯普兰指出，在现代工业社会中，研究闲暇应该关注到"闲暇对于家庭、工作、社会的贡献，关注闲暇对于社会整合的意义和价值。根据这种理论，闲暇实际上应被定义为建制工作时间之外的剩余价值"。[①] 进而，他把这种定义视为"社会治疗"的模式，闲暇被认为是"一种手段、一种社会控制的机制"。[②] 这一观点得到了二战结束以后很多学者的支持，"闲暇是工作的有益补充""闲暇能够真正实现身心的放松和休养"等都是对这种观点的经典表述。结合凯普兰的论述，让－诺埃尔·罗伯特的研究进行了民族志文本的呈现。他通过对古罗马人的欢娱的研究指出，古罗马帝国时期统治者不惜提供一些不符合传统道德标准的娱乐项目来娱悦民众，而最终的目的在于更好地统治市民。[③] 由此，休闲在现代社会中也是无用的。休闲不是在空闲时间中的自由选择，而是成为可以被加以利用、实行社会控制的一种手段，因而有必要保持劳闲两种生活样态的区分。

休闲时间中非生产活动对应的是工作中的生产性活动，这样就把人类生活节律划分为两个不同的片段。对于有限的闲暇时间的利用，便成为阶层、社会地位的表征，并呈现为现代国家的社会建制。"休闲因而并非就意味着一种享受自由时间、满足和功能性休息的功能……这样我们便回到我们开头为了证明为什么被消费劳动时间实际上是生产时间而谈到的'时间的浪费'之上了。这种时间在经济上是非生产性的，但却是一种价值生产时间——区分的价值、身份地位的价值、名誉的价值。因此，什么也不

---

① 〔美〕约翰·凯利：《走向自由——休闲社会学新论》，赵冉译，云南人民出版社，2000，第 175 页。

② 参见 Max Kaplan, *Leisure: Theory and Policy*, New York: John Wiley & Sons, Inc., 1975, pp. 21 - 24。

③ 参见〔法〕让－诺埃尔·罗伯特：《古罗马人的欢娱》，王长明、田禾、李变香译，广西师范大学出版社，2005，第 13 ~ 17 页。

做（或不做任何生产性事情）变成了一种特定活动……事实上，时间在这里并不'自由'，它在这里被花费，而且也没有被纯粹地浪费，因为这对社会性个体来说是生产身份地位的彰显。"①

把休闲视为劳动的补充的观念，强调的是休闲的非劳动性特征，并认为休闲中空余时间的获得是对于工作劳累的排解。这实际上隐含的假设是把休闲和劳动看作人类的两种存在样态，同时人类时间也是直线型的，人类对于某类活动的选择便意味着对于其他活动的放弃，故此，人类在选择休闲时便放弃了劳动，这实际上具有极鲜明的功能论的特征。人类闲暇存在的目的在于缓解劳动所带来的疲倦，休闲和劳动分处于两个并不发生密切关联的领域中。

（二）休闲与劳动的互构

休闲是对劳动的补充的观念事实上有一定的疏漏，尤其是人类学家越来越发现人类的创造性活动大多是在休闲中开展的，比如对于自我的反思、独立性的思考等精神活动，往往在闲暇时间中完成。在这一过程中，人类实现了对于自我的重新认识，同时在闲暇时间中也通过共同的娱乐活动的开展，实现了"畅"的体验。在休闲中所构建的社会关系、群体认同和群体归属感等也会延伸到劳动中。因此，不能把休闲与劳动的关系简单化延伸或补充，应该有更丰富的内涵。帕克就详细地归纳和总结了二者之间的关系。他认为，通过对自由时间和闲暇之间的差异辨析可以提出工作与闲暇可能的研究框架："第一，同一（Identity），即工作到闲暇的延伸；第二，对比（Contrast），即：工作与闲暇的两极对照；闲暇成为工作的逃避和补偿；第三，分离（Separation 或 Segmentation），即两者之间没有持久的一贯关系。它们大体上都包含在各自的社会空间内。"② 上述三种关系在同一社会中都普遍存在，在不同的社会演替进程中这些关系会发生一定的转化。如在现代工业社会中，休闲与工作的关系更多地表现为分离或对比的状态，但在初民社会中休闲往往表现为工作的延伸。下文个案将清晰地呈现出这一特征来。

---

① 〔法〕让·波德里亚：《消费社会》，刘成富、全志钢译，南京大学出版社，2006，第124～126页。

② 〔美〕约翰·凯利：《走向自由——休闲社会学新论》，赵冉译，云南人民出版社，2000，第176页。

在木座白马藏族的观念中，把闲暇称为"耍"，其内涵也是很宽泛的。在路上碰面大家都会亲切地问"走哪里去"，应答者一般都会报以"找猪草去、挖黄豆"等明确的回答，或者说"去院子里耍、转公路耍"，要不就是"走，去耍"。因此，在这一场景下，耍并没有特指，只是泛称一般性的耍。当具体谈及"耍"的内容时，则多用专有名词表达，如打扑克表达为"叫派都以一使"，聊天称为"摆条"，唱酒歌就是"措西拓累"，等等。（详见表1）

表1 木座白马藏族关于"耍"的表述

类别	白马藏语表述	汉语表述
泛称	税	耍
	做在地使	走，去耍
专指	叫派都以一使	打扑克牌去
	摆条	聊天
	措西拓累	唱酒歌
	座在使	跳圆圆舞
	座曹盖	跳曹盖
	措渡	喝酒

在土司治理时期，农忙时耍的时间就非常有限。平日里边干农活边"摆条"（聊天）就可以算做耍了。比如，晚上一大家人聚在一起剥玉米的时候，或者是在打草鞋、织麻布的时候，唱歌、聊天、说笑都算做耍了。而比较集中的耍主要是在过节的时候，或者寨子里有红白事的时候，以及修房造屋、乔迁的时候，全寨人聚在一起进行唱歌、跳圆圆舞、"跳曹盖"等活动。[①]

从白马藏族的个案可以看出，休闲的范围是很宽泛的，既可以是在节日中的"耍"，也可以是平日里边干活、边唱歌的"耍"。尤其是后一种，工作与休闲活动往往是在同一时间进行，如若不是从活动的内涵上加以区分，很难区辨开来。在这一情景下，休闲与劳动之间便呈现出一定的同一

---

① 王越平：《白马藏族的闲暇生活研究》，民族出版社，2011，第71~72页。

甚至融合的关系，决定这一时间是闲暇时间还是劳动时间的关键性要素在于人们的自我体验。尽管在唱歌的过程中他们也在从事着一定的劳动，但是因为唱歌本身是可以获得愉悦的体验的，人们也同样将其界定为休闲。

因此，从休闲的经验性出发可以清晰地呈现出其与劳动的互构关系。劳动中辛劳、劳累的体验与休闲中愉悦、"畅"的体验相互映衬，使得二者成为具有不同内涵的两类人类活动。休闲与劳动在时间进程中的切换，也使得人类出现劳闲间杂的状态。劳动中循规蹈矩的互助和合作与休闲中的狂欢甚至是对既有社会结构的颠覆，均使休闲成为与劳动不同的存在，这也体现出其具有特纳所谓的结构与反结构的特质，反结构的部分更彰显出结构的存在。休闲就如同转换器一样，调节着人们的生活节律，改变着人们的生活样态，并赋予劳动更为丰富的内涵。

四　观念与内涵：休闲的地方性实践与经验性特征

人类学对闲暇的研究是基于把闲暇作为一种生活方式来探讨，它既是一种对时间的分配，同时也是对空间的不同利用方式，更是一种与生产劳动不同的人类生活样态。从这一点出发，人类学学者发挥了其研究地方性知识的专长，侧重于阐释作为本土知识的闲暇，分析它与一定的文化形式和社会规则之间的关系。这种研究的视域也打破了长期以来在现代西方知识体系中把闲暇单纯地理解为经济行为的偏见，并实现了对闲暇的文化解释。人类学者对闲暇现象进行微观社区研究时，并不是像上述三种模式把闲暇视为一个整体来进行研究，而是把闲暇中的具体活动及行为分散到仪式、游戏、节庆中来探讨，并侧重于从三个方面来论述闲暇。

（一）闲暇空间的研究

关于闲暇空间的研究，人类学学者多从闲暇空间的建构、闲暇空间获得的角度进行探讨，如王笛对中国内陆城市成都闲暇空间的建构的研究。他通过对公共空间、下层民众、大众文化和地方政治之间的关系的讨论，力图从下层民众的角度探索现代化对他们日常生活的影响以及他们与精英和国家权力的关系，并考察人们怎样为现代化付出代价，怎样接受和怎样拒绝他们所面临的变迁。①

此外，国外学者如 Alexander J. Baker 对宾夕法尼亚的一个特殊的闲暇空间——城市公园的公共艺术空间的形成过程进行了分析，他运用人类学尤其是都市人类学的研究方法对该城市公园艺术空间的规划、建设和形成进行了讨论，突出了该项目的规划者——政府、参与者——公共艺术活动的从事者和受影响人群——周边居民的态度、意见和具体行动，并探讨了社会如何创造空间以及社会、空间和政治三者之间的关系问题。他的讨论打破了传统静态的、针对某个城市空间建设的过程进行研究的思路，而把人类学民族志的方法运用进来，通过对政府、居民和艺术人士的调查，探究城市主体在后工业城市中如何参与城市空间建构、如何使之合法化的过程。该研究采用了城市规划、社会学和人类学多学科相结合的研究方法，反思了一个人类学学者长期以来深信不疑的论点：空间是自然建构的产物。②

同时，有学者从更微观的层面分析闲暇方式的变化导致了家屋设计和家屋空间的利用状况的改变。Susan Drucker-Brown 对加纳北部地区的家屋设计和空间布局进行了研究，指出周边村落和民族的居住方式和闲暇空间的安排影响到了该村的空间布局。③ Mark Vacher 关注了丹麦海边的景观由于游客的进入而发生改变。"本地人和游客在这里所从事的休闲活动的不同，使得当地形成了一个如本尼迪克特·安德森所谓的'社会景观的固定化'，游客所代表的中产阶级的闲暇景观与本地人所代表的如同背景一样的景观被拼合在一起，并保留有一定的边界。"④

上述研究从一个侧面反映出当前对于闲暇空间的探讨较多地局限于对现代社会中闲暇空间建构的研究。人类学学者认为城市是一个充满符号、充满文化交融与互动的空间，因此应该关注代表着现代生活方式的城市人如何根据自己的意念去建构闲暇空间（无论是公共的还是私人的闲暇空间），在这些空间的建构过程中，国家、精英以及民众的利益诉求如何得

---

① 参见王笛《街头文化：成都公共空间、下层民众与地方政治，1870—1930》，李德英、谢继华、邓丽译，中国人民大学出版社，2006，第 2～3 页。

② 参见 Alexander J. Baker, *The Schuylkill River Park Public Art Process: An Ethnographic Focus on a Piladelphia Urban Park's Development*, Unpublished Ph. D dissertation Temple University, 2002。

③ 参见 Susan Drucker-Brown, "House and hierarchy: Politics and Domestic Space in Northern Ghana," *Journal of the Royal Anthropological Institute*, Vol. 7, Iss. 4, 2001, p. 669。

④ Mark Vacher, "Consuming Leisure Time: Landscapes of Infinite Horizons," *Social Analysis: The International Journal of Social and Cultural Practice*, Vol. 55, No. 2, 2011, pp. 45–61.

到体现，几者之间又是如何互动的。这些研究也表明，闲暇空间也不再是一个从劳动空间中划分出来的、静止的、独立的空间，而是与整个社会、整个闲暇群体有着密切联系的实体场域，在这一空间的建构过程中充满了各个群体的竞争与妥协。

（二）休闲活动的研究

人类学学者一直都较为关注闲暇中的主体，包括个体和群体的行动与活动。根据不同的闲暇活动内容，学者对参与群体的行为及其所反映出来的文化和社会特质进行了分析，进而指出在不同的社会中、不同的情境下闲暇活动如何与人们的生活耦合起来，并且达到自我认同、社会交往的目的。①

有学者借用游戏理论，分析了闲暇活动中游戏行为的作用、意义及其与整个社会文化的关系。Jack M. Roberts 和 Brian Sutton-Smith 早在 20 世纪 60 年代就曾提出冲突文化涵化模型（conflicts-enculturation model），他们认为游戏可以起到缓冲剂的作用，可以缓冲人们对社会变化的不适应以及调适在此过程中所产生的心理冲突。② Richard G. Condon 则通过对加拿大因纽特年轻人闲暇方式的变化的研究，指出"在因纽特人社会中，冲突适应更具体地包括两个方面的内容：一是使冲突文化涵化（conflicts-enculturation），一是使冲突文化传播（conflicts-acculturation）。游戏的传播与文化有着密切的联系，同时个体在这一传播过程中起到很重要的作用，能够决定着文化化的过程"。③

另外，Hybertsen 和 Karen Sue 运用了特纳的仪式理论和列维－斯特劳斯的结构主义理论对维多利亚时代以来美国万圣节前夜的节日仪式、内涵

---

① Sally A. Stanton, *Play, Performance and Professional Wrestling: An Examination of a Modern Day Spectacle of Absurdity*, University of California, 1998; John Slack, Erin K. Sharpe, "Delivering Communitas: Wilderness Adventure and the Making of Community," *Journal of Leisure Research*, Vol. 37. No. 3, 2005, pp. 255 – 280; Edward M. Bruner, Barbara Kirshenblatt-Gimblett, "Maasai on the Lawn: Tourist Realism in East Africa," *Cultural Anthropology*, Vol. 9, No. 4, 1994, pp. 435 – 470.

② Jack M. Roberts & Brian Sutton-Smith, "Child Training and Game Involvement," *Ethnology*, Vol. 1, No. 2, 1962, pp. 166 – 185.

③ Richard G. Condon, "The Rise of the Leisure Class: Adolescence and Recreational Acculturation in the Canadian Artic," *Ethos*, Vol. 23, No. 1, Adolescence, 1995, pp. 47 – 68.

的变化情况进行了分析。他们认为在现代语境下传统节日的内涵和仪式都被重新解读,一方面,人们从文献和传统故事中选取一些前人关于万圣节的阐释,另一方面每个人又根据自己的需要把这些东西拼接起来,并再现一定时期的社会秩序。因此,现代社会中的传统节日更多的是传统与现代的杂糅,传统也是被现代人加工后创造出来的"新传统"。[1]

可见,对于闲暇活动的研究实际上包括两个层面:一是闲暇主体的活动,二是闲暇活动与闲暇活动的主体之间的关系。前者也是人类学学者一直较为关注的,他们主要在类型学的基础上对不同的闲暇活动进行了区分,并考证这些闲暇方式在地方社会如何被赋予含义,其理论观照是国家政治话语、现代性等与地方社会之间的关系问题。而对于后者,他们主要是在行动主体与实践这个层面上进行分析,探讨闲暇活动对于自我认同的意义,偏重于个体层面。

由上述对人类学闲暇研究的内容梳理可见,无论是从闲暇时间的获得还是从闲暇空间的建构,抑或闲暇活动的"发明"与创造的角度来研究闲暇,人类学学者都侧重于把与闲暇有关的各种本土知识离析出来,分析这些地方性知识与闲暇之间的关系。闲暇作为社区生活中的一部分,与整个社区特有的文化形式和社会规则密切相关。因此,闲暇时间的获得、闲暇空间的建构以及闲暇活动的选择甚至其内涵的变化,都反映了一个社区的文化传统与社会变迁。此外,闲暇研究的另外一个取向是把初民社会的闲暇现象与现代工业社会的闲暇现象区分开来进行研究,尽管部分学者也注意到在同一社会中两者的连贯性,但是对于二者具体是如何产生作用或者发生转变的没有展开讨论。由此,我们看到的仍然是一个被分解了的闲暇研究,仍然是按照两套理论逻辑来研究闲暇现象。这也反映出长期以来人类学学者从未把闲暇作为一个专门的研究领域进行研究的状况。

(三) 休闲的经验性研究

由对差异化的人类休闲活动的研究可以发现休闲在不同社会中的多义性和复杂性,由休闲空间的社会性和模糊性也可呈现出休闲的自我界定性的特征。再加之人类学早期关注到的时间的经验性特征,使得无论从任何

---

[1] Hybertsen, Karen Sue, "*The Return of Chaos*": *The Uses and Interpretation of Halloween in the United States from the Victorian Era to the Present*, Drew University, 1993.

一个维度来看休闲，都指向了其内核——经验性，也即休闲主体的自我界定性特征，并且这一特征并不仅仅存在于前工业社会，在现代工业社会中亦然。任何社会中一种活动是否被认为是休闲，并不是完全看它是属于劳动时间还是非劳动时间，也不是看主体从事的是劳动还是其他活动，关键在于休闲的主体是如何界定的，也即在休闲的过程中人们是否感知到放松、愉悦等体验。

近年来人类学研究越来越关注自我、经验、感知等更为微观并且具象的概念，也使得对于休闲的研究逐步转向休闲的经验性特征。如有学者关注城市中男性对于做饭这一活动的界定是属于休闲还是劳动，便关注了男性和女性在家务劳动上的不同态度和观念，并由此决定了他们对于做饭这一行为的评价和认知。① 简美玲等在对台湾北部 Hakka 社会中老年妇女的休闲生活的研究中指出，在 1930～1955 年她们每日的工作与休闲转变的动力机制表现出四个方面的特征，分别是：

（1）比如边工作边唱山歌，尤其是在采茶的时候，这时休闲与工作是并存的；

（2）工作与休闲可以被区分开来并且互不相关；

（3）只有在山歌被用于表达情感或者被赋予一些道德和情爱的内容时，才被认为是休闲；

（4）在日据时期那些受到良好教育的人对于山歌所代表的休闲文化有了一些不一样的看法。

在 Hakka 社会中，尤其是在日据时期，中老年妇女们唱山歌更多的是一种情感的表达，并且通过山歌的唱诵也反映出她们对于工作与休闲划分的模糊性，这也印证了列斐伏尔指出的休闲与工作的矛盾性和互相依附性的特征。②

可见，在前工业社会中工作与休闲的耦合，以及在现代工业社会中人

---

① Michelle Szabo, "Foodwork or Foodplay? Men's Domestic Cooking, Privilege and Leisure," *Sociology*, Vol. 47, No. 4, 2012, pp. 623 –638.

② Mei-ling Chien, "Leisure, Work and Constituted Everydayness: Mountain Songs of Hakka Women in Colonized Northern Taiwan（1930 –1955），" *Asian Ethnology*, Vol. 74, No. 1, 2015, pp. 37 – 62.

们对于休闲的主体性界定，都反映出休闲的经验性内涵。更为特殊的就是在不同社会中人们对于懒惰的看法，如对于中国藏族社会和彝族社会的劳动观念的研究就指出，我们依照现代工作观念来看的这些社会中的"懒惰"，对于他们而言根本不是懒惰，相反可能被认为是有意义的活动，是正常的社会交往的需要或者是闲暇活动。因此，从休闲的经验性特征出发，关注不同社会对于休闲的地方性界定，关注不同群体对于休闲的个体化表述，应该成为休闲研究的一个重要的领域。近年来越来越多社会学相关的研究也开始关注这一差异。如 Eileen Green 和 Carrie Singleton 从妇女休闲活动中的身体实践角度来分析其如何感知空间向地方的转变，① 又如 Robert A. Stebbins 从休闲角度来看个体自我符号的建构，② 他们大多从经验的视角来看不同群体、不同个体在休闲界定中的差异。沿着休闲的经验性研究的路径，我们将可以更深刻地揭示休闲的内涵，并通过休闲回归到不同社会对劳动、工作和愉悦等人类本性的看法，并折射出一个社会的本质特征。

故此，通过对休闲的内涵、休闲的人类进化史的研究以及休闲的差异化表达研究，能够清晰地呈现出休闲研究的价值和意义所在。长期以来人类学学者对于休闲研究的非系统性和不充分性，遮蔽了人们对于"普遍有闲"的人类社会的认知。因此，人类学学者应该提供更多样的关于人类休闲行为的民族志个案材料，进行跨文化的比较和分析，从狩猎采集社会到现代工业社会、从结构分析到经验研究、从整体性呈现到个案性描述，进行多面向的分析与探讨，以此来揭示人类休闲的内涵以及人类休闲的意义，并探究人类的本性。

---

① Eileen Green and Carrie Singleton, "Risky Bodies at Leisure: Young Women Negotiating Space and Place," *Sociology*, Vol. 40, No. 5, 2006, pp. 853 – 871.
② Robert A. Stebbins, "The Semiotic and Serious Leisure," *The American Sociologist*, Vol. 42, No. 2/3, 2011, pp. 238 – 248.

媒介、个体与社会文化转型：
国内虚拟社区研究

刘华芹　姜兆艺[*]

一　引言：现实社区的衰弱与虚拟社区的大爆炸

"社区"这一概念来自社会学，按照德国社会学家滕尼斯的观点，"社区"是人与人之间关系密切、守望相助、富有人情味的社会团体，它主要存在于传统的乡村社会中，与以个人的意志、理性契约和法律为基础形成的"社会"相对应。[①] 在西方，伴随着工业化的进程，进入工业社会后这种社区的内涵在衰弱，虽然还存在这种类型的社区，但无疑数量越来越少，取而代之的是共同利益社团（common-interest associations）的兴起，它们包括各种各样的实体，比如各种俱乐部、教会和其他宗教组织、环境组织、经济组织等，由于共同利益社团很有弹性，人们经常可以借助它们满足诸如应对新的环境、工作和生活变化这样的需求。

然而进入后工业社会，至少在北美，人们对各类社团的参与有下降的趋势，至于原因，哈维兰总结了四条：一是个人把越来越多的空闲时间花在家庭娱乐方面，他们变得更加孤独；二是人们迁移频繁也使他们难以与他人建立超越肤浅朋友关系的友谊；三是工作的平均时间长，因而留给他们社交的时间较少；四是因特网的兴起，由于人们将越来越多的时间花在

---

   *　刘华芹，南开大学周恩来政府管理学院副教授；姜兆艺，南开大学周恩来政府管理学院硕士研究生。

   ①　姜振华、胡鸿保：《社区概念发展的历程》，《中国青年政治学院学报》2002年第4期。

"在线"上，他们就能不出家门仍保持联系。事实上，网络世界经历了实质上虚拟的共同利益社团的大爆炸，他认为所有这些虚拟的共同利益社团都有其自己的特殊规则，与其说共同利益社团正在衰落，还不如说它们可能正在转型。①

我国工业化和城市化进程也使得基于地缘和亲缘关系的社区逐渐走向衰弱，有意义的社区生活为城市中有选择的弱关系所取代，但因强国家—弱社会的特点，我国并没有经历一个共同利益社团的大发展期，但这并不意味着没有这方面的需求。互联网兴起后虚拟社区的迅猛发展便是例证。1995 年 8 月，清华大学的几个学生在实验室的电脑上架设了 BBS，8 月 8 日，这个 BBS 正式开放，名为"水木清华"，这标志着第一个真正意义上的中文社区的诞生。② 1998 年西祠胡同成立，1999 年天涯虚拟社区诞生，此后虚拟社区蓬勃发展，百度贴吧等各个虚拟社区也都相继诞生并迅猛发展。以 2005 年为标志，随着 Facebook、MySpace 主导的网络社区风靡世界，SNS（社交网站）开始深入人心，逐渐从传统论坛的以内容为重心转化为以关系为重心（或者内容与关系并重），形成新型网络社区。2005 年新浪博客正式对外公测，2009 年微博被引入中国，2011 年微信以更加迅速的发展速度普及开来。

应当说现实社区的衰弱并不必然导致虚拟社区的大爆炸，它只是提供了一个社会条件，媒介技术为此提供了重要的物质技术手段。伴随着虚拟社区的发展，学界也开始了对此类社区的研究。本文在概述学界研究的基础上，结合笔者自身的研究和经验，阐述对虚拟社区及其研究的看法。

二　虚拟社区的概念、特征、类型与功能

（一）　虚拟社区的概念

随着网络技术的发展与网络空间的诞生，建立于虚拟空间中的社区概念也应运而生。"虚拟社区"一词是由 Howard Rheingold 首先提出来的，他

---

① 〔美〕威廉·A. 哈维兰：《文化人类学》，瞿铁鹏、张钰译，上海社会科学院出版社，2002，第 328 页。

② 常政：《中国网络社区 15 年发展历程》，新浪博客，http://blog. sina. com. cn/s/blog_5d8c3 5270100jzil. html，2010 年 6 月 23 日。

将虚拟社区定义为"互联网上出现的社会集合体，在这个集合体中，人们经常讨论共同的话题，成员之间有情感交流并形成人际关系的网络"。① 郑雪丽发现，国外学者针对"虚拟社区"概念的研究大都集中在 2000 年以前，可以分为系统说、技术关系说、社会群体关系说三大类。② 系统说强调虚拟社区是由相关要素所构成的有机体；技术关系说强调虚拟社区赖以存在的技术基础；社会群体关系说则看重社区内形成的群体及人与人之间的关系。

周兴茂等人指出了虚拟社区与传统社区最大的不同在于其构建的依据，虚拟社区是以兴趣或者交流为基础的，而现实社区则是以地域、种族、语言、宗教等边界为基础的。③ 针对虚拟社区与现实社区的不同，国内许多学者整理出了关于虚拟社区的定义。徐小龙、王方华指出，"虚拟社区"在不同的学科视角下界定时有不同的侧重点，通过整理不同学科对于虚拟社区的定义，他们总结出"虚拟社区"是"人们为了满足某种需要，在网络空间中相互交流而形成的具有共同目标的群体关系总和"。④ 赵捧未、马琳、秦春秀在对前人的研究进行总结后也提出"（虚拟社区）是指在网络环境下，以现代信息技术为依托，把具有共同的兴趣和利益，相互间联系密切但身处不同地方的人们联结在一起所组成的虚拟生活共同体"。⑤ 柴晋颖与王飞绒则总结出了虚拟社区的几个要点，一是强调虚拟社区应在网络中；二是虚拟社区的进入需要有技术支持；三是虚拟社区中内容话题是由其参与者而不是服务供应商驱动的；四是虚拟社区中的群体会在经过一段时间的交流后形成一定的群体关系。⑥

通过整理相关学者的研究，本文发现虚拟社区的概念已经在吸收不同学科的研究经验中成为一个综合性的定义，它必须包含以下两方面的内容。

其一，虚拟社区是存在于网络空间中的，所以它需要以一定的技术条

---

① Howard Rheingold, *The Virtual Community*, Minerva, 1994, p. 5.
② 郑雪丽：《虚拟社区国外研究综述》，《图书馆学研究》2012 年第 18 期。
③ 周兴茂、汪玲丽：《人类学视野下的网络社会与虚拟族群》，《黑龙江民族丛刊》2009 年第 1 期。
④ 徐小龙、王方华：《虚拟社区研究前沿探析》，《外国经济与管理》2007 年第 9 期。
⑤ 赵捧未、马琳、秦春秀：《虚拟社区研究综述》，《情报理论与实践》2013 年第 7 期。
⑥ 柴晋颖、王飞绒：《虚拟社区研究现状及展望》，《情报杂志》2007 年第 5 期。

件作为依托。

其二，虚拟社区中的人们依照着一个或多个共同的目标，在互动中形成了一定的群体关系。

（二）虚拟社区的特征

随着虚拟社区概念的出现，早期研究者对虚拟社区的特征进行了概括，主要如下。

（1）开放性。赵捧未、马琳、秦春秀指出虚拟社区具有"动态开放性"[①] 的特征，刘丽晶、武艳君指出虚拟社区具有"体系开放性"[②] 的特征。他们都认为虚拟社区这种"开放性"的特征体现在其人员、信息的广泛来源与自由流动中。网络空间的隐蔽性为社会成员参与虚拟社区提供了有利的环境，在这种平等、自由的平台上，社区成员的自主性和创造性能够得到最大程度的发挥。

（2）跨时空性。这个特征强调了互联网对于时间和空间的超越性。身处同一个虚拟社区的人们可能来自地理空间意义上相距十分遥远的地方，信息在社区中也能够跨越时间被保留。刘丽晶与武艳君指出虚拟社区彻底转变了人类生活的基本向度，形成了一种流动空间与无时间之时间结构，社区成员以身体"不在场"取代了"在场"。[③]

（3）虚实结合性。虚实结合性主要指的是虚拟社区成员的身份特征。网络空间极强的隐蔽性就给予了人们再次塑造自身身份的绝佳契机，有学者认为虚拟社区中成员呈现出的是"符号动物"，摆脱了现实身份的羁绊，个体从现实中的拉康所说的"镜像"走向了与现实"断裂"的"拟象"。[④]但现实中也出现了许多人愿意或者必须以真实身份出现的虚拟社区平台，比如校内网、各类征婚交友网站等，因此虚拟社区参与者的身份具有"虚实结合"的特点。

虚拟社区的人际关系特征相对复杂，研究者们并未达成一致结论，关注的重点在关系结构、群体认同、人际关系松散性等方面。

（1）关系结构。孟笛认为虚拟社区关系呈现网状结构，成员作为网络

---

① 赵捧未、马琳、秦春秀：《虚拟社区研究综述》，《情报理论与实践》2013 年第 7 期。
② 刘丽晶、武艳君：《近年来虚拟社区研究综述》，《成人教育》2007 年第 12 期。
③ 刘丽晶、武艳君：《近年来虚拟社区研究综述》，《成人教育》2007 年第 12 期。
④ 刘丽晶、武艳君：《近年来虚拟社区研究综述》，《成人教育》2007 年第 12 期。

上的节点相互关联，个体之于社区整体呈现为"镶嵌关系"。① 付丽丽等人就虚拟社区中社会网络特征进行了量化分析，从网络密度、中心性等角度对于基于虚拟关系建立的虚拟社区及基于现实关系建立的虚拟社区的结构差异进行了分析，得出了"基于现实关系建立的成员关系比基于虚拟关系建立的成员关系紧密，但都没有明显的中心性"②的结论。但笔者通过对天涯虚拟社区社会结构与互动关系的研究却发现，社区存在明显的社会分层和权力体系。③

（2）群体认同。孟笛通过对国外研究的整理，指出虚拟社区的成员在经过一段时间的沟通互动后，会形成一种对于社区群体的情感与文化认同。④ 蔺世杰则指出，通过与社区成员的信息交换互通有无之后，参与者可以从中获取"社会支持"与"归属感"，从中获取"自我认同"。⑤ 卿晨关注了网络中的粉丝群体，通过分析散布在各个网络空间中的"韩流粉丝群"，探究了这一群体的认同机制。⑥ 马晓萌选择了百度贴吧的"ED 吧"，对于社会中非常小众的一个群体"进食障碍者"进行了研究，展现了他们在虚拟网络进行认同寻求与建构的过程。⑦ 吕品选取了多个"同人女"专属的网络论坛，探讨了她们对于自我认同的建构。⑧

（3）人际关系松散性。这种松散性指的是在虚拟社区中，关系可以随意建立，也可以随意消除。再加上网络空间缺乏有效的关系约束力，这就导致了虚拟社区中的人际关系时刻处于快速的变动和调整过程中。张兆曙和王建基于人人网虚拟社区的观察发现，在现代人的生活世界中失落已久的亲密关系意外地被数字化技术和虚拟化情景重新唤醒，并呈现一种亲密

---

① 孟笛：《虚拟社区国际研究综述——基于 SSCI、A&HCI 高被引文献的分析》，《图书情报工作》2015 年第 18 期。

② 付丽丽、吕本富、吴盈廷、彭赓、刘凡、刘颖：《关系型虚拟社区的社会网络特征研究》，《数学的实践与认识》2009 年第 2 期。

③ 刘华芹：《天涯虚拟社区》，民族出版社，2005，第 291 页。

④ 孟笛：《虚拟社区国际研究综述——基于 SSCI、A&HCI 高被引文献的分析》，《图书情报工作》2015 年第 18 期。

⑤ 蔺世杰：《网络虚拟社区及其文化特征》，《常熟高专学报》2004 年第 5 期。

⑥ 卿晨：《网络社区中粉丝群体的社会认同研究——以韩流粉丝群体为例》，华东师范大学硕士学位论文，2015。

⑦ 马晓萌：《失调与重构：进食障碍者社区互动中的身份建构——以百度贴吧社区 ED 吧为例》，华东理工大学硕士学位论文，2014。

⑧ 吕品：《现代性背景下网络趣缘群体对自我认同的建构》，华中科技大学硕士学位论文，2008。

无间的生活氛围和"集体欢腾"的景象。然而，这种被制造出来的亲密关系终究带有"人造"的痕迹，它抵挡不住现代社会的个体化趋势，更挽救不了共同体的式微。一旦流动的人生境遇使"我"从"我们"中浮现出来，虚拟社区中的亲密关系将会重新疏离开来。①

笔者认为，既然人生境遇是变化的，我们也要以变化的眼光来看待亲密关系和虚拟社区，在一段境遇中，每个个体所能维持的亲密关系数量都是有限的，当境遇发生改变，从一种亲密关系、一种虚拟社区中疏离开来，必然会在新的境遇中建立新的亲密关系、加入新的虚拟社区或共同体。以个体为主体，以动态的历时的视角考察虚拟社区不失为一种有益的尝试，但目前还没有类似的研究。

另外，鉴于虚拟社区多种多样，研究者的体验和研究视角也多种多样，在具体研究中应将个案置于类型学的视角下，比如在以现实关系为基础建立的虚拟社区中，人际关系就不再具有高度松散性。因此，首先需要将研究个案定位于某种类型，并在不同的情境下进行考察和分析，不能一概而论。

（三）虚拟社区的类型

国内和国外的学者都对虚拟社区的分类进行了非常全面而细致的研究，孟笛指出了两个在国外影响力较大的分类标准：一是 Armstrong 和 Hagel 提出的按用户需求进行分类，将虚拟社区分为兴趣社区、关系虚拟社区、交易社区和幻想社区四类；二是 Klang 和 Olsson 提出的按照经营性质将虚拟社区划分为营利性虚拟社区和非营利性虚拟社区。②

张发亮选择了三个标准对虚拟社区进行了类型划分：一是按照沟通交流的实时性，可以分为即时性社区和非即时性社区；二是按照虚拟社区存在的时间长短，可以分为长期性社区和短期性社区；三是按照进入社区的限制程度，可以划分为对区外网民限制程度较高的社区，如校友录、企业群等，以及不需要进行验证可随意进入的社区，如百度贴吧和各类聊天室等。③ 刘黎虹等人在对这些分类标准进行统计之后，指出了国外虚拟社区

① 张兆曙、王建：《制造亲密：虚拟网络社区中的日常生活》，《青年研究》2013 年第 6 期。
② 孟笛：《虚拟社区国际研究综述——基于 SSCI、A&HCI 高被引文献的分析》，《图书情报工作》2015 年第 18 期。
③ 张发亮：《不同类型虚拟社区的特点比较分析》，《图书馆学研究》2006 年第 7 期。

分类的两大体系：一是根据成员关系进行分类，二是根据经营性质进行分类。与此同时，他们也列举了国内学者对于虚拟社区划分标准的各类研究，发现我国学者重视的领域体现在综合性虚拟社区与专门性虚拟社区两大方面。[①]

黄雪亮、周大鸣通过对微博等虚拟社区的研究认为，从虚拟的联系纽带来区分，可以把虚拟社区分成空间型虚拟社区和关系型虚拟社区，分别作为 Web1.0 时代和 Web2.0 时代的虚拟社区主流代表。在论坛为主流的 Web1.0 时代，人们聚集在某一版面或聊天室进行沟通交流，虚拟社区的联系纽带不是人与人之间的关系，而是于网络某一空间所产生的信息。Web2.0 时代，人们在社交网络通过建立关系来开展社会互动，信息依附于人。虚拟社区的联系纽带是人与人之间的关系，故称为"关系型虚拟社区"。作者认为关系型虚拟社区更强调关系，并且基于"关系"形成虚拟与现实间的融合与互动。[②]

笔者认为任何虚拟社区都具备网络空间性和人际关系性，正如我们对于虚拟社区的概念界定那样。按照虚拟社区聚集成员的纽带来划分，当前并存着三种不同类型的虚拟社区。

（1）以主题为中心的虚拟社区。这类虚拟社区的主题定义了参与者，主题将对此感兴趣的个体聚集成群。如天涯社区各主题板块，以及各种趣缘社区，如粉丝群、动漫群等，还有现在流行的各种大大小小的单位或群体微信公众号。这类社区聚集的多数是陌生人，自由性与流动性最大。

（2）以组织为互动中心的虚拟社区。这类社区大多由现实中的各种组织关系界定，包括正式的和非正式的组织，如笔者所在微信群中的"南开社会学系"群、"九三学社南开大学"群、"周家书院"同门群、大学同学群、高中同学群、家族群等。这种类型的虚拟社区相对稳定，互动关系与内容都由现实形塑，为现实服务。

（3）以个体为中心的虚拟社区（个人化的社区）。这类社区是个体依兴趣、价值观或现实关系网建立的以个人为中心的网络，如新浪博客、微

---

① 刘黎虹、毕思达、贯君：《虚拟社区分类系统比较研究》，《情报科学》2014 年第 5 期。
② 黄雪亮、周大鸣：《大社区、小世界：关系型虚拟社区的兴起——以新浪微博社区为例》，《青海民族研究》2016 年第 4 期。

信朋友圈、个人公众号等。这类社区发挥的是个体发展弱关系和维持强关系的功能。

（四） 虚拟社区的功能

赵捧未、马琳、秦春秀指出，无论虚拟社区按照什么样的标准进行分类，其功能都可概括为三点，即信息共享、交流沟通和合作发展。信息共享是其核心功能，交流沟通带来合作与发展。[①] 刘能从人类情感的视角出发，认为特定社会行动者以差别化的方式对移动互联网所提供的行动空间和实践可能性进行利用，并以此满足特定的人类情感需要，对社会稳定有潜在的正向效应。[②]

也有许多学者针对具体虚拟社区的具体功能进行了研究。贺佐成和何振通过对城市虚拟社区进行研究，指出城市虚拟社区具有"城市社会的安全阀、弱势群体（弱者）的求助台、城市民主的催化剂以及市政民主的监督者"四大功能，肯定了城市虚拟社区具有的积极影响。[③] 邓天颖则从社会化的角度出发，探寻了网络游戏虚拟社区使大学生社会化的功能，肯定了网络游戏虚拟社区给大学生提供了一个社会化的试验场所，与此同时，学生也可以通过角色扮演来释放自己在现实中受到的管制与精神压力。[④] 张春光对三个网络虚拟家长社区进行了调查，发现网络虚拟家长社区有助于改善亲子关系。[⑤] 韩洁对湖州市的一个社区论坛进行了研究，探讨了社区论坛在社区管理中的意义。[⑥] 梁威对虚拟品牌社区进行了研究，从商业的角度探讨了虚拟品牌社区对于企业产品研发宣传和销售的积极作用。[⑦]

伴随虚拟社区的发展，学习、教育、医疗健康等专业主题型虚拟社区应运而生。在福利制度相对健全的欧美社会，医疗虚拟社区经过了十余年的发展，已经成为个体获取医疗资讯的重要渠道。有关医疗虚拟社区的高

[①] 赵捧未、马琳、秦春秀：《虚拟社区研究综述》，《情报理论与实践》2013 年第 7 期。

[②] 刘能：《移动互联网和人类情感：命题、视角、结论》，《探索与争鸣》2016 年第 11 期。

[③] 贺佐成、何振：《城市虚拟社区：内涵、功能与建设》，《行政管理改革》2010 年第 10 期。

[④] 邓天颖：《网络游戏虚拟社区与大学生的社会化功能》，《黑龙江高教研究》2009 年第 8 期。

[⑤] 张春光：《角色、互动与亲子关系——一项基于网络虚拟家长社区的研究》，南京航空航天大学硕士学位论文，2009。

[⑥] 韩洁：《网络时代社区治理新途径社区论坛发展的研究——以湖州市 B 社区论坛为例》，复旦大学硕士学位论文，2009。

[⑦] 梁威：《试论虚拟品牌社区的商业功能》，《中国证券期货》2012 年 10 期。

被引文献中，信任机制的建立是一个核心话题。① 在我国，这些专业性的虚拟社区的发展刚刚起步，相应的学术研究也亟待展开。

三　虚拟社区的用户群及不同媒介虚拟社区研究

（一）用户分类研究

关于虚拟社区的用户分类，早期的研究多采用定性的方法，Armstrong和 Hagel 从参与程度以及贡献价值角度将用户分为"浏览者、潜水者、贡献者和购买者"四大类型；Adler、Christopher 和 Kozinets 后来又在原有模式上增加了"管理者"的类型。② 但由于缺乏一个具体的衡量标准，近些年来国内的研究更加倾向于从定量的角度出发，对用户群体进行类别划分，研究者采用的指标包括发帖回帖数量、粉丝数量、关注数量、访问频率、访问时间等。③ 毛波、尤雯雯在"两个国内著名的 BBS 站点具有相似主题（化妆品）讨论的版面"中抽取了发帖数、回帖数、原发文章数和精华数等指标，将论坛中的用户划分为"领袖、呼应者、浏览者、共享者、学习者"五大类型。④ 笔者根据权力体系把天涯虚拟社区的用户划分为社区主管、副主管、管理员、版主、精英网民、普通网民。

当前，媒介技术呈现多样化，如果以用户常用的媒介进行划分可以将用户分为论坛用户、博客用户、微博用户、QQ 用户、微信用户等。虽然现在大家都用 QQ 和微信，但 95 后群体更喜欢用 QQ，而 95 后之前的群体更习惯用微信，可见使用媒介不同，所代表的用户群体也不同。

（二）不同媒介虚拟社区研究

1. 论坛

对虚拟社区的研究集中在论坛上，天涯虚拟社区作为很长时间内最有

---

① 孟笛：《虚拟社区国际研究综述——基于 SSCI、A&HCI 高被引文献的分析》，《图书情报工作》2015 年第 18 期。
② 郑雪丽：《虚拟社区国外研究综述》，《图书馆学研究》2012 年第 18 期。
③ 谷斌、徐菁、黄家良：《专业虚拟社区用户分类模型研究》，《情报杂志》2014 年第 5 期。
④ 毛波、尤雯雯：《虚拟社区成员分类模型》，《清华大学学报》（自然科学版）2006 年第 S1 期。

影响力的中文论坛，曾是许多研究者选择的对象，研究主题呈现多样性。笔者曾对其中的社会互动进行了考察，郭茂灿对其规则及其服从情况、孙佳音对社区规则的自组织生成进行了研究。① 刘永谋和夏学英对社区的话语冲突形式、王丹凤对社区内网民的越轨行为、卢霞对社区网民的素质及其政治参与情况进行了探寻与分析。② 曹妤则以天涯虚拟社区中的女同性恋群体为例，从群体边界、群体身份建构和群体认同角度考察了虚拟社区中群体的建构过程和机制。③

除了天涯虚拟社区，其他各类论坛也受到了关注，虚拟社区中的人际互动与关系、群体认同成为许多研究生学位论文的选题。兰州大学曾有多篇论文对"中穆网"社区进行了研究，任娟娟尝试通过研究穆斯林社群借由网络仪式性互动建构社会记忆的策略以及所呈现的独特面貌，把握网络穆斯林社群所建构出的社会记忆在凝聚族群认同时所起的核心作用；④ 沈洪成对"中穆网"其中的权力关系进行了阐释；⑤ 沈冯娟关注的则是社区群体所呈现出的人际关系网络，从而探寻这种新型社群形式的影响及意义。⑥ 高功敬对"泡网俱乐部江湖论剑"虚拟社区中人际互动情况进行了考察。⑦ 陈静对豆瓣网中的"闪玩族论坛"进行了分析，通过探索陌生人的新型互动模式，展现现代性背景下都市人生存方式的转型，从而透过闪玩活动中呈现的陌生人互动模式，揭示陌生人互动规范的存在样态。⑧

---

① 郭茂灿：《虚拟社区中的规则及其服从——以天涯社区为例》，《社会学研究》2004 年第 2 期；孙佳音：《虚拟社区规则的自组织生成研究》，哈尔滨工业大学硕士学位论文，2008。
② 刘永谋、夏学英：《虚拟社区话语冲突研究——以天涯社区为例》，《长沙理工大学学报》（社会科学版）2006 年第 4 期；王丹凤：《虚拟社区的网民越轨行为及影响因素分析——以天涯虚拟社区为例》，湖南师范大学硕士学位论文，2007；卢霞：《网络虚拟社区中网民素质与政治参与水平的研究——以天涯社区（www.tianya.cn）为例》，重庆大学硕士学位论文，2007。
③ 曹妤：《虚拟社区中群体的建构——基于天涯社区一路同行中女同性恋群体的研究》，华中科技大学硕士学位论文，2008。
④ 任娟娟：《网络穆斯林社群社会记忆的建构》，兰州大学硕士学位论文，2006。
⑤ 沈洪成：《虚拟社区中的权力关系》，兰州大学硕士学位论文，2008。
⑥ 沈冯娟：《虚拟社群中的社会网络——以中穆网 BBS 虚拟社群为例》，兰州大学硕士学位论文，2008。
⑦ 高功敬：《BBS 虚拟社区的人际互动——对"泡网俱乐部江湖论剑"虚拟社区的个案研究》，山东大学硕士学位论文，2005。
⑧ 陈静：《闪玩：陌生人的一场互动游戏——基于豆瓣网闪玩族论坛的个案研究》，南京航空航天大学硕士学位论文，2011。

2. 博客

博客与论坛不同，博客是个体主导的私人空间，但当博客服务的提供方将数量众多的博客入口及内容集中在一起时，这样的网站也就成为一个具有高度互动意义的虚拟社区。对于博客的研究常常从某个群体入手，关注重点放在亚文化群体中，尤其以女性研究和青少年研究为众。

孙冉通过对比大学生日记写作与博客写作的差异，探寻了大学生博客的写作心理特征。[①] 伍安春也关注了使用博客的青年一代群体，分析了博客对于青年群体的影响，并就如何引导青年使用博客提出了相关建议。[②] 除了青少年群体之外，还有一部分研究关注了女性及同性恋者等群体。吴信训、李晓梅从社会性别的视角出发，发现了女性博客中依然存在许多性别不平等的现象。[③] 许多硕士学位论文也从女性的角度开展了博客研究，刘立红、赵宇、余迪等学者都从正反两面探寻了博客文化对于女性的影响。[④] 郭倩汝通过分析一部分具有代表性的同性恋博客文本，对博客中呈现出的同性恋亚文化进行了描述。[⑤]

博客作为一种具有较大影响力的自媒体平台，有学者对名人博客进行了研究。聂茂、李君通过探讨名人博客的影响，指出了名人博客将和草根博客一起推动"博客"主流化发展。[⑥] 孙芳分析了名人博客中的"抢沙发"一族，认为这体现了一种网络人际互动的尴尬。[⑦] 周玉黍则对博客的网络交流方式、效果、传播文本及其带来的社会影响进行了个案的探讨，发现虚拟的电子交流回归到了现实的叙事方式与行为规范中。[⑧]

---

① 孙冉：《从 BLOG 与传统日记的区别看大学生博客的写作心理》，《中国青年研究》（社会综合版）2006 年第 1 期。

② 伍安春：《博客文化对青年一代的影响》，《中国青年研究》（社会综合版）2006 年第 6 期。

③ 吴信训、李晓梅：《社会性别视角下博客中的女性表达和自我建构》，《新闻记者》2007 年第 10 期。

④ 刘立红：《"她"博客中女性媒介形象研究——以知名女性博客内容为研究对象》，兰州大学硕士学位论文，2009；赵宇：《博客中女性自我呈现的社会学分析》，华中师范大学硕士学位论文，2009；余迪：《中国知名女性博客的女性主义探析》，首都师范大学硕士学位论文，2008。

⑤ 郭倩汝：《同志博客中的同性恋亚文化研究》，兰州大学硕士学位论文，2009。

⑥ 聂茂、李君：《论名人博客的精神特质及其影响》，《中南大学学报》（社会科学版）2008 年第 1 期。

⑦ 孙芳：《从名人博客沙发族看网络人际互动的发展前景》，《理论学习》2008 年第 9 期。

⑧ 周玉黍：《趋向现实的虚拟交流——基于博客传播的个案研究》，《南京社会科学》2006 年第 5 期。

3. 微博

微博这一新型虚拟社区形式诞生于国外，于 2009 年年底被新浪正式引入中国。有人将微博的出现看作论坛时代的没落，关于微博的研究出现了以下几个特点。

一是将某一公共事件作为个案切入点。有许多研究围绕这几年具有较大社会影响力的公共舆论事件展开。曹阳、樊弋滋和彭兰以"南京梧桐树事件"为例，考察了这个网络维权集群参与者之间从无序到有序的互动过程、整个系统的演变规律及其与外界的互动机制。① 叶盛世、张文杰选取的是 2016 年的女子酒店遇袭事件，在"拟态环境"的视角下探寻了微博空间的评论对社会公众舆论造成的影响。② 孙琪更是就 2016 年引起全民热议的"王宝强离婚事件"中微博的舆论传播特点进行了分析。③

二是关注微博在政务、社会治理层面的作用。姜胜洪、何竞平、曹健敏等都探讨了政务微博对政府的重要作用。④ 张蓉、郑克强论述了微博在创新社会管理中的重要作用以及其"双刃剑"效应。⑤ 刘运来则以三亚"天价海鲜事件"为例，通过对危机公关的分析指出三亚在建设和维护政府公信力上的不足之处，并提出建议。⑥

三是关注"微博大 V"即"意见领袖"的作用。常秋玲通过研究发现意见领袖是微博口碑再传播中的关键人物。⑦ 荣荣和舒仁以天津"8·12"爆炸事件为例，指出了意见领袖在此次事件中的重要作用以及在微博上的

---

① 曹阳、樊弋滋、彭兰：《网络集群的自组织特征——以"南京梧桐树事件"的微博维权为个案》，《南京邮电大学学报》（社会科学版）2011 年第 3 期。

② 叶盛世、张文杰：《"拟态环境"视阈下微博评论对社会舆论的影响研究——以女子酒店遇袭事件为例》，《新闻知识》2017 年第 7 期。

③ 孙琪：《微博舆论传播特点探析——以"王宝强离婚事件"为例》，《新闻研究导刊》2016 年第 23 期。

④ 姜胜洪：《运用政务微博加强网络舆情危机应对》，《未来与发展》2013 年第 2 期；何竞平：《政务微博的政府公关传播策略——以新浪微博平台"微博云南"和"上海发布"为例》，《今传媒》2014 年第 11 期；曹健敏：《政务微博在政府公共关系建立中的作用》，《新闻战线》2015 年第 11 期。

⑤ 张蓉、郑克强：《试论微博在创新社会管理中的作用》，《江西社会科学》2011 年第 10 期。

⑥ 刘运来：《微博时代政府在危机公关中公信力建设研究——以三亚"天价海鲜事件"为例》，《今传媒》2012 年第 5 期。

⑦ 常秋玲：《意见领袖在微博口碑再传播中的影响力研究——基于新浪微博的社会网络分析》，《山东农业工程学院学报》2014 年第 11 期。

表达特征。① 段雅欣则运用定量的方法，从社会心理的角度探讨了微博转发的"名人效应"。②

除了上述三点之外，学者对微博的研究也出现了与博客研究一样的特点，女性、青少年、同性恋等亚文化群体得到了一定程度上的重视。萧子扬使用新浪微博的"微博印象"功能，对女大学生的微博印象进行内容分析和语义分析，重点探讨了女大学生网络形象的建构、解构与重构过程，并提出一些印象重构措施。③

4. 微信

微信自 2011 年诞生以来，发展势头十分迅猛。相较于微博，微信是一个更为封闭和私密的虚拟社区。随着这几年微信的逐渐普及与功能的增加，各类新现象不断产生，相关的研究也伴随着这些新现象而开展和深化，关于微信的研究呈现出了主题日渐丰富的发展脉络。

早期关于微信的研究大都关注的是微信的社交功能及其特征，翟臻早在 2013 年就对微信受大学生欢迎的原因进行了说明，并从正反两个方面论述了微信对于大学生社交的影响。④ 王欢、祝阳也在人际关系视角下对微信的"对讲机、摇一摇、附近的人、朋友圈"等功能进行了探讨。⑤ 文雯的硕士学位论文以重庆大学为个案，将线上和线下结合起来，分析了微信在高校的传播状况及其对人际关系的影响。⑥

近几年微信的"红包现象"也得到了学界的广泛注意，早期关于微信红包的文章大都属于简短的报纸、杂志评论，后来才渐渐出现了一些学术研究。申斯达、陈勇对 2015 年春节期间的微信红包现象进行了研究，分析了微信红包对人际关系的重构、强化、扩散、维护功能，还剖析了微信红包传播过程中带来的人际关系新变化。⑦ 王瑞在同年则从正面谈了微信红

---

① 荣荣、舒仁：《天津"8·12"爆炸事故中的微博意见领袖及其舆论表达——以新浪微博为研究样本》，《新闻知识》2017 年第 7 期。

② 段雅欣：《名人微博对转发行为的影响研究》，华中师范大学硕士学位论文，2014。

③ 萧子扬：《女大学生"微博印象"的互联网人类学解析》，《青少年研究与实践》2017 年第 2 期。

④ 翟臻：《浅谈微信对大学生社交的影响》，《无线互联科技》2013 年第 8 期。

⑤ 王欢、祝阳：《人际交往视角下微信功能的探讨》，《现代情报》2014 年第 2 期。

⑥ 文雯：《微信在高校的传播现状以及对人际关系的影响研究——以重庆大学为个案调查》，重庆大学硕士学位论文，2014。

⑦ 申斯达、陈勇：《微信红包传播对人际关系的影响初探》，《科技传播》2015 年第 8 期。

包对于人际关系的积极影响，也从反面指出了一些消极表现。^① 最近两年对于微信红包现象的研究变得更加深入具体，张放从媒介人类学的视角对微信春节红包在中国人家庭关系中的运作模式进行了分析，^② 蒋建国则对微信乱抢红包现象进行了伦理反思，认为这种现象"违背了中国传统的道义精神，也消解了红包作为礼物的符号价值和交往意义"。^③

微信中的一些其他现象也引起了学者的关注，陈雪春就对微信中的"微商"现象进行了社会学解读，她指出"乡土性和现代性两者兼有的中国社会特性，正是微商兴起的最根本的因素"。^④ 还有一些学者关注了微信群，唐青秋考察了家庭微信群与家族微信群所创造的不同情境，提出在线上形成了一种新的家庭关系。^⑤ 洪艰勤和黄文虎对"广西老乡会"微信群里的少数民族成员的微信群互动和微信朋友圈使用情况进行了考察，发现少数民族成员的微信朋友圈普遍存在身份隐匿现象。^⑥

由于微信尚属于一个新兴事物，许多与其相关的现象也刚刚出现，研究需要时间进行深化。微信用户众多，朋友圈和个人公众号代表了以个人为中心的虚拟社区，微信群代表了以组织为中心的虚拟社区，群体公众号则代表了以主题为中心的虚拟社区，因此以微信为媒介的虚拟社区提供了人们广泛参与的场域，亟待研究者们深入研究。

四 结语

物以类聚，人以群分，讨论虚拟社区不能绕开这个简单的道理。综观人类人际关系的种类无非那么几种，如地缘关系、亲缘关系、业缘关系、趣缘关系、利益关系，虚拟社区并没有创造出新型的人际关系种类，只不

---

① 王瑞：《浅析微信红包对人际传播的积极影响与消极表现》，《东南传播》2015 年第 7 期。
② 张放：《微信春节红包在中国人家庭关系中的运作模式研究——基于媒介人类学的分析视角》，《南京社会科学》2016 年第 11 期。
③ 蒋建国：《金钱游戏与社交幻象：微信群抢红包乱象的伦理反思》，《南京社会科学》2017 年第 3 期。
④ 陈雪春：《微信朋友圈中"微商"现象的社会学解读》，《新闻研究导刊》2015 年第 21 期。
⑤ 唐青秋：《从媒介情景论视角下看微信群中的家庭关系》，《新闻传播》2017 年第 1 期。
⑥ 洪艰勤、黄文虎：《微信"朋友圈"的"身份隐匿"——基于"广西老乡会"微信群里少数民族的虚拟民族志考究》，《东南传播》2017 年第 9 期。

过借由媒介技术，人际联结的形式和机制发生了变化。

虚拟社区打破了地缘的束缚，但并没有取代地缘关系。都市社会以地理为基础的社区已然打破了农业社区和工业化初期时社区的同质性，当居住地周边的异质性导致即使是对门的邻居大都只不过是点头之交时，以地理为基础的社区便失去了社交的意义。

虚拟社区中体现的人际关系也并没有替代原有其他关系，相反，对于原有关系至少是一种维持（如果没有加强的话）。以微信群为例，每一个在都市生活中的个体都置身于各种群中，其中有基于血缘和姻缘的亲属群，基于地缘的同乡群，基于业缘的同学群、同门群、同事群、同行群，基于某社会身份的组织群，基于趣缘的各种兴趣群，以及基于某特定目标而建立的各种临时的利益群。这些不同类型的群有些是个体主动选择加入的，有些是基于身份关系被动加入的。但是加入是一回事，参与是另一回事，无论在什么群中，总有一些成员积极活跃，一些成员沉默寡言，所以参与不参与、如何参与终究还是个体选择的事情，这似乎支持了个人主义的发展趋势。

除了维持原有关系，虚拟社区创建了大量的弱关系，但正如卡斯特所言，大多数人拥有的纽带是"弱带"这一事实并不意味着他们不重要，他们是信息的来源，是工作表现、休闲、通信、公民参与和娱乐的来源。[①]笔者认为，这些正是虚拟社区最大的意义。

需要指出的是，学界对虚拟社区的研究没有偏离传统的对少数群体、社会边缘群体、弱势群体的偏好，无论是对特定族群的研究，还是对同性恋群体的研究，这些都偏离了大多数人，难免将虚拟社区的影响夸大。事实上，大多数人还是在现实的环境中真实呈现自己的身份，利用虚拟社区为现实服务，研究虚拟社区不能忽略研究它对大多数人日常工作和生活的意义。

此外，在研究互联网或虚拟社区时大家都提到中国的社会转型，比如周大鸣提出的从地域社会到移民社会的转型，[②]姬广绪与周大鸣提出的从

---

① 〔美〕曼纽尔－卡斯特：《网络星河——对互联网、商业和社会的反思》，郑波、武炜译，社会科学文献出版社，2007，第 139 页。

② 周大鸣：《都市化中的文化转型》，《中山大学学报》（社会科学版）2013 年第 3 期。

地域社会向网络社会的转型，① 其实移民社会也好，网络社会也罢，都是在现代都市社会的大背景之下，都市社会的规模性、异质性、流动性、专业分工的细致性使个体处于一种流动的状态，且每个人的身份都是多重的，并随着人生境遇的变化而变动，正是这多重而变动的身份塑造了个体的日常工作和生活。媒介技术的发展提供了物质手段，将有需要的个体和群体聚集起来，为个体在不同的境遇下建构多重身份提供了机会和可能，人们可以在其中按个体意愿有选择地发挥自己的能动性，并获得重要的意义和价值。因此，正如在讨论共同利益社团时人类学家斯莫尔评论的那样，这同样适用于虚拟社区：

> 我们经常把亲属关系中的名词用到朋友和同事身上，把家庭期望转移到那些与我们没有血缘或婚姻关系，但却与我们共度时光的人身上，这样我们就能拥有扩大家庭的体验了。年轻人加入帮派，年老的人加入俱乐部，甚至婴儿也被放入玩耍群。尽管崇尚独立自主、自力更生的文化推动我们，但作为社会动物的我们依旧寻求联系，即使这些联系是非血缘、脆弱的。②

---

① 姬广绪、周大鸣：《从"社会"到"群"：互联网时代人际方式变迁研究》，《思想战线》2017年第2期。

② 〔美〕M. F. 斯莫尔：《亲属嫉妒》，《自然史》2000年第2期，转引自〔美〕威廉·A. 哈维兰《文化人类学》，瞿铁鹏、张钰译，上海社会科学院出版社，2002，第325页。

人类学专题研究

金融人类学与中国证券投资

何绰越*

1997 年至 1998 年的亚洲金融风暴，2007 年至 2008 年的美国次贷危机，新近的欧洲债务困局，让人们深切体会到环球金融活动无远弗届，而金融风险更可以说是无国界之分、无常规可言。金融市场的不稳定猛烈冲击着社会的安定和谐，以及普罗大众的日常生活。

然而，传统经济学界对金融危机的事实与成因所作出的解读和应对出现分歧。学者与政府多年来一再呼吁加强监管，提出的种种改革方案却无助于避免环球资本市场危机的一再出现，甚至变成周期性和常态性的困局。事实上，当前世界多国又重现金融资产和房地产泡沫，另一次风暴和挑战相信为期不远。另外，金融界以优厚薪酬吸引杰出人才加入，唯业界伦理规范以及企业管理水平普遍不尽如人意。这在在说明，行业的集体实践（collective practices）与文化脉络（cultural context）或许远比个人素质甚至政府政策都来得重要，也证明有必要另辟路径以探索金融稳定之途。

面对如此境况，在欧美，一小批人类学学者在过去 20 年已经着手探索金融化和新自由主义管治与环球资源垄断的关系，他们讨论金融价值的虚拟性，拷问其如何冲击社会核心价值观和人际关系，以及通过研究金融精英文化与金融市场操作的一些异象，透析金融资本主义的根基和产生金融风险的关键因素。换句话说，以人类学方法研究金融，进而了解影响着当今世界安全稳定和社会凝聚力的关键因素，不但具有迫切性，而且可能有着巨大的前瞻性贡献。

美国纽约联邦储备银行行长威廉·达德利（William Dudley）指出，当

---

* 何绰越，独立研究员，专注于法律及金融人类学。

前的金融困局实源于金融企业的"文化败坏"，故此长期的金融稳定必须建基于自上而下、从企业领袖到基层员工的文化重塑。① 这就是说，即便金融专家也意识到，金融问题必须离开狭义范围的检视始能拨乱反正，而达德利的文化论，恰恰就是社会与文化人类学学科的固有方法路径和探索重心，那么人类学学者是否更应该响应现实的呼唤，感受群众之所忧，更多地从传统的研究课题扩展至经济金融领域，共同寻找走出这困局之路？

就在不久前，国家主席习近平强调："金融安全是国家安全的重要组成部分，是经济平稳健康发展的重要基础。维护金融安全，是关系我国经济社会发展全局的一件带有战略性、根本性的大事。"② 这表明，中央已将金融安全提升至治国理政的高度；然而，金融议题在国内却没有受到人类学学者多大的关注，是为学术以至公共政策上的一大缺口。在这样的国际和国内大环境下，本文尝试抛砖引玉，目的为介绍近年来金融人类学所涉猎的范畴，并通过对中国证券投资的个案研究，进一步阐述金融人类学的方法和应用，从而鼓励更多社会科学界的朋友一同关注和研究金融风险与金融安全等课题。

一　人类学的金融研究

毋庸置疑，金融已成为当今经济活动的核心，③ 甚至可称为新的经济霸权，④ 故此金融研究也应该是金融人类学必不可少，甚至是极为重要的一部分，这至少体现在两个方面的长期化趋势：资本金融化与资本回报上升。

---

① William Dudley, "Enhancing Financial Stability by Improving Culture in the Financial Services Industry: Remarks at the Workshop on Reforming Culture and Behavior in the Financial Services Industry," October 20, 2014, New York: Federal Reserve Bank of New York.

② 《习近平：金融活经济活　金融稳经济稳》，新华网，http://news. xinhuanet. com/politics/2017－04/26/c_1120879349. htm，2017 年 4 月 26 日。

③ The Brookings Institution, "The Role of Finance in the Economy: Implications for Structural Reforms," https://www. brookings. edu/research/the-role-of-finance-in-the-economy-implications-for-structural-reform-of-the-financial-sector/. 2013.

④ Karen Ho, *Liquidated: An Ethnography of Wall Street*, Duke University Press, 2009；〔美〕迈克尔·赫德森：《金融帝国：美国金融霸权的来源和基础》，嵇飞等译，中央编译出版社，2008。

自 20 世纪 80 年代以来，全球公共与私人经济环节的负债率持续攀升，政府与个人消费行为越发依靠借贷，而企业则越来越多地把投资放于非生产性之金融项目。与此不可分离的是资本市场的蓬勃发展，投资银行家不但把众多债务包装成各式各样复杂的衍生资产，卖给金融机构以及企业投资者，更大举放债给如雨后春笋般涌现的对冲基金于金融市场做杠杆炒卖，结果便是超大规模的杠杆金融资本在全球资本市场游动，以求取最大之短期回报，而这些资本的游动，例如房地产与外汇炒卖，往往与生产和商业活动完全脱钩，也就是说，金融市场和金融资本已经变成目的，而非促进广义经济活动的手段，伴之而来的便是道德价值的一元化变异，财富成为最重要的价值或主宰社会价值观的最关键元素。

这极端变化的结果便是金融风险和金融权力的全球化，谁更有办法掌握更多银行融资和更有能力于资本市场集资，便拥有更多的资本以获取更高的回报。因此，杠杆金融资本造成的财富差异，远远比收入差异所造成的贫富不均影响深远。正如经济历史学家托马斯·皮凯提所言，这"资本深层结构"打破了半个世纪前人们的乐观信念，现代经济会让个人努力逐渐变得比财产继承重要；相反，21 世纪其实应该称为世袭资本主义的世纪，真正就是因为资本收入比重的攀升和金融资本的高度集中，这种情况不但在欧美如是，在众多发展中国家亦如是。①

长期以来，人类学学者的经济研究集中在生产、交换与消费环节，马林诺夫斯基关于交换的民族志②与马塞尔·莫斯对礼物的论述③，可说是经济人类学的启蒙经典，其后的马克思主义人类学学者着重对生产端的批判研究，直到新自由主义全球化研究兴起，则从新把消费行为与资本主义的本质结合起来。但长期以来，人类学学者对投资环节没有真正或者严格区分看待，从常识而言，投资乃生产的先决条件和共生之物，也可说是消费的"对立面"，因为欲要增加投资和促进生产就必须降低消费开支，故此投资活动也就是老百姓日常生活不可避免的一部分，而投资决策的形成过

---

① 〔法〕托马斯·皮凯提：《二十一世纪资本论》，詹文硕、陈以礼译，台湾卫城出版社，2014。

② 〔英〕布罗尼斯拉夫·马林诺夫斯基：《西太平洋上的航海者》，张云江译，中国社会科学出版社，2009。

③ 〔法〕马塞尔·莫斯：《礼物：古式社会中交换的形式与理由》，汲喆译，上海人民出版社，2002。

程，其实与消费和生产一样，是与社会关系和文化脉络密不可分的，绝对不应该被忽视。

与此同时，投资又必然与金钱挂钩。在西方，人类学学者对有关金钱与财富、市场与投资的题目总有些情结，觉得它们的本质就是反社会性，会造成人际关系的疏离，更与许多学者所鄙视的自由主义/新自由主义乃共生之物。Keith Hart 曾说，人类学学者普遍不喜欢有关钱的课题，也许是因为他们大多没有很多钱吧！① 这当然是打趣的话，更深层的原因是金钱象征着一个他们不太愿意接受的虚妄和个人主义的世界，故人类学学者没有多花精力去探讨金钱的理论性，而只局限于分析原始社会的一些贵重物品是否有金钱的属性。然而，在金融资本主义畅行一时的大环境下，金钱已变成一个联结世界上所有老百姓生存和生活的核心，金钱或许带有虚拟性和破坏性，但我们有必要正视其威力的真实性，否则难以理解它的真正属性和对社会/文化的根本影响。

一方面，当今企业以至个人的投资已变得异常"非本地化"，就是说投资决策和研究投资行为皆不可能忽略全球化的政治经济因素，而全球化研究则更不可能无视金融全球化的结构性转变和冲击。另一方面，专业金融机构现今的所谓投资则更像是交易（transaction），而非人类学学者熟悉和热衷分析的交换（exchange），这些交易乃资本的高速流转（capital circulation），在很多情况下，并不与人和物有任何联系，并不生成新的社会关系或进行文化再造，这与 Arjun Appadurai 对商品跨时域流转的社会性再论述②，可谓大异其趣。话虽如此，随着近年来一些关于金融精英文化的民族志出版，我们得以重新认识金融活动的社会性和文化性。尽管资本流动的操作表面上并不必然直接联系其他经济环节，但是操作资本流动的金融人士却对资本流动的目的和后果以至金融价值的道德性皆有着自己的解读和论述。换句话说，就像传统的民族志，我们需要从微观看宏观，也只有通过对他者的细致了解，始可进入这个对很多人来说是负面评价多于贡献的神秘金融世界，透视它的操作、结构与文化。

人类学的整体论（holism）有助于打破个别学科分工的局限，让我们

---

① Keith Hart, "Notes Towards an Anthropology of Money," *Kritikos*, Vol. 2, 2005, pp. 1 – 19.

② Arjun Appadurai, "Introduction: Commodities and the Politics of Value," in *The Social Life of Things: Commodities in Cultural Perspective*, Cambridge University Press, 1986.

更能注意到金融其实并非单是金融，让我们可以追踪金融实践是如何跨越时空，介入人们日常生活的各个方面的。人类学学者可以从钱从何处来、钱往何处去并跨越边界角度，窥探在此过程中有什么事情发生，揭示众多持份者的功能、等级、矛盾甚至对抗，最后或许有机会查明金钱连接的路径，将众多的点和线连接起来，而不单单是局限于对市场本身的研究，也就是之前说过的，超越经济金融学科考察经济金融的局限性。当然，人类学学者很重视情境脉络分析，因此我们抗拒一笔而就的大道理、大理论，不轻易相信那么容易便可找到核心金融问题的根源，遑论解决所有的固有系统性不稳定问题。正如 Horacio Ortiz 所言，金融需要人类学，因为人类学可以探索塑造金融的实践和被金融塑造的生活，从中引出极为重要的反思，得以强化人们行动起来的能力。[①]

在下面，笔者会把金融人类学大致分为七个部分，然后简单介绍一些相关著作的内容，分别是：货币的社会性与道德性；信用与债务；财产货币化与资本主义；风险与不确定性；计算、价格与价值；华尔街文化与金融危机；人类学与中国证券市场。

二 货币的社会性与道德性

货币的主要特性乃他物的抽象化，货币的意义并不在于货币这物质本身，而在于它在特定时空的人类世界里发挥着巨大的社会功能，以及反映甚至影响人类的文化变迁。在现代社会，所有人都会用钱或货币，用以购物、储蓄或投资，而按马克思的设想，假如货币被用作换取劳动力进行商品生产，那货币也起了资本的作用。但在古代社会，到底货币最原始的功能是什么，经济学界与人类学界对此存在很大的分歧。从亚当·斯密伊始，经济学教科书皆说人与人之间的以物换物很快不能满足"需求的双重巧合"，因此人类就发明了货币，然后出现了银行和信贷。这货币起源说体现了一种异常简单、直接的进步观，从石器时代的简单换物，通过越发复杂和抽象的过程，一跃而至现代的证券市场、衍生工具与金融投机等，

---

① Horacio Ortiz, "Why Does (or Doesn't) Finance Need an Anthropology?" Fieldsights Theorizing the Contemporary, *Cultural Anthropology Online*, May 15, 2012.

这套进化论臆想更隐藏了一个重要信息，就是当前的制度与价值观必有其合理性甚至必然性。

然而，人类学学者通过实证，相信人类世界中的货币应用和形态从来都是远为复杂的，David Graeber 引述人类学先驱刘易斯·亨利·摩尔根的发现指出，北美洲土著的"长屋"，就是通过汇集物资然后经由妇女议会分配给大众，没有人会私下用弓箭来交换一块猪肉。[①] Caroline Humphrey 更明确地说，并无任何民族志材料能佐证纯粹的以物换物经济制度曾经存在过，遑论货币乃起源于以物换物的推断。[②] 这当然不是说从没有以物换物的发生，但这往往是陌生人甚至是敌对者之间的安排，关键是彼此没有达成互信，也没有义务，一个耳熟能详的例子就是马林诺夫斯基考察过的库拉交换圈。至于同部落族人的日常生活协作，则是通过类似信贷的安排，人们若果有什么短缺，会先向邻居索取并记账，该做法建基于信任和社会性，乃悠悠历史长河中不论地区、种族的人群普遍采用的做法，按Graeber 的解析，这样做有一个前提，就是货币发挥着计算单位的核心功能，是与信贷共生的。[③]

该理论的关键证据来自美索不达米亚出土的楔形文字泥砖，上面记载了公元前 3500 年苏美尔官员在泥砖上刻写符号，记录宫廷和庙宇与民间的物资往来，这些账项大多以银子做结算单位，但农户一般以农作物做交易。老百姓以至商人皆以相互信贷为主，很多时候要待农收时才会结算，所以说银子作为结算单位亦是一种"虚拟货币"，直到两千多年后在西亚的吕底亚古国（今天的土耳其境内）始出现了钱币实物。所以 Graeber 认定，货币制度是从信贷系统开始的，钱币的出现，反倒是促进了世人的投机倒卖和帝国的暴力奴役，非人化的市场操作与利益关系取代了之前美好的人伦信贷关系。到了欧洲中世纪，帝国没落、商业不振，钱币不再被信任，人际信贷与强权宗教复兴，教会主导了社会规范，严禁利息借贷和负债奴役，讽刺地说这算是"黑暗中见光明"；而在中国宋朝，随着纸币的发明，一个新的信贷体系也适时诞生了。16 世纪伊始，欧洲的航海霸权再把人类推回到金属货币奴役、掠夺和战争的毁灭中；中国明朝的动乱也导

---

① David Graeber, *Debt: The First 5,000 Years*, Melville House, 2014, p. 29.

② Caroline Humphrey, "Barter and Economic Disintegration," *Man*, Vol. 20, 1985, pp. 48 – 72.

③ David Graeber, *Debt: The First 5,000 Years*, Melville House, 2014.

致纸币完全被银本位制取代。从 Graeber 的观点看，这一切都巧合地与货币文化钟摆的摆动轨迹相符，从信贷到钱币，钱币回到信贷，又从信贷回到金属本位，这钟摆到了 1971 年美元金本位制取消后又再一次出现历史性的转移，可谓又回到原点，但有一样大不同的是，今天不但是非现金化/虚拟货币化的新时代，也是债务驱动经济的大时代。明乎货币的历史发展进程，我们应该意识到今天的金融制度绝不是历史发展的必然线性结果，这认知也绝对影响到我们如何解读世界的动荡和前瞻人类的归宿。

至于货币属性的问题，Keith Hart 指出，每一枚钱币（或者每张钞票）两边的"头"和"尾"，分别代表国家与市场，乃货币不可分割的组成部分。[1]"头"提示我们流通货币是国家作保的，也抽象地代表着人与人在社会中的关系；"尾"则透露了货币的物性，是物与物之间的计量比例。"头"与"尾"就像政治与市场的关系，象征着权力与价格不可或分的二元性，我们从偏远社会中发现，货币与市场皆有着人类的普遍性，其主要功能就是把社会从当地延伸出去，也就是说，货币离不开人与物在社会中的关系，而货币与其衍生的金融实践也脱离不开国家与市场的共同支配。

从非国家社会转到现代国家社会的研究，Jennifer Dickinson 的文章探讨了乌克兰新货币与国家复兴的微妙关系，早期黑市货币凌驾于官方货币之上，之后人民接受新钞，反映了市场强、国家弱的情况慢慢转变为国家与市场共同支配货币的社会性转化。[2] Cris Shore 则探讨新欧元如何肩负着统一欧洲和建立新公民身份的重任，但最后落得成为分离与失序的象征。Shore 引用钱币头尾二元性的分析，指出欧元的设计只有市场性，但欧盟从来只注重政治团结而罔顾一个完整欧洲国家对货币的强烈需求。[3]

最后，货币的社会性也揭示着其道德性，从人类学的角度来说，道德性的意思就是一事一物如何影响到社会中人伦的文化价值以及行为规范，它们是否会损害社会性，因此当我们确立了货币的社会性后，货币的道德性自然是不可回避的了。一般而言，假如我们相信金钱是万恶的、令人遭受奴役的，那一个拜金的世界必然是悲惨的，而货币也就是这种负面道德

---

① Keith Hart, "Heads or Tails? Two Sides of the Coin," *Man*, Vol. 21 (4), 1986, pp. 637 – 656.

② Jennifer Dickinson, "Changing Money in Post-Soviet Ukraine," in *Money: Ethnographic Encounters*, edited by Stefan Senders and Allison Truitt, Berg, 2007.

③ Cris Shore, "The Euro Crisis and European Citizenship," *Anthropology Today*, Vol. 28, No. 2, 2012, pp. 5 – 9.

性的投射；相反，假如我们相信纸币的发明把人们从封建社会中解放出来，那现代的金融信贷制度加上虚拟科技必然会进一步带来更多的个人自由。Jonathan Parry 和 Maurice Bloch 对此困局提出了一个中庸之道，他们以礼物与钱财为例，指出无数的民族志材料都说明，这两种交换方法在不同情境脉络里有着千百样的组合，但不一定有二元对立的道德评价出现。他们更提出，金钱不一定会带来特定的世界观和社会关系，反倒是社会的特定世界观可能塑造了人们对金钱的成见，也就是说钱的意义其实是文化矩阵形成的其中一个果而已，而随着文化变异，钱的意义也会改变。[1] Parry 和 Bloch 因而建议把短期的非人化的经济交易与长期的社会道德重建区分开来，假如短期的自私行为无非为长期的利益服务，那它是有正面道德性的；相反，假如短期的买卖变成终极目的而非手段，那它则是反社会的、非道德的。

三　信用与债务

当代金融制度的核心便是借贷，但往往被包装成令人眼花缭乱的产品。但奇怪的是，很多人包括监管者不太能把信贷与负债区分，特别是英文原词 credit 与 debt 好像是两个不同的概念，credit 听起来蛮正面的，例如信用卡就是有信用的人才能持有的，但当你一开始以它来结账，你就马上变成负债人了。故此，Chris Gregory 很生动地形容信贷是一个"形状移位器"，就是说它的存在是一种潜力，是属于未来的，当顾客成功向银行拿到贷款后，信贷马上变成历史，即时变作债务，还不了债就会变成没信用的人，那时候大家才会清楚信贷与负债其实是同一回事。[2] Brett Williams 则说，债务把全世界的有钱人与穷人连接起来。[3] 她更以"信贷陷阱"来说明美国老百姓，特别是莘莘学子是如何被怂恿通过借贷消费，成为一个

---

[1] Jonathan Parry and Maurice Bloch, "Money and the Morality of Exchange," in *Money and Morality of Exchange*, Cambridge University Press, 1989.

[2] Chris Gregory, "On Money Debt and Morality: Some Reflections on the Contribution of Economic Anthropology," *Social Anthropology*, Vol. 20, 2012, pp. 380–396.

[3] Brett Williams, *Debt for Sale: A Social History of the Credit Trap*, University of Pennsylvania Press, 2004.

对国家有贡献的消费公民，但到头来一生幸福却被债务弄垮了。

Gustav Peebles 在他的一篇《信贷与负债人类学》的文章里，回顾了数十年来的人类学文献，发现在众多的民族志材料中有令人惊讶的道德感一致性，就是说信贷是对人有益的、让人得以解放的，所以是好事；相反，借债带给人负累、束缚，所以是坏事。① 这发现有什么令人惊讶之处？关键在于，人类学这一学科应该是致力于了解文化差异是如何导致道德判断和选择的多元性的，人类学者不会轻易宣称找到跨文化性质的道德价值观，故此 Peebles 发现的道德共性令人意想不到。该观点也得到了 Chris Gregory 的认同，Gregory 从宗教典籍中发现对信贷和借债相若的正/负道德评价普遍性。② 不过 Gregory 倒也发现一个重要变化，就是放债人和借债人的属性是好是坏，并没有跨文化的道德判断，要视乎两者的能动性、在不同历史时空的论者的价值观以及交易的社会脉络和交易者的社会地位，这跟放贷与借钱两种行为本身正与负的恒常道德判断大大不同。

这里也可以引出莫斯对礼物的重要观点，就是送礼其实是建立人与人的信用和负债关系，从而形成等级和支配地位的过程。不论怎样，信贷和负债明显是二元和相辅关系，而人类学的贡献，便是透过环绕两者的道德争议，揭示两者关系实为道德性与物质性所同构，就如在 Julie Chu 关于个别福建人偷渡到美国的民族志当中，甚至描述了福建亲属如何燃烧状似美元的冥钱以偿还对冥界的亏欠，以保离乡背井家人的安好。③

据 David Graeber 的解析，所有的经济关系皆基于三层主要道德原则。④第一层是真实存在的"基本共产主义"，泛指与亲属、邻里、朋友以至陌生人在日常生活中的互助和分享，在该原则下，人人平等，没有区分借与贷的道德对立；第二层是交换，又分为商业性的和礼物性的，商业往来就是尽快把亏欠的情况和关系注销，礼物交换则刚刚相反，有必要经常刻意维持和再续其"相互性"；第三层便是等级性，例如地主与佃农、皇帝与

① Gustav Peebles, "The Anthropology of Credit and Debt," *Annual Review of Anthropology*, Vol. 39, 2010, pp. 225 - 240.

② Chris Gregory, "On Money Debt and Morality: Some Reflections on the Contribution of Economic Anthropology," *Social Anthropology*, Vol. 20, 2012, pp. 380 - 396.

③ Julie Chu, *Cosmologies of Credit: Transnational Mobility and the Politics of Destination in China*, Duke University Press, 2010.

④ David Graeber, *Debt: The First 5,000 Years*, Melville House, 2014.

子民，传统习俗里也存在很多等级性鲜明的意识形态（如种姓和种族），他们之间的尊卑等级关系是永续的，公平往来的观念毫不适用。按照这种分析架构，债务的道德性源于第二种交换，既可以很快注销，亦可以长期持续，那就会形成等级，甚至落入第三层形成终极的等级状态。Graeber 认为，现代的金融资本主义便是把负债者永远束缚在劣势的等级位置，因此是不公正的、不道德的。

这二元关系的等级性，源于从来都是有需要的人向富人、地主或银行乞求，故此借钱人一定是次人一等；普天之下，自古到今信贷皆代表了权力，而欠债则代表弱者所为。话虽如此，却不是人人皆可以轻易拿到贷款，一般是被视作"可靠者"才有这个"特权"。在很多地方，穷人根本开不了银行账户，所以也无从建立信贷历史和使用金融服务，因此当穆罕默德·尤努斯在孟加拉国创立乡村银行借钱给穷人中的穷人，并开了全世界小额信贷的先河后，诺贝尔和平奖颁奖词说："特别是对备受社会与经济环境压迫，挣扎求存的妇女，微型信贷实在是社会的重要解放力量。"然而，在已有的人类学研究中，绝大多数学者对微型信贷这良好意愿持批判的态度。① 他们通过实证指出，微型金融非但不能让没有资本和缺乏知识的农民脱贫，反而令他们每况愈下，特别是妇女，她们一般对家庭和社区抱有较大的责任感，所以也受害更深。事实上，由于各地微型金融的操作越发依靠金融网络，如银行和资本市场，其运作模式也越趋以营利为目的，推出的再不是从前的公益或社会项目，穷人或许"有幸"跳进了获得贷款的名单，但作为负债者却永远逃不出低人一等的社会等级结构。

与个人负债相呼应的是主权国的债务问题，例如众所周知的希腊债务危机，老百姓眼看国家从欧洲文明的摇篮一堕而成为欧洲的边缘与他国的包袱，悲痛莫名，更形成一股反抗的情绪，Dimitrios Theodossopoulos 称之为"愤慨"，具体可见之于大众上街抗议，指责国内的无能贪腐政客与公务员，以及国内外的金融机构和炒家的合谋，导致希腊今天的衰落。② 民众强烈要求伸张公义与问责，他们通过这样的情绪发泄和重夺话语权表达

---

① Sohini Kar, "Recovering Debts: Microfinance Loan Officers and the Work of 'proxy-creditors' in India," *American Ethnologist*, Vol. 40, 2013, pp. 480 – 493; Nicole Kellett, "Microfinance and Economic Inequality in the Peruvian Highlands," *Ethnology*, Vol. 50, 2011, pp. 259 – 279.

② Dimitrios Theodossopoulos, "Infuriated with the Infuriated? Blaming Tactics and Discontent about the Greek Financial Crisis," *Current Anthropology*, Vol. 54, 2013, pp. 200 – 221.

内心的无力感，也重构内心世界中的自我认同。当然，这样的自我论述或许能改变一下国内的政治生态，但到头来完全无助于摆脱国家的经济困局与债务枷锁。

说到这里，可能大家会以为，借债意味着自己是弱者，但在金融资本主义的世界中，几乎所有人，企业与国家皆大行举债，关键在于他/它们是净负债还是净放贷。还记得 2008 年美国次贷危机，就是超级金融机构借入和借出匪夷所思的巨款，让金融大鳄进行各种各样的衍生工具投机，它们其实都是净放债者，最后却因为市场崩溃，一夜间变得资不抵债，而为了避免严重的连锁后果，政府需要出面并动用纳税人的钱埋单。由此可见，即便是负债者都是有等级之分的，那些所谓"大得不能倒下"的金融机构享受着绝对的特权，也形成了金融社会的不对称道德风险。有鉴于此，Richard Robbins 指出，我们当前的货币制度所导致的财富和收入不公平性将会越来越严重，这不但是人伦困局，也是国家与国家之间的困局。[1]Robbins 说暴力革命并不可取，但债务人或许可以集体停止偿还债息，以迫使政府进行金融改革和立法保障弱势负债人的基本权利。

四　财产货币化与资本主义

假如说资本、货币与私有财产的关系不证自明，那在金融资本主义时代，它们会有些什么变化？一般而言，资本的本质是能够增值的财富，这里的财富是指能计算和货币化的财富，我们的文化古迹或国家森林当然是人类无价的财富，但无法以金钱量度，所以亦不能说是货币财富或货币资本；而一块金币放在箱子里一百年，可能可以保值，但不一定能实现作为资本的主观目的或发挥促进经济发展的功能。按 Hart 的定义，"资本主义乃市场经济的一种形态，此中有钱和资本的人可以操控最重要的生产环节"。[2] 很明显，世界上众多的超级金融大鳄和跨国金融企业不一定有兴趣操控任何生产环节，对他/它们来说，资本增值可以通过单纯金融资本的

---

[1]　Richard Robbins, "Debt and the Monetary Foundations of Inequality," *Anthropology News*, Vol. 55, No. 3 – 4, 2014, pp. 14 – 15.

[2]　Keit Hart, *Memory Bank: Money in an Unequal World*, Profile Books, 2001, p. 85.

操作完成。

从马克思的观点来看，在工业资本主义时期，货币的核心功能是用作换取劳动力以进行生产图利，也就是说劳动力亦变成可以买卖的商品了。这一关系以方程式表述为：$M—C\cdots P\cdots—C'—M'$。M 和 C 分别代表货币和商品，而 $\cdots P\cdots$ 则代表生产或价值形成的过程，M' 大于 M 以表示生产有利可图。

借用马克思的这个图示，当代金融资本主义可以写成：$M—\cdots F\cdots—M'$。F 是各种各样的金融工具，例如股票、外汇、衍生工具和结构性产品，它们也是主要的流通商品，有着自己的社会生命流程和意义，在方程式里 F 就代表着金融资本，它在交易前后不需要有任何形式和内涵的转变，从 M 到 M' 的增值完全是 $\cdots F\cdots$ 的纯市场现象，与生产端无须有任何关联，也就是说劳动力的商品化与异化不必然是金融资本主义的元素。相反，从 M 到 $\cdots F\cdots$ 以至 M'，可能只是弹指之间的事，中间可以完全不与任何人或物构成联系和关系，而 M 与 F 本身又与银行系统以倍数计放贷密不可分。在金融和科技世界里，货币—借贷—金融工具这三者乃看不见的共生之物，一旦这虚拟链断裂，就是金融市场与我们真实的世界崩溃之时。

Annelise Riles 指出，在美国次贷危机出现前，金融监管当局完全接受市场能自我调节的观念，并且认同金融行业的自我风险控制乃最专业、最有效的做法，而监管官员也大都有金融专业背景，他们赋予自我的任务可能就是配合金融行业的"正常"操作，以好好地发挥自由市场的理想功能，故此可以说，环球的金融监管框架本质上就是现代金融理论和实践的延伸物。[1] 在这次危机之后，发生了所谓"占领华尔街运动"，参加者质疑这堆金融工具，也就是这里所说的 F 到底是在创造价值，还是在同时破坏货币价值与社会价值；全世界的监管机构到底是在监督金融行业，还是在与其同流合污。Hannah Appel 访问了很多原来在金融业工作的运动参与者，听他们诉说对金融行业理想的破灭，Appel 呼吁以一种新的经济想象来应对这资本主义的新范式，以直接行动来重夺原来被资本家垄断的工具。[2]

---

[1] Annelise Riles, "Market Collaboration: Finance, Culture, and Ethnography after Neoliberalism," *American Anthropologist*, Vol. 115, 2013, pp. 555 – 569.

[2] Hannah Appel, "Occupy Wall Street and the Economic Imagination," *Cultural Anthropology*, Vol. 29, 2014, pp. 602 – 625.

而刚才我们说金融资本已经自成一体，成为存在的目的，而非作为生产的手段，那作为工业资本主义核心元素的私有产权，在金融资本主义的系统内还扮演什么角色呢？事实上，信贷货币极为依赖抵押品作为运作的基础，随着信贷成为金融资本主义的核心推动力，资本已经极大程度被货币化，新的产权和产权关系亦应运而生，配合着和强化着信贷货币对环球经济的剧烈冲击。根据 Riles 的研究，在次贷危机过去后，掉期交易产品成为众矢之的，被视为经济上的不理性、金融上的危险，以至于容易受野心家操控；然而，作为同一个衍生工具市场上的另一个范畴，抵押品却被肯定为坚实的、崇高的，甚至被赋予道德性，由于掉期交易的双方按惯例会要求对方提供抵押品来冲销交易对手信用风险，故此履行抵押义务也被视为金融稳定的一个重要支柱。[①] 但奥妙之处是，当资产可以转移时，在法律上它就可以一次又一次成为抵押品以取得信贷，成为经济增长的火车头；与此同时，新增的庞大信贷也推高了全世界的房地产需求和价格，进一步巩固了楼房按揭的安全系数，让银行得以再扩大信贷规模，形成恶性循环。

有关抵押循环和次贷危机的来龙去脉，以及美国投资银行所扮演的关键角色，在 Gillian Tett 的书里[②]有很精彩的描述。Vincent Lépinay 更从投资银行的内部，详细讲述金融衍生产品是如何构建、生产和卖出的，深入探讨所谓的金融创新是如何颠覆企业组织的本身，进而导致影响更深远的金融危机的。[③] 而 Jaime Palomera 则在他的文章里讲述一批在西班牙巴塞罗那居住的贫穷新移民如何获得次按房贷买房。[④] 但随着利息上升和经济不景气，偿还包袱变得越来越重，按照西班牙法律，即使业主所抵押的物业被银行收回，业主的债务亦不会注销，也就是说，尽管这些下层移民已经丧失了家园，但他们的负债将伴随一生。由此可见，环球金融市场的一些特殊操作，把许多中下阶层推上房产投资的不归路，他们用一生的积蓄换来

---

① Annelise Riles, *Collateral Knowledge*: *Legal Reasoning in the Global Financial Markets*, The University of Chicago Press, 2011.

② Gillian Tett, *Fool's Gold*, Free Press, 2009.

③ Vincent Lépinay, *Codes of Finance*: *Engineering Derivatives in a Global Network*, Princeton University Press, 2011.

④ Jaime Palomera, "Reciprocity, Commodification, and Poverty in the Era of Financialization," *Cultural Anthropology*, Vol. 55, 2014, SS. 105 – 115.

一个资本投资的幻梦，但与大金融机构不同，他们遇上金融厄运后是不会有国家资本来拯救的。当然，信贷膨胀不一定就是对老百姓不利的，这种情况在中国便是非常明显的，自 20 世纪 90 年代开始的城市福利分房让数以千万的家庭有了私有房产，随着经济快速增长与信贷急剧膨胀，过去 20 年楼价暴升，让一大批城市居民成为大富之家，却也引致城市有产户与无产户之间的财富分化，有多套房的可以马上把房产赠与刚成年的孩子，造成了不可逆转的世袭贫富不均。①

而从更广的层次来看，随着科技的突破与人们固有观念的转变，人们对财产的认知也在过去 30 年间发生了很大的变化。Eric Hirsch 对此作了详细回顾，并质疑可以作为被人拥有的财产界限在哪里。他指出市场经济和新自由主义的意识形态，加上新的生化科技和信息科技，使得财产的道德主张备受挑战。② 例如，与我们身体相关的个人禀赋和能力，可否视为财产？血液和器官，可否视为可分割（severable）和可替代（fungible）的商品以做交易？假如血液和器官是捐赠而来的，那可否视为捐赠者的财产？若是，那为何私人买卖往往被视为不道德和非法的？更为复杂的是，DNA 测序所得到的数码资料是属于全人类的遗产还是属于个别科研机构？又如二氧化碳排放权，现在已经变成金融产品可以在期货市场做买卖了，那二氧化碳本身是不是财产？这种种疑问都会影响我们对财产的定义和理解，以至将来金融产品的开发与人伦关系的变化，值得大家细细品味和认真研究。

五　风险与不确定性

社会学家乌尔里希·贝克曾提出，西方社会已进入高度个人化的"反思性现代化"，其主要的议题是社会造成的风险与危害，如何在不同社会阶级之间分配。③ 其后他再把这一概念阐述为"世界风险社会"，指出任何

---

① Ho Cheuk-Yuet, *Neo-Socialist Property Rights: The Predicament of Housing Ownership in China*, Lanham: Lexington Books, 2015.

② Eric Hirsch, "Property and Persons: New Forms and Contests in the Era of Neoliberalism," *Annual Review of Anthropology*, Vol. 36, 2010, pp. 347 – 360.

③ 〔德〕乌尔里希·贝克：《风险社会》，何博闻译，译林出版社，2004。

一个国家的决定都有可能造成外源性冲击，严重影响边缘地区的安全稳定。他特别提出三个全球性风险因素：生态灾难、金融危机、恐怖主义网络。① 贝克的观点无疑是有前瞻性的，但到底什么是风险，风险与人们平常所认知的不确定性又有什么不一样？

从直觉而言，如果这个世界没有不确定性的话，未来的一切早已知晓，那就不会有所谓风险的存在。在日常用语中，我们会将不可确定的情况描述为危险、运气、福分甚至是天意。相对而言，风险是一个比较新的用词和概念，带有理性的含义，是基于某一种知识而对未来的事情或可能的分析，这种知识可以是人们对科学研究的信任，也可以是人们平常对事物的主观看法。但对于现代金融领域而言，风险的概念是其理论基础的关键，有着特殊的地位。具体来说，风险就是统计学上的标准差，是可量度、可定价、可变成资产并在金融市场做买卖的。以期货交易为例，Hirokazu Miyazaki 发现，日本的股指套利交易员坚信自己的工作对维持市场有效运转起着重要的作用，他们坚守理性计算的原则，严格根据市场走势做出机械式的反应而非主观的判断。② 套利交易员更对市场必然趋向平衡和有效状态抱着坚定的信念。这种市场信仰在芝加哥期货交易所里随处可见，Caitlin Zaloom 的民族志生动描述了交易员和经纪人如何顶住极大的压力，争分夺秒去猜测市场走势，与同行博弈，他们亦视市场为神一般，拥有最高权力和永远正确，市场就是他们的道德权威，所以人不能跟市场对着干，只能压抑着自己的理性、欲望和顾虑，有纪律地顺着它的方向行事，从而希望可以胜过别人。③

一个世纪前，经济学者富兰克·H. 奈特有一个重要的见解，就是要把真正的不确定性与可量化风险严格区分。④ 奈特告诫大众，经济学家的知识有限，故预测失误是无可避免的。然而，从20世纪50年代到70年代初，以美国经济学家为主导的金融研究，发展了一套异常复杂、极端抽象

---

① Ulrich Beck, "The Terrorist Threat: World Risk Society Revisited," *Theory, Culture & Society*, Vol. 19, 2002, pp. 39 - 55.

② Hirokazu Miyazaki, *Arbitraging Japan: Dreams of Capitalism at the End of Finance*, University of California Press, 2013.

③ Caitlin Zaloom, *Out of the Pits: Traders and Technology from Chicago to London*, The University of Chicago Press, 2006.

④ 〔美〕富兰克·H. 奈特：《风险、不确定性和利润》，王宇、王文玉译，中国人民大学出版社，2005。

的概率模型来模拟市场，用以驯服机会和不确定性这两头不羁的"野兽"。该发明横空出世，很快便主导了金融资产的估值方法和交易准则。金融学说的核心信条就是市场最能有效地给出风险定价，不能认定或不能量化的真正不确定性，则完全被排除在估值模型之外。Edward LiPuma 和 Benjamin Lee 严厉批判这种貌似不易法则的抽象维度，说它其实是建基于相信用过去的数据可以完全推测未来，并且假设该方法放之四海而皆准。这些好像有毒的信念和实践，也侵蚀了企业世界，企业管理层备受专业投资人和信贷评级机构的压力，要时刻证明自己把资本投向预知的领域，而不是奉行带风险的商业策略。① Alexandra Ouroussoiff 认为，这异化了的信贷评级制度，迫使企业将不确定性排除出管理系统以外来建立一个安全的投资环境，好让不同的风险等级被适当管控着，但这样却把市场竞争的理想破坏了，也把资本主义的本质完全改变了。②

Michael Chibnik 据此批评社会科学界众多有关风险和不确定性的研究太多集中于纯风险的情况，而忽略了"奈特不确定性"，他的论点是，日常的决策过程其实是立足于一条"风险—不确定性"的断续线，而不是两极分立和对立，故人类学学者需要明白每一个处境的脉络，始可以判断人们在不确定性情况下的行为。③ 相反，金融世界简单和抽象极大化的计算模型，是假设每个投资决定皆可以绝对落入这断续线的风险端，这与真实世界完全格格不入，我们真实的人生脉络充满了模糊复杂性，更有许多短期与长期取舍的抉择矛盾。也即是说，当结果与概率皆不可知或变化莫定时，经济学模型的理性选择便派不上用场了，人们会更多地采用比较文化导向的策略，从断续线的另一端去应对风险。

按照 Asa Boholm 的解析，风险并不是事物的内生特性，而是从情境脉络衍生出来的一种关系概念，很多时候要视乎约定俗成的意义来解读，也就是说风险是一种文化的概念。很多时候，什么会被视为风险或非风险，也得看其他情况，例如社会关系、权力与等级关系、文化信念、对机构与

---

① Edward LiPuma and Benjamin Lee, *Financial Derivatives and the Globalization of Risk*, Duke University Press, 2004.

② Alexandra Ouroussoff, *Wall Street at War: The Secret Struggle for the Global Economy*, Polity Press, 2010.

③ Michael Chibnik, "Risk, Uncertainty, and Decision Making," in *Anthropology, Economics, and Choice*, Austin: University of Texas Press, 2011.

科学的信任、知识、经验、话语、实践以及集体回忆等，所有这些都塑造了风险和安全的感觉和概念。据此，Boholm 认为风险是一种关系秩序，通过它，人与事物和后果之间连接起来，这说明了为什么人类学可以为研究金融做出贡献，我们不会把所有东西混为一体放进一个极度简单化了的风险模型作分析；相反，我们用田野方法可以追踪金融从业人员如何想象和形成概念，观察他们如何实证地收集材料，思考并试图解决问题，这种近距离追踪可以让我们得知人们是否受某些概念、偏见或局限所影响，或是将问题过度简单化了，或者忽略了核心问题。[1]

正因如此，近年来有人类学学者希望拨乱反正，提倡发展不确定性人类学。[2] 与金融经济学偏重风险端相反，不确定性人类学把世界和人生的基本状况从新放置在我们关注和研究的核心，这不是说这就可以更好地应对甚至控制风险，而是让大家终于明白现实世界就是那么一回事，人们必须随时准备面对那"无可准备的"事情，就如 Paul Rabinow 和 Limor Samimian-Darash 所说的，不确定性并非一个独特的概念，也并不是单纯解决问题的某种科技；相反，它其实是开拓了"一种独特的、前人未曾尝试过的人类学探索与参与"。[3] 这样重新审视风险与不确定性，毫无疑问也适用于一般的经济金融研究，也就是这样的批判精神，激发出了金融人类学其中一支的重要方向：通过重新认知不确定性的本质，从而深入探索纷乱复杂的金融世界和市场实践的局限和困境。

六 计算、价格与价值

现代尖端金融理论和数学模型，皆代入长期统计数据以推算市场价格

---

① Asa Boholm, "The Cultural Nature of Risk: Can There Be an Anthropology of Uncertainty?" *Ethnos*, Vol. 68, 2003, pp. 159 – 178.

② Asa Boholm, "The Cultural Nature of Risk: Can There Be an Anthropology of Uncertainty?" *Ethnos*, Vol. 68, 2003, pp. 159 – 178; Limor Samimian – Darash, "Governing Future Potential Biothreats: Toward an Anthropology of Uncertainty," *Current Anthropology*, Vol. 54, University of Chicago Press, 2013, p. 1; Limor Samimian – Darash, "Practicing Uncertainty: Scenario – Based Preparedness Exercises in Israel," *Cultural Anthropology*, Vol. 31, 2016, pp. 359 – 386.

③ Paul Rabinow and Limor Samimian – Darash, *Modes of Uncertainty: Anthropological Cases*, University of Chicago Press, 2015; Alex Preda, *Framing Finance: The Boundaries of Markets and Modern Capitalism*, University of Chicago Press, 2009.

的波动，从而应对甚至击破不确定性。在 100 年前甚或 1000 年前，农夫和渔民亦要面对变幻的天气和其他不可测的因素，不过他们只能依据自己和前人的经验做判断和应对，一些人也会诉诸算命、魔法或求神拜佛。但肯定的是，他们不会试图通过精密的计算或价格图表来预测未来。对他们来说，不确定性是无法解决的困惑，人一生都必须在不确定性里度过，只能在不确定性面前选择谦逊，而绝不可能挑战不确定性。相反，今天的金融专家，视不确定性里的可计算风险为创造更多衍生工具的源泉甚至摇钱树，他们提及抽象的统计金融概念时，就像它们是能见得着的、碰得着的，是人人理所当然相信和接受的。

社会学家 Alex Preda 将对计算行为的信仰与迷恋追溯至 19 世纪下半叶，那时欧美已把金融投资视为科学，人们借鉴自然科学的一般定律来观察和研究市场的抽象现象，金融市场活动被想象为与自然现象一样有着内在的规律，而投资者亦应该是理性和科学的市场信徒，赌博被视为纯博彩性质的，而金融投资或投机则被视为理性和有纪律者的计算应用实践；这所谓理性思维继而把投资从道德上与赌博严格区分开来，投资决策被视为具有知识性，需要根据特定规则来计算盈亏。在做决定时，投资者必须计算不同结果的可能性，他们的行为也被认为是可计算和可预测的。①

故此，当金融资本主义思潮席卷全球之际，Arjun Appadurai 提出要对计算行为的伦理基础作认真研究，他引用马克斯·韦伯对资本主义精神与计算精神的经典研究，探问到底是一种什么样的社会伦理促成了当前的金融文化，并导致了信贷债务的爆发性上升和衍生工具投机。他也质疑：企业的盈利不应该是对其面对不确定性的回报吗，怎么会变成操控风险的利益？因此，他建议创立一门新的"计算精神社会科学"，以了解金融市场的数理基础，追寻其忽略不确定性中的不可预测性的由来。② 就此笔者认为有两方面的计算性值得进一步探讨。

一方面，就如韦伯和 Appadurai 说的，关于金融计算的伦理或精神，例如前文提及的交易员，通过直观和机械式的计算和预测，他们对市场有

① Alex Preda, *Framing Finance: The Boundaries of Markets and Modern Capitalism*, University of Chicago Press, 2009.

② Arjun Appadurai, *Banking on Words: The Failure of Language in the Age of Derivative Finance*, The University of Chicago Press, 2016.

一种信仰般崇敬之情。又如 Horacio Ortiz 在他的关于法国衍生工具基金管理公司的研究中发现，当基金经理提及危机这个词语时，是与市场有效性相对立的意思，并以此为他们的专业实践辩解。对于这些基金经理而言，要应对金融危机就是要通过正确的估值与投资策略来重新修正资源的次优分配状况，而他们使用标准的估值及投资模型就是为了把市场资源作最优分配，这样做也等于是对社会的道德贡献。①

另一方面，就是所有关于金融模型、理论和估值方法的计算技术性和机理研究，这里又分为基础性分析的计算和技术性分析的计算。基础性分析目的为找出金融资产与市场价格的因果关系，这在众多股票基金经理看来非常普遍，他们相信宏观环境和企业的基础要素可以作为判断基本价值和股价变化的核心元素。而技术性分析则牵涉图表和市价趋势的阅读和预测，图表派投资者相信能从观察股价走势中发现规律，不需要额外数据便能预测未来走向。他们也对内涵价值不感兴趣，因为他们的信条很简单，就是曾经发生过的事也将会再发生，什么原因、逻辑、估值都不相关。对技术投资者来说，市场就是一种有序的社会现象，有着内在的机械路径和数字思潮，市价图表不但代表了市场，而且它本身就是市场，可被视为有着自己的意志的集体存在。Caitlin Zaloom 也指出，她的交易员访谈者相信价格数目皆有着特殊的个性，对人的思想有影响，以至可以从计算机上的数字和图表中辨认出他们的对手，判断其风格甚至隐藏的目的和手段。②总而言之，数字在交易员眼中好像都变成能动者，他们看到的已经不单纯是数字，而是更多更深的社会数据和密码。但与此同时，这些技术投资者却告诉 Zaloom 他们不会刻意作计算，因为形式的计算和明确的逻辑系统反倒会妨碍应变操盘的能力。然而，这种对数字的理解性（interpretive）与模糊性计算，明显是与市场有效假设的理论相违背的，也与我们认知的复杂抽象的金融理论和计算模型大异其趣。不过话说回来，这种技术性计算其实也跟复杂的数理模型一样，假设过去所发生的可以作为未来估计的基础，也就是说将来是基于历史而生成的，从这点关键的逻辑来理解，则两者计算的本质其实并无二致，虽然有些讽刺。

① Horacio Ortiz, "The Limits of Financial Imagination: Free Investors, Efficient Markets, and Crisis," *American Anthropologist*, Vol. 116, 2014, pp. 38 – 50.
② Caitlin Zaloom, *Out of the Pits: Traders and Technology from Chicago to London*, The University of Chicago Press, 2006.

总的来说，无论是什么理念和方法，金融操作皆贯穿了数字的理性、计算性和预测性，而最后无非还是归结到金融资产的价格问题，无论是股票、房地产、大宗商品还是衍生工具，价格既是分析的目标也是目的，价格乃一切因素归入计算和预测后的"奇异显示"（singular representation）。那我们是否应该追问：价格的本质和意义为何？经济学者或许会说，所谓价格简单而言就是市场清算价，是买卖双方皆愿意做交换的价位；但我们经常发现，尽管国际原油价格大幅下跌，但当我们到加油站加油时，价格却不见得比一年前有很大折让，我们会怀疑中间是否被人吃价了。同样的，人们到市场买菜，也会纳闷为何工资好像永远都追不上通胀，又或是家庭总收入十年来可能升了五成，但房价却涨了三倍以上，我们很难理解这所有的落差，只能自我安慰，相信这一切都是市价，故此必定是自然和合理的。

然而，人类学学者 Jane Guyer 指出，价格其实是个综合的概念，有异于我们平常所假设/接受的，所谓价格为市场供求平衡的交接点。① 以汽油价格为例，在 2006 年美国的零售价为 2 美元 1 加仑（1 加仑等于 3.785 升），但半年后却暴升至 5 元每加仑，由于公众的不满，汽油公司作出一系列的解析，包括原油价格上升、中国和印度需求增加以至炼油和财务成本上升等。最后经过一些记者的调查报道，发现真正的原因在于一个被称为"正价差"（contango）的市场现象，就是说大宗商品的期货价高于现货价，原因在于汽油公司一般买进大量的期货合约，而投资银行和对冲基金也经常在期货市场里大手买卖。当消费市场蓬勃起来的时候，投机性的需求会进一步增加而轮番推高期油以至现货的价格，故此隐藏在油价里边的金融风险其实是非常重要的，但所有汽油公司的会计账上都不会单独和详细列出，公众永远不知道汽油公司抬价是否因为它们在期货市场里遭到巨额亏损。而即使在产油国尼日利亚，20 世纪 80 年代老百姓也对不断攀升的油价非常愤怒，他们开始相信价格其实是有不同的组成部分，但在没有真凭实据和权威性的解析情况下，人们只能把这种现象与军方和汽油公司合谋牟利，甚至跟不法分子的勾当拉上关系，以自己的常识发展出一套民

---

① Jane Guyer, "Composites, Fictions, and Risk: Toward an Ethnography of Price," in *Market and Society: The Great Transformation Today*, edited by Chris Hann and Keith Hart, Cambridge University Press, 2009.

间的道德感。Guyer 据此认为，坊间所一直依赖的市场供求模型无法再说服人们容忍当前金融市场的种种乱象，她提出人类学分析应该离开传统的资产、劳动力与资本因素，更深入地考察价格与风险的关系，以便拆解上述的综合价格，以期在道德经济的研究上获得丰硕的成果。

七　华尔街文化与金融危机

华尔街代表了金融的力量和财富，当然绝大部分金融机构不设在华尔街，但它仍然象征了美国乃至全球金融资本主义的霸权文化，所以当"占领华尔街运动"出现时，它所批判的贫富不均、贪婪、腐败和大企业对政府的操控，也代表了一种环球性的社会运动论述。大众文化对金融行业的感观有着明显的矛盾，一方面传媒对金融精英的财富、权力和奢华生活每多称颂，顶尖大学的毕业生亦多以能进入金融行业为荣；另一方面，不少书籍和电影却又把金融行业单一化地描绘成绝对腐化和毫无诚信的黑暗行业。公众对其可谓既羡且恨，到底哪些是真实的，哪些是虚构的？为何华尔街的独特文化对世界产生那么大影响，以至颠覆亿万人的生活，甚至迫使政府为它们的过错埋单？

受过人类学训练的财经记者 Gillian Tett 一针见血地指出，衍生工具市场的那些所谓精英人士就像一群金融部落族人，有着自己抽象的语言和仪轨。Tett 说这些银行家其实是生活在一个自我想象出来的世界里，意图管控风险并创造价值，他们自我感觉良好，认为只有自己才真正懂得市场，但其实他们只不过是被困在一条"隧道"里，无法看见金融市场的矛盾而不自知。[1] 同样的，Horacio Ortiz 形容金融行业衍生了一种新的精英性，人们就像处于世界资源分配的中心，不断制造和巩固社会等级制度。[2] 不难理解，专业、机灵和精英性往往被等同为专家知识，这些知识赋予了金融从业者广泛的影响力和无比权威。

一般来说，美国的高端金融职位皆被上层社会的白种男人垄断，直到

---

[1]　Gillian Tett, *Fool's Gold*, Free Press, 2009.

[2]　Horacio Ortiz, "Financial Professionals as a Global Elite," in *The Anthropology of Elites*, edited by Jon Abbink and Tijo Salverda, Palgrave MacMillan, 2013.

20 世纪 60 年代女性始能打入该禁区，一开始女性大多在研究部工作，为什么？这是由于投行的销售部门被视为进取和有身份的部门；反之，研究部的男同事被视为水平较低和女性化，故此女性理所当然就从研究岗位开始。Melissa Fisher 从 1990 年到 21 世纪初跟踪研究一批华尔街专业女性的生活，她说两代金融人分别可以用"勤奋、胆色"和"冒险、运气"来概括，前一代女性要打破男人的垄断和对女性的成见，比别人更刻苦努力，坚持用人唯才的原则，相信成功靠努力。① Fisher 指出，这与新自由主义强调政府放松管制，让私人企业和自由市场创造有效率的竞争环境的意识形态相契合，可以说第一代华尔街专业女性也就是 20 世纪 90 年代奉行新自由主义的模楷。以前企业家应对风险必须有一种面对不可知因素的豪迈感，可说是极度男性化，成功的华尔街男女皆必须有着同样的阳刚之气，但近 20 年环球金融资本主义达至高峰，人人强调风险计算和操控，这时女性天生保守和回避风险的特质，变得可以与男性理性但粗疏的特质相比较，她们会强调价值观念，重视公司内部管理和与客户的长期合作关系，这样的素质让她们在研究部门大为吃香。然而，在投行一线部门，女性仍然要与男性一样，强调冷静、理性、计算、冒险。Fisher 透露，在华尔街的极少数女性掌舵人，往往被同事塑造出一副"反母亲"的形象，说她们能够颠覆金融行业男性主导的体制，必定是因为她们是不管同事或自己孩子死活的魔头。

无论如何，高端金融业的特殊行业文化和权力，确实重塑了整个企业世界和金融市场的理念和操作，Karen Ho 指出，为了股价有好的表现以便集资或变卖股权，企业高管会注重短期策略以讨好投行家和其他投资者；美国的投行则以自我为中心，高姿态地推销华尔街的财技、产品和资源，并以此作为全球标准，建立金融霸权。而当人人皆唯华尔街马首是瞻时，金融危机的发生让所有人包括美国政府都等着华尔街人告诉他们发生了何事，无助的政客与公务员，只能干等着金融精英的表态，当后者以"大得不能倒下"作为护身符逼着政府出手帮助时，政界只能束手就范。② Ho 认为，华尔街人的"特权主体性"（privileged subjectivities）主导了企业世界和金融市场的短期操作和炒卖，他们缺乏长期战略，只能制造史上最厉害

---

① Melissa Fisher, *Wall Street Women*, Duke University Press, 2012.
② Karen Ho, *Liquidated*: *An Ethnography of Wall Street*, Duke University Press, 2009.

的大牛市，但很快便自我内爆。Ho 询问：2008 年金融海啸的震撼，是否足以从此彻底地改变华尔街的权力关系？

今天尘埃落定，大家却惊觉次贷危机始作俑者大多仍然安坐宝座，不但华尔街的霸权丝毫无损，而且新的金融泡沫又伴随着旧的金融操作而来。对此迷思，社会学家 Geoffrey Ingham 提出，金融震荡并非单纯的非理性乐观、贪婪或是个人的愚蠢与不完美造成的结果；相反，他说所谓危机其实是金融资本主义正常操作的结果，其源头为大量新形式的负债、债务证券化以及认为违约风险可以精确地计算和有效地对冲的信念。在制度方面，环球金融巨人的业务其实有相当一部分已经在国家管辖范围之外经营，而随着金融帝国的坐大，政经权力失衡，已经完全倒向金融，Ingham 警告说，这一平衡一天不能恢复，我们当前的危机就一天无法真正解决。[1] Hart 也有类似的意见，就是世界政治仍然是以国家为主导，但金钱的路径却是环球性的和无法律规范的。在工业资本主义时期，国家与市场是混为一体的，但在 2008 年我们看到的是国家资本主义的崩塌；在金融资本主义的年代出现了两重脱钩：一是政治和经济环节的脱钩，二是政治主权与环球资本流动和金融企业管辖的脱钩。[2] 这核心的结构性障碍使得所有应对方案皆属徒然。

八　人类学与中国证券市场

中国人类学学者普遍对研究当代金融经济的兴趣不大，反倒是一位外籍博士生 Ellen Hertz，早在 20 世纪 90 年代初已经对刚刚萌芽的上海证券市场进行考察，并随后出版了民族志专著。[3] 在书中，Hertz 指出以人类学的视角看金融，并不是要问社会科学能告诉我们关于金融市场的什么，而

---

① Geoffrey Ingham, *Capitalism*, Polity Press, 2011.

② Keith Hart, "The Roots of the Global Economic Crisis," *Anthropology Today*, Vol. 28, No. 2, 2012, pp. 1 - 2.

③ Ellen Hertz, *The Trading Crowd: An Ethnography of the Shanghai Stock Market*, Cambridge University Press, 1998.

是要问金融市场能告诉我们关于社会的什么。① 她希望探讨在中国社会投资大众如何适应新的市场价格观念，以及新的经济文化能否及如何植根。鉴于当时海外文化人类学对权力分析的执迷，Hertz 亦想象中国的股票市场上演着大户和散户与国家权力的抗衡和博弈。她也发现，股民的论述并不把股市视为纯经济建构，而是经常与国家权力相提并论。按 Hertz 的理解，股民既要不让市场吃掉，也要摆脱操控，最后他们的"胜利"证明，国家权力无法对股市一如其他机构般严密操控，故此股民大众有了新的社会角色，他们成为"交易群众"，这群众是千万个人意志的集中，也体现为集体能动者，但讽刺的是，这集体能动者其实是集体的结果而非集体的意志，因此最后这"交易群众"也不会在西方社会科学流行的"国家—人民"二元对立框架中扮演任何积极的角色。

把时钟拨回至 1992 年，当时的上海证券交易所只有 50 只上市股票，不过当 Hertz 来到时，她已经感受到一股激烈的炒股之风。以她所说的大户为例，他们从其他门路筹集资金后，便在市场呼风唤雨，他们能够不靠家里和国家而赚大钱，他们的钱可能是做生意攒的。Hertz 说大户拥有一定的自由，不受制度（如单位）的支配；但与此同时，他们也有义务积极地和自由地赚钱和花钱，他们会开电车、配手机、穿金戴银。而当大户买卖股票时，他们会说是"玩股票"，就如同在游乐场玩乐，与在单位上班的一般老百姓对比，他们把所有时间、技巧和精力放在炒股上，不过他们通常玩短线，大概从两天到两星期便会平仓。他们会观察、记录和预测股价动向。这里有三个招数。第一，了解政府政策。由于早期市政府的条例修改频繁，假如能够早抓先机，那当然是无往不利。有些人会分析新闻或互相通气，但最重要的还是网络关系。第二，"阅读"市场气氛或人群心理。大户会与其他炒家一起混，预测大盘的动向。第三，看供求平衡，也就是股价图的技术分析。当时已经有券商开始提供计算机分析软件。有时大户会合谋来造势，预先建立仓位，然后把消息散布开去。非常有影响力的大户的一言一行都备受注目，散户会争相打听他们的买卖动向然后跟进。由于流通股票数目太少，大户容易营造虚假的买进动力并短暂操控市场。此外，大户要建立名声也必须获得其他炒家的认可，不但要看市况和赢钱，

---

① Ellen Hertz, *The Trading Crowd: An Ethnography of the Shanghai Stock Market*, Cambridge University Press, 1998, p. 19.

同时也不能太自私，要经常跟其他人分享心得才能获得大家的尊重；此外，名声是很微妙的东西，你不能让人家看到你很在意它，你要装作很不在意，然后让人家主动崇敬你。

我们可以将这些大户与 Zaloom 笔下的芝加哥期货交易商做个比较，他们都是用自己的钱去拼博，而非受雇管理第三方的资金，故风险自负；他们也依靠自己的个性与能力跟市场搏斗并力争同行的认可，他们皆以拥抱风险来换取利润和重塑自我。可以说，无论是初生的上海还是成熟的芝加哥，交易所皆是界定人们声誉和价值的英雄之地与道德平台；但不同的是，芝加哥证券交易所的专业人士需要按约定俗成的规则入行和经营，而当时上海的大户则无须领取牌照，他们的资格与名声完全是偶合的。此外，在芝加哥，市场往往被视为神一般的伟大，人们必须谦卑地臣服于市场力量的主宰。而在上海，市场只不过是政府政策和法规的延伸，而且很关键的是，人们想象和相信市场是可以且必须被操控的。假如我们要用比喻的话，那可以说，芝加哥的专业炒家是用鼻子来嗅市场的动静，而上海的大户，则不但用鼻子来嗅风声，还要用耳朵来听小道消息。

Hertz 的研究至今已有四分之一个世纪，物换星移，中国的经济实力今天已经非同凡响，那么金融市场的文化与实践又是否有翻天覆地的变化？笔者当前正在对投资中国股票基金经理进行考察，这里可以作一些介绍。

笔者的研究检视境外与内地股票基金经理如何通过一套特殊的变量方法获取和传导知识，从而赚取可观的投资回报。中国的特殊经济管治模式也带给了基金经理特殊的挑战：第一，在很多垄断性战略产业，如电讯、银行、保险、能源、原材料和运输业，即使在大企业上市后，国家仍维持着单一最大股东的地位，并对企业的重大投资决策和高层任免保留最终话语权，在这样的情况下，实在很难确定少数股东权益会是干部管理层的首要考虑；第二，A 股市场仍然受到证券监督部门的严密监管，并非单纯的自由市场。总的来说，中国股票（尤其是 A 股）颠覆了被普遍认定的知识—价值—风险关系，却也给予了机构投资者莫大的机遇。

笔者的主要访谈者分布在新加坡与中国的香港、上海，负责投资世界各地上市的中国证券，他们普遍采用"基本分析法"进行选股。总体而言，环球基金管理行业是在一种独特的逻辑网络和分析主体语言中运作，其中有一个极为重要的假设，就是这些网络和主体语言是放诸各地市场、各种文化皆通；而金融从业人员又大多是大学毕业生精英，有亮丽的履历和各种专业资格。尽管如此，笔者所认识的大部分基金经理却并不像技术型专家，反之，他们习惯上纳入一系列歧异因子甚至民间智慧于日常工作中，这种种考虑往往与所谓标准的、精确的风险估值模型推算及确定性决策格格不入。很关键的是，投资对他们来说更多的是由不可知的因素、偶发性的反应以至基金经理本身的直觉和偏见所主导，而基金经理追寻的投资价值，看似抽象和数字化，但其过程其实包含对非金融变量及关系的认知和价值评估，从而形成一套可用的认识论，这一过程也包括对当前发生的事情和未来的可能性作经常性的反思。而随着中国股票越来越成为国际投资组合的必然配置，世界上最大的基金公司十多年来无不聘请内地的专业人士以强化团队，这些本土培养或在内地成长的"本土"基金经理善于建立关系网络，并且吃透了境内股票市场规则。可以这么说，本土基金经理往往懂得一套"土著式的"（aboriginal）和机灵的认知体系，这认知性明显地与一般海外华人基金经理的知识有所不同。一种说法是，远道而来的海外投资者，无论他们的学养和资格多厉害，或者他们公司的实力多雄厚，但由于文化背景差异太大，长远来说是拼不过这些本土派的。

归根结底，权威的金融理论与复杂的统计技巧似乎更像是一套成人礼，所有具备野心的年轻人当然要先娴熟掌握始可进场成为基金经理；然而，单单能够在成人礼上表现优秀并不会对基金经理有多少帮助，若要明白他们如何在金融世界的游戏里存活，有必要先明白环球投资专业时而系统理性、时而杂乱直观的知识实践与文化特质。笔者的这些认知，与近年很多金融人类学家的民族志论述有很大差异，无论是日本的套利商、美国的交易员还是法国的基金经理，他们对自由市场的理想如信仰一般，毫不怀疑市场的均衡和有效状态倾向。① 相对而言，笔者的访谈者绝对不是"有效市场假说"（efficient market hypothesis）的死硬信徒，他们也不认同只有一种投资法，对他们来说，认知和知识是一点一滴的，通过渐进的、细致的与试错的步骤，积累成全面性的整体。

总的来说，投资其实有"多样化的乡土模型"（multiple folk models），

① Hirokazu Miyazaki, *Arbitraging Japan: Dreams of Capitalism at the End of Finance*, University of California Press, 2013; Horacio Ortiz, "The Limits of Financial Imagination: Free Investors, EfficientMarkets, and Crisis," *American Anthropologist*, Vol. 116, 2014, pp. 38 – 50; Caitlin Zaloom, *Out of the Pits: Traders and Technology from Chicago to London*, The University of Chicago Press, 2006.

有各种知识的不同组合。对大部分访谈者来说，他们的知识生成和个别化的乡土模型是由他们自身复杂的理性、纪律和直觉实践所确定的。由此观之，股票投资的知识生成最关键的是其非线性（non-linearity），也就是说我们不会找到一套投资的通论或根本智慧，这是因为假如金融知识可以被构建为人人可得的相同的一元真理，这世界便不会再有股票买卖，股票市场亦将终结。

九 总结

我们当今身处的世界已经完全被金融的规则和教条所操控。作为一种无可抗拒的实践和变化，此现象或可被称为金融化；作为一套霸权制度，我们可直接称之为金融资本主义。社会学者 Martha Poon 说，这种状况使得很多人感到异常不安，但最大的困扰并非如一些人类学学者所说的金融价值乃虚妄的；相反，金融这东西比什么都要来得真实。[1] 因此，Poon 揶揄主流人类学界拒绝认真看待金融价值，其实是阻碍了我们正面介入环球金融制度这个议题。

Aihwa Ong 亦指出，人类学学者中鲜有触及金融的，他们往往把经济和政治视为两个矛盾的领域，并认为终有一方会拆解而倒向另一方，要不就是资本主义的优先让位于社会性的优先，要不就是利润的创造被包容在社会价值的创造里。Ong 说我们作为民族志的作者，似乎容易被困在假设金融财富必定与人类美好相对立的盲点，故此她提出一套外延（external）或间接（oblique）的方法以探讨金融活动，这个方法回避金融市场的内部情况，反而透过检视金融市场如何引进多元互动、竞争和可持续性发展理念，得以创造超越狭义经济利益的社会价值。[2]

除了 Ong 提出的扩展金融人类学的研究方法和领域外，Tett 也告诫人类学学者应更多参与金融研究，用人类学特有的视角和研究框架，揭露金融世界的谎言和戳穿其泡沫，她说人类学特别在"三个 C"方面可以做出

---

① Martha Poon, "Why Does Finance Need an Anthropology? …Because Financial Value Is a Reality," Fieldsights Theorizing the Contemporary, *Cultural Anthropology Online*, May 12, 2012.

② Aihwa Ong, "Sovereign Wealth Funds: Configuring an Ecology of Security," *Journal of Business Anthropology*, Vol. 2, No. 1, 2013, pp. 54 – 60.

贡献。其一，信用（credit）。信贷也是信任问题，因为金融危机说到底就是人与人之间的信任如何失落在抽象模型、金融机构和社会里的故事；在2007年前，人们和政府无限相信一小群技术专家，并且对银行家盲目信任，最后满盘皆输，如今的核心就是如何重建社会的信任感。其二，凝聚力（cohesion）。有什么文化工具和技巧可以在备受压力下仍然能够维持社会的凝聚力？如何重新培养人们互相承担责任和牺牲的精神？当社会出现伤痕时如何分担痛苦？把几百万人裁掉，但同时却给予企业经理人高达亿元的奖金算是合理吗？其三，复杂性（complexity）。我们活在当下的社会制度，让一切越来越互相连接，在世界的某一角出了什么问题，震荡很快便会传到各处。但最大的误区却是，我们的世界无论从结构上还是认知上，也正在不断碎片化，人们只愿意与同类的人对话，专家和精英们相信只有他们才懂事，一小群金融人做了一些只有他们才看得见和看得懂的产品改良，但当出了大问题时，却是所有市民大众皆要承担苦果。①

对于这"三个C"问题，人类学学者如果能打破学术界本身的部落主义、自我中心和精英偏见，那我们熟悉的全位方法，应该是最能看破权力结构和权钱勾结的研究工具。但 Tett 也指出，大多数人类学学者要不过于保守，要不就是过于谦逊，只愿意躲在丛林或幕布后面观察，而不善于宣扬我们学科的价值观，因而人类学对政府和公共政策的影响从来都微不足道。故此，当今天我们面对波涛汹涌的金融冲击时，人类学界的贤人大德是否应该更多地响应社会的呼吁，积极开拓金融人类学的研究领域以造福大众？

---

① Gillian Tett, "Anthropology and the Global Financial Crisis," *Kroeber Anthropological Society*, Vol. 102, 2012, pp. 25 – 32.

互联网人类学：新时代人类学
发展的新路径

姬广绪*

21世纪，互联网开始全面接管并组织我们的生活。信息社会中互联网的作用就好比是工业时代中发动机对于工业的作用一样，离开了互联网我们可能就不知道怎么生活，不知道如何将自己和这个社会相链接。在今天，没有互联网的生活是很难想象的。我们现在的社会是互联的，我们的工作需要互联网提高效率，甚至我们所有的行为和思考方式都已经和互联网紧密地联系起来。[1] 作为学术研究，把互联网作为一个呈现中国社会当下发展的路径或者说视角是一个比较新的视野，同时也是一个可行的、有前景的研究领域。

我们使用互联网，依赖互联网，生活在互联互通的世界，而实际上中国的互联网发展也只不过20余年。1994年4月20日，NCFC工程通过美国Sprint公司连入互联网的64K国际专线开通，实现了与国际互联网的全功能连接。从此中国被国际上正式承认为第77个真正拥有全功能互联网的国家。1994年被看作中国互联网发展的元年，而过去10年则是中国互联网跨越式发展的蓬勃期。根据中国互联网络信息中心发布的《第47次中国互联网络发展状况统计报告》，截至2020年12月我国网民规模达9.89亿，互联网普及率达70.4%。[2] 在可预见的未来，中国的移动互联网用户还会继续增加，互联网在中国的发展仍有巨大空间。20余年的时间中国的互联网会在全球产生如此大的影响，没有人能预测到。而且未来互联网发

---

* 姬广绪，广东外语外贸大学新闻与传播学院讲师。
① 段永朝：《互联网思想十讲——北大讲义》，商务印书馆，2014。
② 参见 http://www.cnnic.net.cn。

展会是什么样的一个走向，也没人能预测到。中国的互联网成为中国人相遇、交际、检索、自我表达、工作、购物、创造、想象、参与、抗争、重塑经验的重要社会空间。

虽然从上述的数字不难看出互联网在中国的勃兴，而且每个人也都承认互联网在人际交往方式和人类社会的组织形式方面带来了革命性的变化，但是无论是大众还是学界对于互联网可能产生的影响都知之甚少。主流媒体专注于报道可吸引观众注意力的新闻，因此关于互联网发展的负面新闻，甚至是耸人听闻的信息常常见诸媒体的版面。例如，关于互联网游戏的新闻报道多数以"游戏成瘾""游戏沉迷"为主线，引导观众用负面的批评情绪对网络游戏进行评价，而事实上这些消息只是极个别的特例，并且很少存在。从技术史的角度看待互联网会发现，社会和大众往往对于具有巨大革新性的技术会有畏惧情绪，而部分既得利益者则会百般地对抗新技术的普及。由此可能会产生一个负面的效应，即随着互联网的深度发展，其所带来的自由空间越大，对人们日常生活的渗透越全面，公众对它的误解就会越深。

实际上，互联网的文化建设以及对其的探究和理解要比网络监管、网络安全重要得多，创造性的网络文化很可能会进一步拓宽人类的思维，这将是关系人类未来走向的重要领域。社会科学家深谙其重要性，并且非常了解互联网的活力、作用和潜在影响，所以从学术研究的角度，互联网研究成为一个很好的平台和研究领域。同时中国的互联网发展是非常具有本土特色的，并且已经成为领先世界潮流的产业，归结其20余年的发展，有三个特点。首先是"大而独特"，中国网民数量多，同时互联网巨头公司在规模和数量上已经与美国并肩世界前列。但中国的互联网发展及网民构成又与美国差异显著，电子商务业务占比明显较高，网民更年轻、更具草根性、更具移动性。其次是"快速发展"，中国互联网发展速度全球第一，且仍然具有较大的发展空间。中国网民对于新的互联网应用的接纳速度快，互联网产业发展速度惊人。最后是"本土能力强"，中国互联网侧重应用驱动型创新的特点决定了其能够针对中国特色需求提供定制化的服务，快速响应市场的信号，通过微创新、改良性创新提高竞争力。

基于此三个明显的特点，中国的互联网发展经历了同以美国为代表的西方社会完全不同的发展阶段，而以此为基础的学术研究更加需要发展出一种符合中国互联网发展路径的"中国经验"。为此，"中国互联网研究"

（Chinese internet studies）学术概念的提出具有重要的学术价值，吸引了一大批国内外的跨学科的学者和研究团队深入中国，讨论中国的互联网发展。本文将聚焦于互联网人类学的诸多话题，反思人类学与互联网时代的密切关联。具体而言，即人类学应该怎样利用互联网的连通性走出以往的学术刻板印象，开始在公共领域直面更加前沿的问题。本文的论述，力图涵盖近年来世界人类学在互联网领域的最新发展动态，从互联网人类学与人际交往革命、互联网人类学视野下的新议题、互联网人类学与传统议题、互联网人类学与当代中国问题等方面叙述和分析当代人类学研究的新意识和新趋向。可以说，将人类学的研究与互联网领域相结合将成为中国人类学发展的重要趋势，并且这种趋势已经初见端倪。将互联网人类学的学术研究与中国互联网产业的发展相结合，不仅仅是建构人类学中国研究的新路径，同时也是十九大报告中所强调的积累"文化自信"的重要体现。

一 互联网人类学与人际交往革命

随着互联网时代的到来，网络空间已经成为影响人们日常生活和思维方式的重要阵地。人作为一种社会性生物，交往和交流是日常生活中最基本的行为，也是最核心的部分。在英语中，交往（communication）与普通（common）和社区（community）共享同一个词根，指的是一个地域性群体或网络群体通过互动交换物品和信息的能力。交往通常体现为以货币为媒介的物品流通或以语言为中介的意义符号的交流。

人类交往的内容是信息，信息被看作从发出者的角度最大限度地减少接收者的不确定性的信号及其集合。交往始于话语的交流，以往的交流通常要求双方能够在场并互相倾听。当然在话语的交流中非语词的信息也会伴随其中，例如身势语、音调、气场等，这些都会帮助交流主体更好地理解对方的语言信息。这就是为什么经常说社交是真实在场的，虽然交往中的语言可能是极为抽象的，然而交流却是面对面的，基于空间的具体地点的。书写的出现让交往同具体的人和地点的分离成为可能，交流不再限于当下以及物理空间的同时在场。在书写出现的早期，书写的符号并没有被统一成为可供全体社会成员共同习得的标准，因此书写中的符号依旧是相当具有特殊性，当时的文本还不能够被大多数人理解，并且文本的可传递性也是局限在某个小群体中。西方字母系统的出现是人类交往史上的一个重大突破，它促进了书写符号一般化的进程，一个语音开始对应到一个具体的具有明确含义的字母，因此书写被广泛并可信赖地在不同的族群中采纳成为交往的手段并固定下来。书写的出现极大地降低了交往的成本，同时也扩大了人际交往的半径，一定程度上摆脱了交往对于物理空间的要求。

在字母系统出现之前，书写这样的交往方式被看作权力的象征，只在官僚和王室中被使用。国王通过书写的方式下达指令，因此当时书写文字被看作近乎神符一般，书面文字意味着严厉执行以及不容置疑的权威。印刷术的出现及印刷媒介的普及使得书写及阅读不再是高阶层社会群体的特权，并且剔除了书写中所包含的权力象征，可阅读的书籍真正成为一般交往的重要媒介，直到今天它依然是人们获取交往的重要手段。

从电报、电话以及手机作为代表的电子媒介交往到今天的以互联网为重要媒介的交往，同上述提到的交往一个最重要的差别在于，蕴含于其中的交往符号开始变得越发虚拟，同时交往的空间也发生了巨大的变异。人际交往开始采用一种脱离实际的二进制数位形式，并且信息可以实现以光速在人群中传播。数字化交往过程是今天人类交往发展的核心部分，它使人们在信息交往中获得了一种全新的体验。连接性、匿名性和去中心性，这些互联网的鲜明特征开始日益嵌入人们的交往生活中，深刻地影响着人们的社交方式和信息交流。

通过上述对人类交往历史脉络的梳理不难发现，互联网同之前提到的书写、字母系统等一样首先是技术产品，一种以数码作为基本构成的人工制成品。从互联网诞生之初一直发展到今天，在交往的文化意义上它可以被理解为人类将交往和沟通化约为抽象二元数字的能力，并且这种能力不断地被提升。互联网与之前的交往技术一样，代表着人类抽象能力的阶段性发展，同时代表了人类交往的新阶段。同样，和货币这种以十进制为基准的人类交往的完美系统类似，互联网借助由 0 和 1 组成的二进制码进一步抽象了人们的交往，使得从任何地点到具备相应通信基础设施的任何地点可以实现多元化、跨时空交往，人类由此进入信息化时代。互联网时代，社会交往开始被图像、文字所抽象，人们开始关注交往的匿名性、非即时性及信息的可编辑性，海量的信息爆炸性地出现，关于互联网交往中人性的讨论随即成为一个热门话题。① 从人类交往的历史来看，无论是印刷术还是今天的互联网，都促进了社会交往的普遍进步，同时它们也都是人类改变世界、增强社会性的意图呈现。

互联网的发展日新月异，服务于人类交往也是其当下发展的重要目标，然而同所有的交往技术（例如书写）一样，其发展的初期并不是服务于日常交往的。在诞生之初，互联网一直是服务于军事目的、学术网络构建以及商业领域的，尤其是在美国和欧洲。当美国在1993年将互联网作为一项公共物品向社会推广时，全世界互联网使用人数是300万，五年后人数增长到了1亿。所有的人类发明的技术没有任何一种能像互联网这样在如此短的时间内覆盖如此多的人口，因此从社会交往的角度，探讨互联网作为人类社会最重要的交往媒介对文化及社会进程产生的影响，将会是人类学可以同货币、书写系统等经典人类学研究对话的重要领域。海因在《虚拟民族志》中提到：

> 作为分析的起点，把技术的任何特征仅仅看作是理所当然的，并简单地认为事情本来就是那样的，这是毫无助益的。我们对互联网及其特性是什么的信仰就像阿赞德人对巫术的信仰、英国人对亲属关系的信仰和美国人对免疫系统的理解或其他民族志的主题一样，是可以进行探索的。②

对于研究者来说，虽然互联网人类学看上去是一个很年轻的学科，但其并不缺乏根基，相反，它是根植于传统人类学关于交往的文化研究中的一棵新芽，而人类学关于交往的研究深深扎根于无论是西方还是中国的人类学研究的传统土壤中。简单来说，互联网人类学就是以思考"互联网"与"人"的关系为核心的学科，其本意并不在于关注互联网的形式，而是关注人借助互联网所发展出的互联网行为，认识和解读互联网时代不同的社会交往人际关系。

互联网本身同其他所有的人造物一样，凝结了人的社会关系，人与互

---

① 参见 M. Madianou and D. Miller, "Mobile Phone Parenting: Reconfiguring Relationships Between Migrant Filipina Mothers and Their Left-behind Children," *New Media and Society*, Vol. 12, No. 3, 2011, pp. 457–470。

② 转引自卜玉梅《虚拟民族志：田野、方法与伦理》，《社会学研究》2012年第6期。

联网的关系以及互联网中所展现的人际关系（人如何使用互联网，同时互联网如何影响人类生活）可以很好地帮助我们认识并理解互联网时代的社会关系。互联网所体现的是人类在经历了数千年与自然的斗争之后，我们的物种所达到的知识和社会组织水平已经容许我们生活在一个根本上是社会性的世界之中——信息时代。① 从人际交往的发生论角度，并不是互联网的出现改变了我们，而是我们试图通过互联网来改变社会交往的呈现方式，而这一种发生学逻辑正反映了人类对于"连通性"交往这一需求的基本渴望。

二 互联网人类学视野下的新议题

互联网人类学要思考的是，透过互联网的技术迷雾，人类学如何理解今天的互联网技术对人类世界的影响。《当代人类学》（*Current Anthropology*）2005 年的一期特刊或许会给人类学理解互联网时代技术与人的关系提供一些帮助和思考。该期的主题是"时代、社会和新技术进程"，主要就是探讨人类学家如何看待发生在当代的技术革新，其中包括互联网的技术进步以及由此带来的人际组织的变迁。这期特刊中 5 篇文章所展示的研究虽然主题各异，却正是当下人类学所面临的问题，即如何用人类学的知识和理论解释这些看似新奇但在今天人的生活中司空见惯的现象。这更像是应用人类学要做的事情，应用人类学的重点不是生产理论，而是用知识切实地帮助别人，能够贴近现实，虽然其存在一些劣势，如时间的紧迫性、无法做长远判断等。因此，学术界需要从学术的角度解读生活，而互联网研究则提供了一个很好的平台，例如因纽特人对全球定位系统（GPS）的使用和理解，中国网民的"政治段子"中呈现的网络的复杂性，以及牙买加低收入阶层透过互联网展现的生存策略等。

（一）新技术与文化变革

近年来，新技术的发展日新月异，关于新技术的讨论也开始引起学者的关注，人类学家也开始意识到关于技术的人类学研究需要在范式上做出

---

① 参见 Manuel Castells, *The Rise of Network Society*, Blackwell Publishers Ltd., 2000, p. 578。

必要的调整，因为当下社会进程中人们所面对的"技术"不再仅仅是一项孤立的技术，而是多元的技术先后进入所形成的技术生态（Technological Ecology）。一些学者通过民族志讨论了新技术与文化变革的问题。①

在具体的操作层面，两位学者提供了具体的案例与分析。克劳德·阿泼塔（Claudio Aporta）和埃里克·希格斯（Eric Higgs）在《卫星文化：GPS、因纽特人寻路经验与技术的新阐释》中指出，人类学家们长期将空间看作重要的意义阐释所在，而且似乎没有什么比空间的概念更好地确立了人类学中的关于"真"的概念。自涂尔干以来，无论是西方还是东方，无论是亚马孙丛林还是缅甸高地，关于空间的文化建构都具有重要的意义。而现在，似乎以技术为中介的地理景观（landscape）开始不断地出现并且被人们广泛地实践，人们对于地理空间的认识似乎越发地将文化、经验、传统的因素隐藏于后台，而将技术对于空间的理解凸显到前台。由此问题出发，两位学者在文章中将关注的重点放在因纽特人如何接纳和理解GPS技术上，并将此种技术与该群体古老而传统的寻路经验相比照，试图解释新技术的实践范式。他们认为，随着GPS的出现并在因纽特人的狩猎活动中发挥着越来越重要的作用，传统的因纽特人的文化中人地之间的关系开始发生了变化，技术的中介性使得人与地理空间的联系变弱。然而两位作者并没有从技术决定论的视角讨论技术的接入导致的传统文化的式微，而是借用了哲学家阿尔伯特·伯格曼（Albert Borgman）的"装置范式"（device paradigm），认为应该将技术放置到一个生态学的视角下去理解，将技术看成一种社会技术关系系统，而GPS对于因纽特人来说就是一种同世界保持联系的特殊方式。在因纽特人的文化语境中，以往的寻路经验建立在一种人地关系紧密的方式上，他们通过口耳相传的方式保持与环境的深度互动。因纽特人通过风向、潮汐、浮冰的流动方式，甚至暴雪中雪片的方向来辨别方位，这种技术使得因纽特人得以在恶劣的环境中生存下来。而伴随着机动雪橇、雷达、GPS等现代科技设备的广泛使用，因纽特人生活中的技术生态发生了变化。年轻人开始利用各种新的技术寻路、捕猎，他们与周围环境和世界的联系方式发生了变化。在这种变化中，人

---

① 参见 Claudio Aporta and Eric Higgs, "Satellite Culture: Global Positioning Systems, Inuit Way-finding, and the Need for a New Account of Technology," *Current Anthropology*, Vol. 46, No. 5, 2005, pp. 729 – 753。

与环境的关系、人与周围他人之间的关系弱化，而人与机器（device）之间的关系变得紧密。①

从方法论的角度，以往的研究中有关新技术的阐释多围绕一种决定论的视角展开，而且多是一种强调限制选择自由及可能性的论调。例如在因纽特人使用 GPS 的解释中，从技术主义的视角出发的学者可能会认为 GPS 的出现和使用势必会削弱千百年来因纽特猎手在实践中所积累和珍视的人地之间的默契。另外一种技术极端主义会带着乐观的心态赞美人类在新技术上所展示的智慧以及适应能力，并从中预期一个更好的未来。两种视角都是将技术从其出现和存在的文化生境中剥离，忽视某个技术同其他技术之间的关联。从上述两位作者的研究中能够发现，GPS 技术与诸多其他技术要素——如商品贸易、机动雪橇、雷达等共同作用于因纽特人的生活，技术生态中的多元互动视角弥补了以往的决定论中的单一要素视角，使得技术的情景化使用变得更加可理解，同时这种研究方法也为以后更多的技术研究提供了相对合理的解释框架。

互联网技术应用于空间，无论对于物理学家还是人类学家都是需要仔细检视的。因此，除了上述提到的关于技术对于文化的变革力以外，人类学家还发现，所有的技术，例如 GPS 既不是绝对客观的，也绝非价值中立的，这些技术被用于国家建设、殖民地开发和管理以及全球化发展之中。②GPS 在因纽特人生活中的普及与当地的海豹皮被卷入全球性的商业网络有着巨大而密切的关系。由于海豹皮在海外市场的供不应求，因纽特人在中介商人的鼓励下开始采用更加便捷和高效率的技术捕猎海豹，而 GPS 被广泛应用与上述交易及其体现出的地方全球化进程有着密切的关系。

（二）网络政治和政治参与

随着越来越多的政治行为开始使用互联网作为媒介，尽管不同的学科（如政治学、人类学、社会学）对此的探讨不尽相同，但关于网络政治学

---

① 参见 Claudio Aporta and Eric Higgs, "Satellite Culture: Global Positioning Systems, Inuit Wayfinding, and the Need for a New Account of Technology," *Current Anthropology*, Vol. 46, No. 5, 2005, pp. 729 – 753。

② 参见 Chad Harris, "Satellite Imagery and the Discourses of Transparency," University of California San Diego, http://comunication.ucsd.edu/people/chad_alumni.html。

的讨论已经蔚然成风。[1] 这一领域不仅关注传统政治学的互联网化趋势，同时关注互联网世界中新的政治模式。"互联网政府"或"数码政府"是研究的焦点，其中包括行政与官僚体系的去中心化转向[2]以及欧洲提倡的"E 化政府"这类的经验性研究；[3] 一些学者利用互联网的"连通性"讨论由其所带来的民主问题，而其中的参与式民主以及互联网对于网民的赋权成为很多学者关注的内容。[4] 网络民主和赋权的反对者则认为互联网的民主潜力还是需要谨慎地看待，互联网及数码媒体并没有赋权给广大的网民，大众媒体依然还是有相当多的受众和支持者。[5] 在中国的语境中讨论网络政治学具有更加重要的意义，周永明教授的文章《栖身于网络边缘：中国网络空间中的民间政治作家》运用人类学的方法分析了网络空间中丰富的政治词汇，通过网络民间政治作家的政治写作理解中国网络空间的复杂性、流动性和丰富性，同时揭示该群体如何通过网络政治写作表达自己的政治主张，以及中国政府在改善治理能力中的表现。[6]

周永明教授认为，自改革开放以来，中国的社会和政治空间同过去相比已经有了比较大的扩展，尤其是随着 20 世纪 90 年代中国加入全球经济体系以及新的信息技术的涌现，中西方之间的信息交换变得更加便利，因而政府对于互联网的态度和治理成为学界和民间政治作家们普遍关注的话题。周永明教授认为，"互联网是公民参与政治的重要场域"，网民在互联网领域政治参与的结果并不是简单的赋权或者压制，而其与政府所结成的关系也并不是西方媒体经常所说的"猫与老鼠"以及"戴上锁链跳舞"。[7] 进一步地，

---

[1] 参见 A. Chadwick, *Internet Politics: States, Citizens, and New Communication Technologies*, Oxford University Press, 2006。

[2] 参见 J. E. Fountain, *Building the Virtual State: Information Technology and Institutional Change*, Washington, D. C.: Brookings Institution Press, 2001.

[3] 参见 H. Kubicek, J. Millard and H. Westholm, "*The Long and Winding Road to One-stop Government*," paper presented at an Oxford Internet Institute/Information, Communication, and Society Conference, Oxford, UK, 18th September 2003。

[4] 参见 V. Carty, *Wired and Mobilizing: Social Movements, New Technology, and Electoral Politics*, Routledge, 2010。

[5] 参见 M. Hindman, *The Myth of Digital Democracy*, Princeton, NJ and Oxford: Princeton University Press, 2009。

[6] 参见 Yongming Zhou, "Living on the Cyber Border: Minjian Political Writers in Chinese Cyberspace," *Current Anthropology*, Vol. 46, No. 5, 2005, pp. 779 – 803。

[7] 参见 W. T. Dowell, "The Internet, Cencorship, and China," *Georgetown Journal of International Affairs*, Vol. 7, No. 2, 2006, pp. 111 – 119。

周教授认为，在中国的政治空间中，网络空间中的民间政治作家是介于被官方认定的学者以及极端反主流的政治暴徒中间的一个群体，他们通过策略性、流动性地定义自己与政府的关系及政治认同来实现政治参与。有时民间政治作家会利用其"非官方"的状态来有意识地确立其新公民的身份认同。通过政治写作，这些民间政治作家试图重新定义一个属于该群体的新公民身份，他们独立于党政体制之外，同时他们的表达自由受到宪法保护，而且更重要的是他们标榜是为了国家和人民的福祉。由此他们凭借着相对游离的身份状态获得了国家一定程度的宽容，但互联网绝不是法外之地，他们还是受到国家的监管。在政治表达上，互联网给了这个群体拓展的空间，国家也在处理和该群体的关系中给予了相当的宽容和让步。然而进一步观察发现，该群体在政治表达和政治实践中采取了两种似乎矛盾的策略和方式，周永明教授的田野对象 Anti 在作为一名民间政治作家时表现出了崇尚原创、言辞犀利、内容丰富率性、挑战主流意识形态以及权威等一系列典型的"身份认同"，然而在其后来成为一名论坛管理者之后，却对论坛中的帖子实行了严格的管制，甚至多次删除那些充满"爱国的"情结的帖子，并明确要求这些帖子的作者离开自己的论坛，转到其他的网站去创作。他说他"始终保持板斧雪亮，因为 Re-see（论坛名）是我的，这一点无须讨论……我的论坛以后就要按照我的规矩来"。这是一种跨界策略，虽然这些民间政治作家以其民间身份为荣，但在处理自己与国家和政府的关系时，也还是使用了一种协商策略让自己变得可以被国家接受。毕竟做一名民间政治作家受到多方的关注，首先他们并不被中国主流和官方的学者认可，多数时候游走在边缘地带，因此他们本身并不享有优势资源，如报纸、期刊等。另外，他们缺乏正式的和非正式的能够与国家保持联系的通道，因此面临网站被关闭以及被相关部门传唤的风险。在如此多的不确定性和风险中，他们不得已地需要采取这样的妥协和协商策略来避免自己被过度边缘化。①

（三）日常生活中的互联网

数码科技融入人的日常生活并且成为非常重要的组成部分已经众所周

---

① 参见 Yongming Zhou, "Living on the Cyber Border: Minjian Political Writers in Chinese Cyberspace," *Current Anthropology*, Vol. 46, No. 5, 2005, pp. 779 - 803。

知。然而对于互联网技术的讨论往往脱离日常生活的语境，将人与技术相分离。其实对于互联网时代的数码科技的讨论应当回归到传统的人类学对于家庭生活的关注。技术最终体现为人的价值观念，因此对于互联网的研究真正有效的方法应该是借用经典的人类学研究方法，重视历时的日常生活变化，在家庭、家族、社区的视域中理解技术，理解人与技术的关系。

在这方面的研究中，伦敦大学学院的丹尼尔·米勒是一位重要的推手，其与人类学家霍斯特于 2004 年深入牙买加 Orange Valley 和 Marshfield 两个低收入社区，进行了为期一年的民族志研究，结合参与式探访、个案研究和问卷调查，评估低收入牙买加人的通信生态（communication ecologies），展现了牙买加人以手机为科技中心（technological center）的通信景观（landscape of communication）。米勒和霍斯特研究手机如何嵌入牙买加人的现代生活以及人们又如何利用手机扩大关系网络，他们发现在牙买加，贫穷和不贫穷之间最重要的区别就是是否有社会网路的支持，也就是朋友或家人的资助。作者在两个社区共 100 户人家进行了调研，分别有 34% 和 38% 的居民依赖他人资助，且两个社区居民的主要经济收入均来自社会网络（social network），而非正式或非正式的买卖或雇佣关系。手机作为可以记录很多联系人的工具，在勾织、维持并扩展个体的社会网络中发挥了重要功能。作者将这种联络电话称为联结（link-up）。通常牙买加人的通话时间仅为 90 秒，可见通话之简短和直接。有时联结电话仅为简单的寒暄，并无实质性内容。而通过致电方式，将自己的联系方式显示在对方的最近来电中，不失为提高自己"能见度""存在感"的好办法。有时，人们为了学费、房费、孩子的抚养费、医药费通过电话向他人讨要（begging），这也往往会得到朋友或家人的积极响应。

当地人的给予介于人类学家讨论的交换和互惠两者之间。因为当地人不求回报，除去些许互惠因素，他们始终更珍视创造和激活关系网络。一而再、再而三的拒绝，将导致社会网络的消亡。而静若死水的社会网络是他们最不愿意看到的。他们眼中的名（name）和美拉尼西亚库拉圈中的名望（fame）实为同物，终至财产的再分布。①

由上述几个方面的内容可见，人类学的"眼光向下"的研究视角以及

---

① 参见 Heather Horst and Daniel Miller, "From Kinship to Link-up: Cell Phone and Social Networking in Jamaica," *Current Anthropology*, Vol. 46, No. 5, 2005, pp. 755 – 778。

"参与式"的观察方法展示了这个学科将人与技术紧密结合进行研究的能力和潜力。跳出既有的技术决定论范式,深入理解日常生活的互联网实践,需要人类学的研究方法。人类学在历时性的研究中有其独特的优势,这一点对于互联网人类学的中国研究十分重要,因为互联网人类学的研究正是要在人们的日常生活语境中理解其媒介使用。

三　互联网人类学与传统议题

互联网人类学不仅涉及全新的研究领域,同时还因其已经渗透进人类日常生活的方方面面,与人类学的许多传统命题(如种族、移民等)密切联系在一起。

(一) 互联网上的种族和种族主义

种族问题一直是人类学关注的传统话题,然而在互联网的发展过程中,种族似乎是被忽视的要素。美国学者辛克莱尔说:"美国的种族史的书写中似乎技术从来不曾存在过,而且同样地美国的科技史中好像种族的重要性也完全被抹去。"① 其实种族问题一直都是和技术的发展进程相关联的,例如艾沃瑞特曾经将计算机系统中的图形用户界面(GUI)同种族联系起来,发现计算机 DOS 系统中的命令里有主盘(Master Disk)和从盘(Slave Disk)的命令符,而这种计算机语言很明显是从人类语言转化而来的。② 此外,米歇尔·怀特还发现,微软公司的 Windows 操作系统的白色手形指针被作为一种白种人的符号广泛地用于广告、绘图场景以及网络贺卡中。③ 2008 年一款基于美国火狐(Mozilla Firefox)浏览器技术内核、专门针对非洲裔美国人开发的浏览器 Blackbird 一经面世就在美国引起了不小的骚动。该浏览器旨在让非洲裔美国人更容易在网上发现相关内容,并通

---

① 参见 B. Sinclair, *Technology and the African-American Experience*: *Needs and Opportunities for Study*, Cambridge: MIT Press, 2004, p. 1。

② 参见 A. Everett, "The Revolution Will Be Digitized: Afrocentricity and the Digital Public Sphere," *Social Text*, Vol. 20, No. 2, 2002, pp. 125 – 146。

③ 参见 M. White, *The Body and the Screen*: *Theories of Internet Spectatorship*, Cambridge, MA: MIT Press, 2006。

过浏览器分享故事、新闻、评论和视频，与非洲裔美国人社区的其他成员互动。

浏览器中内置一个预先设置的新闻提示插件，其会自动从谷歌新闻中获取非洲裔美国人可能感兴趣的新闻内容，并提供相关新闻的视频内容，内容来自在线电视网站，如 UptownLiveTV、NSNewsTV、DigitalSoulTV 和 ComedyBanksTV。除此之外，该浏览器还与当时最流行的社交网络（如"黑色搜索""黑色书签"等）集成，提供更加便捷的网络社交功能。另外，该浏览器中还内置了一个"回馈"项目，使用的用户可以利用这个按钮进行网络捐赠，款项将捐赠给一些非营利组织，用于改善非洲裔美国人的社会处境。有评论者认为种族主题的浏览器的出现在一定程度上是利用种族作为噱头进行商业性牟利，并且不利于多元文化的互相理解。①

在早期的互联网研究中，种族被认为是预测计算机访问和使用的一个重要变量。美国人口调查局（United States Census Bureau）在美国国家电信和信息管理局（National Telecommunications and Information Administration）的指导下开展的一项初步研究发现，在计算机设备所有权和电话服务获取方面，非洲裔美国人的比例低于白人。这一发现被广泛宣传，并很快被称为"数字鸿沟"。"数字鸿沟"随即成为与种族有关的互联网研究领域一个重要的学术理论被广泛应用。在接下来的几十年关于"数字鸿沟"的研究不断演化，测量"数字鸿沟"的重要指标也从最初的计算机所有权发展到随后的研究版本中的互联网的可获得性（accessibility）。研究人员随后发现了"二级鸿沟"（Second-level Divide），主要关注技能与互联网使用之间的关系。赛尔温认为，"数字鸿沟"公式依赖于假定互联网的访问和使用对每个人都是必要的和有益的，而事实上人们不会使用互联网的原因却在于这样做没有效益。② 手机和移动互联网的出现开始改变了美国社会"数字鸿沟"的状况，根据皮尤研究中心的"互联网和美国人生活"项目，在 2009 年至 2010 年间，非洲裔美国人是手机和移动互联网最庞大的用户群之一。手机在该群体中的渗透率达到了 87%，并且有 64% 的非洲裔美国人利用手机和笔记本电脑上网。由此学者们开始关注种族和种族主义

---

① http://techcrunch.com/2008/12/08/blackbird-is-a-custom-browser-for-african-americans-built-on-top-of-mozilla.

② 参见 N. Selwyn, "Reconsidering Political and Popular Understandings of the Digital Divide," *New Media & Society*, Vol. 6, No. 4, 2004, pp. 341 – 362。

是如何与科技互动的，并带来哪些影响。种族问题与身份和认同相关联，而这部分内容在互联网研究的早期是重要的学术观照，主流的观点认为互联网作为一种第三空间提供了民族的和族群的认同建构和社区形成的场域。[①] 在这样的场域中，人们似乎可以在一定程度上逃离真实社会中的族群和种族偏见及歧视，人们在不同的社区中游走，形成一种类似"身份游离"（Identity Tourism）的状态，逃避现实中可见的民族身份。

（二）互联网与移民

全球化加速了全世界范围内人口的流动，而互联网对于那些与家庭分隔两地的移民来说，所起作用体现得尤为明显。人类学家极为关注对人口流动的考察，尤其关注全球化视域下劳动力的流动以及其中凸显的文化问题。在中国和菲律宾，大量外出务工的人，尤其是女性如何保持同家乡亲人及子女的联系，父母如何远距离地履行监护职责成为人类学家研究的聚焦点。对于那些外出务工的女性来说，"遥距母职"（Remote Mothering）是身处都市的她们日常生活的一部分，菲律宾的用人母亲们利用手机加自己的子女为"好友"，利用各种社交网站实现同家乡子女的联结。Mirca Madianou 和 Daniel Miller 在 2008 年进行的一项关于菲律宾移民母亲与留守孩子的研究表明，当母亲与子女在社交网站成为"好友"后，对于留守的子女来说，社交网站就开始从仅仅联结同辈与同学变成了核心亲属网络也加入其中。对于子女来说，他们通过这种距离感与亲密性共存的联结实现和父母之间更平等的成年人之间的对话。物理空间的分离和便捷的沟通方式提供了很好的契机促进其与父母关系的转变。但同时也可能存在更加严密的监控，让子女和父母产生更多的矛盾。[②]

当传统的移民研究遭遇互联网，当外出务工的中国妈妈利用免费Wi-Fi，通过微信视频辅导远在家乡的子女功课，督促他们的日常生活时，既往的移民研究认为移民会导致社会关系中沟通的缺失的观点遭到挑战。随着互联网及数码新媒体的广泛应用，这种缺失在很大程度上得以弥补。接下来我们面临的是复杂的问题和矛盾，正如菲律宾的孩子们所烦恼

---

① 参见 H. Rheingold, *The Virtual Community: Homesteading on the Electronic Frontier*, New York: Harper Perennial, 1993。

② 参见 M. Madianou and D. Miller, *Technologies of Love: Migration and the Polymedia Revolution*, London: Routledge, 2011。

的，手机和互联网带来了比以往更加全方位和无处不在的监控（perpetual surveillance），这在一定程度上让这些本属于孩子的私人空间和领域借由数码平台和互联网技术被半公开化或公共化。全球化的结果之一就是家庭生活模式的变革，一种新的家庭生活方式开始出现并日益普及，互联网技术在其中起到了推动作用。而相关的讨论才刚刚开始，有待于人类学家的进一步研究和挖掘。

四　结语：互联网人类学与当代中国问题

从近年来人类学的发展可以窥见，人类学的发展开始面临一个新的研究面向——迈向互联网领域。这折射出了随着全球化及互联网技术发展的逐渐深入，个人和群体、社会、国家都已经被卷入彼此关联、永久在线的世界之中，同时也反映出人类学强烈的应用属性。当代人类学所面临的，不仅仅是研究对象本身发生的巨大变化，同时还有信息化时代互联网技术加速更新所带来的种种新问题和新挑战。因此，在国家和民众都开始意识到中国正在不断地数码化、网络化的前提下，人类学家也开始思考互联网时代人类学的学科定位和发展前景，反思如何面向更加网络化的社会与世界。

就互联网人类学的核心主题而言，互联网究其本质是一种新的实践空间，在这里人们可以延续或革新既有的社会文化空间的实践逻辑和准则。例如在互联网上，人们可以继续保留以往在物理空间中习得的价值观念和公共精神，在一个新的空间中延续原有文化情境中的文化认同。同样的，更加多元化的、游离的身份认同也可能成为今天年轻人新的沟通理性，可以说这些新旧并存的文化样态为互联网人类学的发展提供了非常重要的研究基础。

当下中国正在发生着剧烈的社会和文化转型，诸多的社会问题逐渐显现，而人类学的学科使命也迫切地需要发生相应的调整。中国的人类学自改革开放以来一直在关注关乎国计民生的公共性问题，例如都市化、贫困、流动人口、新移民、公共健康等，公共人类学的研究取向日益明显。[1]

---

[1]　周大鸣、段颖：《公共人类学：21 世纪中国人类学发展的新趋势》，《民族研究》2012 年第 3 期。

互联网进入中国近30年，其已经高度与国家的经济发展链接、与人们的日常生活链接，互联网的健康发展已经不单是技术问题，更是日益受到国家、地方政府和民众关注的社会问题，这不仅关乎社会正义，同时也涉及人们在和技术高度关联中所体现出的道德恐慌、技术治理与隐私危机，更加值得公众关注。中国的互联网人类学研究已经开始摸索着关注互联网社会中的隐私定义及管理、技术治理与技术向善、线上社会与线下社会的道德边界等更加符合中国国情的研究主题，强调借助文化的力量维护互联网时代的社会正义。

互联网研究是一个全新的领域，人类学关注互联网研究是一个新的尝试，然而相关研究的探索离不开所有的研究者创新的学术精神以及包容和开放的治学态度。上文已经提到，就知识基础与实践传统来说，互联网人类学的研究理路是与传统的人类学研究有着承继的关系的，同时互联网人类学的研究也与今天人类学的不同分支领域有着明显的交叉，例如都市人类学、发展人类学、医学人类学、媒介人类学。这些分支领域的研究都已经开始涉及互联网作为重要变量的介入，需要互联网人类学在学理上的支持与合作。互联网人类学不仅仅提供了一个更加具有前瞻性的学科视野，同时也提供了一个能够整合多方资源，包括学术界、行业、政府，促成学科内部、学科之间乃至学界与商界及政府之间沟通、对话的平台。在可见的未来，中国的互联网人类学将做出卓越的贡献。

旅游人类学研究的理论及实践

孙九霞*

随着 20 世纪下半叶大众旅游的大量涌现，世界范围内的旅游业得到快速发展，旅游也因之成为"现代生活"的一项重要内容。在此过程中，人类学学者对旅游之于旅游目的地社会生活影响的认识也逐渐趋于客观，更多的人类学学者投身于旅游人类学研究，并由此推动了这一人类学新兴分支学科的发展。20 世纪 60 年代，人类学家努涅斯（Nunez）首先对旅游现象进行了研究，自此，旅游人类学逐渐形成，并伴随旅游业的繁荣而取得了大踏步发展，形成了三种研究视角。20 世纪末以来，在后现代思潮的影响下，旅游人类学由早期的真实性和游客凝视两大理论转向了当前的三种新理论——流动性、展演性和行动者网络理论。国外旅游人类学界出现了一些热门研究话题，如社会公平、环境可持续性、自然灾害、恐怖主义、遗产旅游、旅游移民、具身性、媒介化、异化、情感研究等。相比之下，中国的旅游业起步较晚，虽然早在 20 世纪 80 年代就有学者关注旅游的社会文化影响，但从人类学角度考察旅游则是自 20 世纪末才出现的一个新趋向。经过 20 多年的发展，旅游人类学的研究主题日趋多元，如文化变迁、文化商品化、文化的真实性、旅游认同与族群关系、社会权力与意识形态对旅游的操控、旅游与性别、旅游与乡村城市化、旅游与民族文化传承、社区旅游与社区参与、旅游与空间生产、旅游与遗产，以及旅游、仪式与宗教等，旅游人类学研究已涉及人类生活的各个方面。此外，旅游人类学也是人类学学科应用的重要方面，旅游人类学学者在许多旅游景区中作为咨询者、研究者、规划者引导着地方旅游业的发展。

---

* 孙九霞，中山大学旅游学院教授。

一　人类学与旅游

尽管人类学学者的工作与一般意义上的旅游（tourism）、度假（vacation）有着较大差异，然而作为告别摇椅上的学术冥想的"后果"，旅行（travel）、田野工作（fieldwork）这些在外在形式上与旅游极为相似的学术研究工作，被认为是人类学学者学术生涯中必不可少的重要组成部分，人类学也因此与旅游结下了不解之缘。人类学学者对于旅游问题的研究向来较为审慎。20 世纪的人类学学者曾经允诺，声称要拯救那些独特的文化与生活方式，使其幸免于激烈的全球西方化的破坏。为达此目的，人类学学者时常借助于其浪漫的感召力及其科学宗旨，反对席卷全球的西方模式。在这样的学科使命感驱使之下，大多数人类学学者倾向于认为，旅游——尤其是以非西方的部落民族居住地为目的地的旅游——可能会破坏当地传统文化的真实性，因而对旅游发展总是心存疑虑。或许是因此之故，在人类学学者的著作当中虽然不乏像列维－斯特劳斯《忧郁的热带》这样的作品，但严格意义上的旅游人类学研究，却迟至 20 世纪 60 年代才陆续出现。1963 年，人类学家努涅斯发表了一篇关于墨西哥山村周末旅游影响的论文，一般被视为人类学学者加入旅游研究的标志。[①]

学术界对于"旅行""旅游"等概念的定义，多属于形式层面上的。一般认为，所谓的旅行，指的是当事人从某一具体地点到达另一地点的过程。而关于旅游的定义则众说纷纭，归纳起来大致有两种类型，即"经济活动说"和"社会现象说"。总体而言，人类学学者倾向于认为旅游是一种社会现象，因而往往更关注旅游的社会内容。史密斯（Valene Smith）对于旅游以及游客的定义被认为是经典性的。在她看来，旅游由休闲时间（leisure time）、可自由支配的收入（discretionary income）以及积极的地方认可（positive local sanction or motivation）等三个基本要素组成，而游客则是指离开家庭并以经历变化作为基本目的的处于暂时休闲状态的人。[②]

---

① T. A. Nunez, "Tourism, Tradition, and Acculturation: Weekendismo in a Mexican Village," *Ethnology*, Vol. 2, No. 3, 1963, pp. 347 – 352.

② V. L. Smith, *Hosts and Guests: The Anthropology of Tourism*, University of Pennsylvania Press, 2012, p. 352.

早期的人类学学者大多是书斋型的。这些人类学学者虽然也到异地旅行，对于异文化的考察也不无细致之处，但他们的研究工作更主要的是在书斋里完成的，因而有人称之为"摇椅上的人类学家"。被誉为"人类学之父"的爱德华·泰勒（Edward Burnett Tylor），虽然到过墨西哥以及南美洲的一些地区旅行，但他的主要研究工作仍然是在宽敞舒适的家中完成的，其所使用的资料也大多来自一些旅行家的游记。詹姆斯·G.弗雷泽（James George Frazer）在其传世之作《金枝》中，收集了世界各地有关宗教信仰仪式和社会风俗制度方面的资料，但这些资料大多数是二手的，弗雷泽本人也很少外出旅行。尽管如此，对于那些执着于异文化研究的人类学学者而言，他们仍然是当之无愧的旅行家——至少是精神上的旅行家。当他们徜徉于记述世界各地风俗民情的资料之中，细心品味不同文化之间的异同之时，实际上是在进行一次次的"文化之旅"，从某种意义上讲，这些"游心"的人类学学者，与现实的形而上的旅行家也有着某些共通之处。自从马林诺夫斯基（Bronislaw Malinowski）创立了"参与观察"（participant observation）这一全新的人类学研究方法之后，以参与观察为主要内容的田野工作便成了人类学的一个标志。自此，旅行、田野工作被认为是严格意义上的人类学研究不可或缺的重要内容，人类学学者与旅行、旅游之间的"天然"关系也因此得以形成。

人类学学者的研究似乎总是在一种近乎悲壮的氛围之中展开的。人类学学者所关心、所研究的对象的生存状况，在较多情况下并不因为他们的关注而有所改善。在某些时候，人类学学者们有关"保护""发展"少数民族传统文化之类的倡议往往成为文化破坏、文化消失的现代谶言。这种经历，使得人类学学者对于一些看似新潮的经济欠发达地区的经济与社会发展计划总是持着较为谨慎的态度。

快速推进的经济全球化进程，使世界范围内的大多数人口在情愿或者不情愿之中被卷进了一场几乎是无孔不入的全球化浪潮之中。对于处于前工业化社会的人群而言，由于缺乏具有核心竞争力的工业制品，在多数情况下他们只能以低附加值的原材料或者所谓的文化商品参与到全球化进程当中。较为常见的是，在某些外在于当地人的权力与（经济）资本的共同鼓噪之下，发展旅游业被认为是一些具有浓郁的民族风情的地区发展当地经济的捷径。然而旅游在促进地方经济发展的同时，往往对少数民族的传统文化造成极大的破坏和伤害，以至于一些人类学学者担心，"将文化作为商品展示只需几分钟的时间，而几百年的历史却毁于一旦"①。以保护传统文化为己任的人类学学者对此自然不能坐视不管。事实上，20 世纪 60 年代以后人类学对于旅游问题的关切，虽然从表面上看是世界旅游业发展的大势使然，但在更深层的原因上，却缘于人类学学者对于旅游业发展对传统文化所形成的冲击的本能忧虑。

一般认为，旅游人类学是人类学之于旅游问题研究的一个学科分支，属于应用人类学的范畴。虽然在目前的旅游人类学研究当中，涌现出较多的应用性研究，但应用性研究其实只是旅游人类学研究的一个重要领域，而不应该也不可能是它的全部内容。事实上，在旅游人类学的重要代表人物的研究中，如在以纳尔逊·格雷本（Nelson Graburn）为代表的、关注旅游行为所内含的符号意义的研究取向，以及以丹尼逊·纳什（Dennison Nash）为代表的、聚焦于旅游的社会文化影响的研究取向当中，我们都可以明显地感觉到，即使是最新潮的旅游人类学研究，也并没有放弃它们对于人类学理论探索的种种努力。或许我们有理由认为，旅游人类学的出现，是传统人类学研究的一种延伸和拓展，而在更广泛的意义上，它仍然延续着人类学对于异文化、对于"他者"的研究传统。

1990 年贾法瑞（Jafari）发表了一篇颇有影响的有关"旅游研究发展历程"的文章，提出旅游研究经过了四个主题"平台"，即倡导平台（advocacy platform）、警戒平台（cautionary platform）、适应平台（adaptancy platform）和基于知识的平台（knowledge-based platform）。② 这些平台是按时代序列显现的，每个后来的平台是对前一个平台做出的直接反应。倡导平台指 20 世纪 60 年代开端期的研究，强调旅游对经济的重要性；20 世纪 70 年代的警戒平台关注旅游破坏传统、剥削社区等消极影响，对旅游持批评的态度；20 世纪 80 年代以来的适应平台鼓励选择性旅游的存在，降低现存旅游形式的不利影响；20 世纪 90 年代开始出现以知识为基础的平台，其基本前提是对于旅游的探讨应该以研究而非以看法和感情为基础，该平台将研究者自身置于科学的基础上，通过多学科和整体的方法研究旅游。当下旅游人类学的确已走向以知识为基础的平台，研究主题几乎涵盖了人

---

① D. Greenwood, "Culture by The Pound: An Anthropological Perspective on Tourism as Cultural Commoditization," *Hosts & Guests the Anthropology of Tourism*, 1989 (ed. 2), pp. 171 – 185.

② J. Jafari, "Research and Scholarship: The Basis of Tourism Education," *Journal of Tourism Studies*, Vol. 1, No. 1, 1990, pp. 33 – 41.

类学研究的各个领域。不管是针对旅游目的地，还是针对旅客或者旅游的客源地，旅游人类学的研究都涉及人类生活的各个方面。

二 研究视角、理论与应用

（一）研究视角

根据 1996 年纳什出版的《旅游人类学》分析框架，① 旅游人类学的研究主要从旅游目的地、游客和客源地三种不同的研究视角切入。

1. 旅游目的地视角

以旅游目的地为研究对象，探讨旅游对于当地社会文化变迁的影响，是旅游人类学最为传统也是最为普遍的研究模式。对旅游目的地的研究，大体上沿袭传统的人类学研究方法，因而从某种意义上讲，以此视角进行研究相对较易实现。旅游对于目的地社会的影响往往是多方面、全方位的。而在一些早期的旅游人类学的研究中，学者们主要关注旅游给那些处于弱势地位的社会群体所带来的冲击，因此大多数研究对于旅游之于目的地的社会文化影响的评价往往是消极的。不过，正如前文所述，随着研究的不断深入，一些学者的观点逐渐转变，对于旅游之于目的地社会文化影响的认识也逐渐趋于客观。

2. 游客视角

对于旅游人类学学者而言，对流动性极强的游客进行研究，是一项富有挑战性的工作。虽然盖纳普、特纳等人的仪式理论为研究游客的旅游目的提供了较好的理论视角，然而在游客群体不稳定、田野调查时间又相对较短的情况下，以什么样的群体作为研究对象、以什么方式开展田野工作，仍然是旅游人类学研究工作的难点。

3. 客源地视角

从形式上看，旅游首先表现为一种直观的旅行方式；从旅客的经验上看，旅游是一种个人的"朝圣"活动，也是一种自在的休闲活动。然而，对于旅游现象的表层描述，已不能使一个严谨的人类学研究者感到满足，

---

① D. Nash, *Anthropology of Tourism*, Pergamon, 1996.

他们还有很多疑问，如：为什么旅游得以形成；支撑旅游活动的社会基础是什么；旅游反映了怎样的社会现实和意识形态；等等。事实上，早在 20 世纪 70 年代，就有学者开始思考这些问题。在经济全球化的进程当中，旅游所反映的社会文化内容越来越丰富、越来越复杂。虽然客源地的分散性和不确定性往往会使研究难以深入，但无论如何，对于旅游客源地的研究将在相当程度上拓展旅游人类学研究的领地。

（二）研究理论

旅游人类学主要关注旅游中作为东道主的"他者"与作为旅游者的"我者"之间的互动关系。[①] 游客把旅游看作一种人生"仪式"，在旅游中从"我者"的角度不断凝视着作为"他者"而存在的旅游目的地，以寻求旅游的意义。旅游目的地成为展演的舞台，试图凸显地方性以吸引旅游者。旅游者从惯常环境到旅游目的地的位移与流动，不仅带动了人的流动，也形成了物质、信息及社会的流动，进而影响着目的地的文化变迁。以下介绍的 7 个理论虽然起源于不同的学科背景，但后来均被人类学所发展并用于阐释旅游现象。如源于人类学的仪式理论和文化变迁理论，源自人文地理学的地方性理论和流动性理论，源自社会学的游客凝视理论、真实性理论和行动者网络理论已成为当前旅游人类学研究中的主流理论。

1. 地方性理论

20 世纪 60 年代，国外学术界开始关注地方研究。地方性理论最初源自人文地理学，该理论主要是从人的感觉、心理、社会文化、伦理或道德等不同角度阐述人与地方的关系，地方性和无地方性分别居于该连续谱的两端。后来发展出人文主义学派和结构主义学派的两类解释，前者强调地方的主体性，[②] 后者强调地方与外界建立功能联系时的差异性。[③]

在现代化浪潮下，全球化不断席卷、侵蚀着地方文化，人类学家以其一贯的对文化变迁的谨慎态度深切关注着地方文化的解构与重构，相继提出"非地方化""去地方化""再地方化"等概念。人类学家 Marc Auge 提

---

① J. Jafari, "A Systemic View of Sociocultural Dimensions of Tourism," *Tourism*, 2005, pp. 33 – 50.

② E. Relph, *Place and Placeness*, Pion, 1976.

③ A. Eisenschitz, P. Cooke, A. Macmillan, et al., "Reviews," *Local Economy*, Vol. 4, No. 1, 1989, pp. 86 – 96.

出"非地方化"（non-place）① 的概念，此概念与地理学家 Edward Relph 提出的"无地方感"② 有着相近的意义，指那些景观同质化、功能单一化的过渡性、移动性场所。海曼在对墨西哥地区建筑进行研究时发现，外来的、标准化的建筑材料逐渐取代了地方性的生产材料，在这一过程中本土文化流失，物质文化实现了商品化。海曼用"去地方化"（delocalization）的概念指代"那些外来的、标准化的产品破坏、取代了本地的产品或意识"这一现象，并认为"消费的去地方化在我们生活的周遭世界里有着很强的强制性逻辑"。③ 在很多人类学学者哀叹地方感丧失的同时，1998 年，英国人类学家托马斯提出了"再地方化"的概念回应海曼的"去地方化"，认为地方出现了通过消费外来材料实现"再地方化"的过程。④

2. 游客凝视理论

早期另一个重要的理论是约翰·厄里以福柯的"医学凝视观"为基础提出的游客凝视理论。该理论认为，如同临床医学视觉技术的发展一样，游客的凝视也是被社会性建构起来的，而且自成一个完整的体系。厄里认为游客凝视具有以下性质：反向的生活性、支配性、变化性、符号性、社会性和不平等性。厄里区分了几种主要的游客凝视类型：浪漫性的、集体性的、观望性的、环境性的及人类学的。⑤ 最初，厄里提出的凝视主体是游客，对象是旅游目的地的自然、人文景观甚至目的地居民，强调的是旅游者施加于旅游目的地的一种单向的作用力，通过旅游者的视觉体验及对旅游目的地进行社会性建构以达到获得愉悦体验的目的。事实上，游客与其凝视对象之间常常存在反复的交互作用，目的地是游客凝视的对象，游客也是目的地旅游企业、居民、旅游学者、旅游营销者及旅行作家凝视的对象。因此，厄里进一步将游客凝视概念发展为主客双向的旅游凝视。此外，国内外学者如毛茨（Maoz）、吴茂英等提出了"当地人的凝视""双

① M. Auge, *Non-places: Introduction to an Anthropology of Super Modernity*, Verso, 1995.
② E. Relph, *Place and Placelessness*, Pion, 1976.
③ J. Heyman, "Changes in House Construction Materials in Border Mexico: Four Research Propositions about Commoditization," *Human Organization*, Vol. 53, No. 2, 1994, pp. 132 – 142.
④ P. Thomas, "Conspicuous Construction: Houses, Consumption and 'Relocalization' in Manambondro, Southeast Madagascar," *The Journal of the Royal Anthropological Institute*, Vol. 4, No. 3, 1998, pp. 425 – 446.
⑤ D. MacCannell, "Staged Authenticity: Arrangements of Social Space in Tourist Settings," *American Journal of Sociology*, Vol. 79, No. 3, 1973, pp. 589 – 603.

向凝视""东道主凝视""反向凝视""游客间凝视"等概念，形成了一个从静止到流动的多重旅游凝视系统。

厄里强调视觉，认为视觉感官的地位高于其他感官，尤其在第三版的《旅游凝视》中，厄里不仅提出旅游凝视是一种观看之道，更强调视觉是组织性感觉（organising sense），可以"组织其他感官的位置、角色和作用"。[①] 但这显然否定了人类认知结构的整体性知觉能力，因而单一感官的理论假设受到了越来越多的批评和质疑，研究者开始追问旅游者的具身性行为（embodied behavior），并从单一感官（视觉中心）研究转向了身体或多感官（multisensory）研究。[②] 而厄里本人则转向了流动性研究。

3. 真实性理论

20世纪后期，旅游人类学研究领域最为关注的是旅游与现代性的关系，其中有关真实性的一系列探讨是焦点之一。旅游人类学对真实性的讨论关乎旅游文化资源开发中出现的许多现实问题，如文化商品化、文化变迁问题、传统文化保护和创新问题等，也关乎游客的动机、旅游的产生、游客体验等旅游研究的核心问题。1973年，麦肯内尔提出的"舞台真实"理论，引起了旅游界的强烈反响。当时正值二战之后美国社会高速现代化时期，大众旅游是人们普遍热衷的活动，许多学者开始对蓬勃发展的旅游活动进行观察，以伯斯庭（Boorstin）为主的学者们从较负面的角度来看旅游活动及游客行为，认为游客是被欺负的傻子，容易被取悦与欺骗，对其所参观的地点接触甚少或一知半解，所得到的是虚假的文化印象，[③] 而旅游景点是虚假的迎合游客的产物。另外一些学者则从较正面的态度看待，麦肯内尔为发起者，认为现代人为寻求现代性之外的真实性，借助旅游去

---

① D. Nash, "The Ritualization of Tourism Comment on Graburn's 'The Anthropology of Tourism'," *Annals of Tourism Research*, Vol. 11, No. 3, 1984, pp. 503 – 522.

② G. M. S. Dann, K. B. Nordstrand, "Promoting Wellbeing Via Multisensory Tourism," in R. Bushell & P. J. Sheldon (Eds.), *Wellness and Tourism*, Cognizant Communication Corporation, 2009; S. Everett, "Beyond the Visual Gaze? The Pursuit of an Embodied Experience through Food Tourism," *Tourist Studies*, Vol. 8, No. 3, 2008, pp. 337 – 358; A. Lagerkvist, "Gazing at Pudong- 'With a Drink in Your Hand': Time Travel, Mediation, and Multisensuous Immersion in the Future City of Shanghai," *Senses & Society*, Vol. 2, No. 2, 2007, pp. 155 – 172.

③ E. Cohen, "Rethinking the Sociology of Tourism," *Annals of Tourism Research*, Vol. 6, 1979, pp. 18 – 35; D. J. Boorstin, *The Image: A Guide to Pseudo-events in America*, New York: Vintage Books, 1961.

"彼时"（then）、"彼地"（there）、"他者"（the other）处寻找失落的真实性，因此他将旅游者动机神圣化，视其为追求真实性的"准朝圣者"。[1] 此后真实性研究不断发展，并形成了三个流派：客观主义真实性、建构主义真实性和存在主义真实性。客观主义真实性关注旅游客体的绝对真实性，认为真实性是旅游客体固有的一个特性，可用一个绝对的标准来衡量，代表人物是伯斯庭、麦肯内尔；建构主义真实性关注旅游客体的真实性、旅游主体的认知差异，认为真实性是一个社会建构的概念，其含义是相对的、变化的、可商榷的、由环境决定的、具有思想意识形态的，代表人物是科恩、库勒、萨拉蒙；存在主义真实性关注旅游主体的本真体验，认为真实性与旅游客体的真实与否无关，是替换了的、自由活动激发的存在本真性，代表人物是鲍吉兰德、丹尼尔、王宁。科恩建议将重点从真实性话语转移到真实性确认的过程。[2]

然而，自20世纪末以来旅游人类学对于真实性的讨论已经式微，主要有两个原因，一是西方旅游的后现代转向，像波德里亚这样激进的后现代思想家否认了"原真"在当代世界中的存在。[3] 而里策和李斯卡则认为，对乐趣和享受的渴望取代了对真实性的追求成为后现代旅游的主要动机。[4] 二是非西方（尤其是亚洲）旅游业的快速发展，西方学者认为从一开始这些地区的游客就被其他动机驱动而不是追求真实性。

4. 仪式理论

引用人类学仪式理论、理念和方法对旅游进行研究是旅游人类学区别于其他学科的一大显著特色。"仪式"的范畴概念，因仪式的意义不同而变得复杂。在人类学研究视野和意义范畴内，仪式被限定于人类的"社会行为"。[5] 依据一般的看法，狭义的仪式被视为宗教的一个特定行为和社会实践。以涂尔干、莫斯为代表的人类学家在仪式研究中把仪式与社会结构

---

① D. Maccannell, "Staged Authenticity: Arrangements of Social Space in Tourist Settings American," *Journal of Sociology*, Vol. 79, No. 3, 1973, pp. 589 – 603.

② E. Cohen, "Heritage Tourism in Southeast Asia," *Tourism Recreation Research*, Vol. 37, 2012, pp. 100 – 102.

③ J. Baudrillard, *Simulacra and Simulations*, University of Michigan Press, 1994.

④ G. Ritzer, A. Liska, " 'McDisneyzation' and 'Post – tourism': Complementary Perspectives on Contemporary Tourism," in *Touring Cultures: Transformations of Travel and Theory*, CABI Publishing, 2000.

⑤ R. A. Rappaport, *Ecology, Meaning and Religion*, Calif: North Atlantic Books, 1977, p. 174.

进行连接，试图理解"神圣"或"世俗"的世界。而范热内普在其著作
《通过仪式》中认为，"仪式"是一种生命礼仪，指按照一定文化传统将一
些具有象征意义的行为集中起来的系统安排和程序，也可指一切规则化的
人类行为。① 个体和群体之间建立的仪式系统体现了社会关系和交流价值。

仪式在旅游研究中存在两种视角：旅游中的仪式和旅游作为仪式。对
旅游中的仪式的研究，关注较多的是地方传统仪式的文化变迁。在旅游发
展语境下，传统仪式实践经历着以资本和市场经济为导向的现代性协商，
仪式实践理念发生转向，民族仪式从神圣转向世俗，仪式的历史性在遭遇
不可抵抗的现实性时表现出了流变性。而旅游作为现代仪式，依据戈夫曼
所说，"旅游是一种包括一连串的、卷入大量节庆因素的并由中介角色所
引导的强制仪式"。② 仪式性的旅游将生活分裂为两个方面：一种是神圣
的、非一般的旅游生活；另一种是世俗的、日常待在家里的生活。这两种
生活是交替的，往往以"仪式"作为标志。③ 更加典型的是宗教旅游和朝
圣旅游，这种朝圣活动带有宗教意义上的目标和符号追求。而在旅游者们
看来，现代的世俗性旅游同样具有"通过仪式"的符号价值。④

5. 流动性理论

"流动性"是在后现代思潮下由厄里提出的新的理论范式，他认为在
边界日益淡化的当今世界，社会作为传统社会学、人类学研究的基础已经
过时，取而代之的应是对物质的（physical）、想象的（imaginative）和虚
拟的（virtual）、移动的（movements）研究。⑤ 汉南认为新出现的流动性范
式改变了20世纪建立的对社会科学的认识，旅游被认为是全球化流动中的
一种类型，改变了人们以往二元论的认知。⑥ 越来越多的学者将流动性视
为旅游研究的跨学科范式或理论路径。旅游业被看作一个庞大而复杂的全
球化体系的一部分，其中还包括迁徙、跨国民族主义、离散与其他强制性

---

① A. V. Gennep, *The Rites of Passage*, Chicago：University of Chicago Press, 1960.

② E. Goffman, *Relation in Pubilc：Microstudies of The Public Order*, New York：Basic Books, 1971.

③ N. N. H. Graburn, "The Ethnographic Tourist," in *The Tourist as a Metaphor of the Social World*, 2002, pp. 2 – 40.

④ 彭兆荣：《旅游人类学》，民族出版社，2004。

⑤ J. Urry, *Sociology Beyond Societies：Mobilities for the Twenty – First Century*, London：Routledge, 2000.

⑥ K. Hannam, M. Sheller, J. Urry, "Editorial：Mobilities, Immobilities and Moorings," *Mobilities*, Vol. 1, No. 1, 2006, pp. 1 – 22.

的和自愿的旅行形式。社会由无边无际的不同流动网络组成，这些网络由节点互联，如车站、旅馆、景区、机场、休闲综合体和国际大都市等。渐渐地，流动性改变了一些旅游人类学者的基本概念认知，如旅行、旅游业、非惯常、东道主和游客、国内—国际等。

（1）旅行。以前在家与远方的对立区分之下，旅行被认为是从家出发，再回到家的一个循环过程。但现代通信技术的发展，以及多重居所、移民、离散居住、生活方式型旅行等多种流动现象的不断增加弱化了这种认识。[①]

（2）旅游业。后现代社会的去分化作用模糊了不同领域之间的传统界限，如工作和休闲、学习和娱乐、日常生活和特别假期，甚至是现实和幻想。[②] 逐渐模糊的界限引起了旅游领域与其他流动领域的边界模糊，如劳动/退休/生活方式型移民、第二居所、交换、离散居住、探险、志愿活动、体育活动、事件和临时移民等现象中，旅游都与其他流动领域交织在一起。这些现象甚至致使一些学者认为旅游活动即将终结。[③]

（3）非惯常。日常生活与非日常生活的边界逐渐模糊，不再像以前西方宗教中"世俗—神圣"的对立，日常生活在旅游中也得以体现，如与家人、朋友一起出游，很多情况下旅游围绕社交进行。[④] 近来学者们认为，旅游业在日常生活中变得普遍，不再局限于特定的地点和时间，因此旅游业在非惯常环境中的光环被削弱，变得不再特殊。这反过来又促进了它的商品化，继而降低了旅游的吸引力。

（4）东道主和游客。主客关系是旅游系统中的一种基本社会关系。如

① M. Haldrup, "Laid-back Mobilities: Second-home Holidays in Time and Space," *Tourism Geographies*, Vol. 6, No. 4, 2004, pp. 434 - 454; H. Janta, L. Brown, P. Lugosi et al., "Migrant Relationships and Tourism Employment," *Annals of Tourism Research*, Vol. 38, No. 4, 2011, pp. 1322 - 1343; D. T. Duval, "When Hosts Become Guests: Return Visits and Diasporic Identities in a Commonwealth Eastern Caribbean Community," *Current Issues in Tourism*, Vol. 6, No. 4, 2003, pp. 267 - 308; S. A. Cohen, "Lifestyle Travellers: Backpacking as a Way of Life," *Annals of Tourism Research*, Vol. 38, No. 4, 2011, pp. 1535 - 1555; A. Hui, "Many Homes for Tourism," *Tourist Studies*, Vol. 8, 2008, pp. 291 - 311.

② N. Uriely, "The Tourist Experience: Conceptual Developments," *Annals of Tourism Research*, Vol. 32, No. 1, 2005, pp. 199 - 216.

③ T. Gale, "Urban Beaches, Virtual Worlds and 'The End of Tourism'," *Mobilities*, Vol. 4, No. 1, 2009, pp. 119 - 138.

④ J. Larsen, "De-exoticizing Tourist Travel: Everyday Life and Sociality on the Move, *Leisure Studies*, Vol. 27, No. 1, 2008, pp. 21 - 34.

今，主客角色不再固定，很多外来者在旅游地从事旅游业，他们既是主人也是客人，有时候当地的"主人"反而成了客人。[①]

（5）国内—国际。在全球化的影响下，地理边界的作用开始模糊，国内与国际的区分如今只用于统计工作之中。未来基于"边界"的"国内"和"国际"旅游之间的区别将变得越来越不重要。然而，诸如恐怖主义等社会现实问题又使得各国在政治上重新强化边界的作用，这在一定程度上抑制了流动性。因此，流动性的本质不是自由的、均质的，该过程亦会受到权力的影响。[②]

6. 文化变迁理论

马林诺夫斯基认为，文化变迁（cultural change）是"现存的社会秩序，包括它的组织、信仰和知识，以及工具和消费者的目的，或多或少地发生迅速改变的过程"。[③] 导致文化变迁的原因大致有两种：一是因社会自身内部的发展变化而出现，通常源自进化、发明和发现，可称之为革新；二是由两个不同社会的接触而引起，通常是通过借用和传播，即涵化（acculturation）。人类学学者认为文化变迁通常包括进化、创新、传播和涵化等几种方式。

涵化是文化变迁的重要内容。赫斯科维茨认为，拥有不同文化的个人或群体间进行直接的接触，继而引起一方或双方原有文化模式发生变化的现象叫作涵化。[④] 按照发生变化的不同条件，涵化可分为两种类型：一是文化因素自由"借入"和改变，不同文化的不同民族持续相互交流所产生的现象；二是强制变化，指一个民族以军事征服或政治控制等手段对另一民族进行强制控制时所出现的现象。涵化的结果往往表现为文化同化、文化融合或跨文化适应等形态。

文化变迁中除了涵化概念之外，还有濡化、社会化等相近概念。涵化指不同文化之间横向的正传播；濡化指发生在同一文化内部的纵向传播过

---

① E. Cohen, "Pai—A Backpacker Enclave in Transition," *Tourism Recreation Research*, Vol. 31, No. 3, 2006, pp. 11 – 27.

② N. Gogia, "Unpacking Corporeal Mobilities: The Global Voyages of Labour and Leisure," *Environment & Planning A*, Vol. 38, No. 2, 2006, pp. 359 – 375.

③ 转引自芮逸夫《云五社会科学大辞典：人类学》，台湾商务印书馆，1971。

④ M. J. Herskovits, F. S. Herskovits, M. Kolinski, *Suriname Folk - lore*, Columbia University Press, 1936.

程，是文化习得和传承机制；社会化是指由自然人到社会人的转变，使外在于自己的社会行为规范、准则内化为自己的行为标准。

文化变迁是双向互动的过程，旅游人群的流动为文化的交流、沟通和传播提供了媒介。在旅游活动中，文化各异的群体间得以接触，各种文化间持续地进行互动与传播。在旅游场域中，游客的文化通常是强势文化，一旦旅游地居民与游客的接触交往成为常态，游客必然给旅游地带来影响。游客的穿着打扮、消费方式和价值观念等会产生一种示范效应，对目的地居民产生潜移默化的影响。不同群体的文化在接触与交流过程中，如果一方的文化属于"高文化"（high culture），而另一方属于"低文化"（low culture），那么，前者对后者所施加的影响远大于后者对前者所施加的影响。因此，来自发达国家和地区的游客到相对欠发达的旅游目的地旅游，会带给目的地社会一种强大的外部力量，致使目的地社会文化加速变迁，甚至改变和破坏其自身的内部构造。由此看来，目的地社会文化主要面对两方面的力量：一方面，要面对试图维持本社会传统的内部力量，以维持传统社会的稳定性；另一方面，要面对促使其社会文化发生变化的因素，并对社会结构、功能进行调整，以使该群体适应来自不断变化的社会因素的影响。

7. 行动者网络理论

无论是流动性理论还是展演理论，都认为社会是一个持续不断的过程，行动者网络理论（actor-network-theory，ANT）进一步强化了这一视角。该理论提出者法国人类学家、社会学家拉图尔否认涂尔干的独立的、稳定的"社会事实"存在，提出社会产生的过程才是最应该关注的。在他看来，社会是由许多不同类型的连接器黏合在一起的东西，涉及异质要素之间的联系和重组。所以，行动者网络关注的是关联和重组的过程。核心概念有行动者（agency）、转译（translation）和网络（network）等。行动者包括人类行动者和非人类行动者，非人类行动者包括诸如观念、技术、生物等许多非人类因素，可以通过"代言人"来表达利益诉求。转译是指行动者不断努力把自己的问题和兴趣转换成网络中其他行动者的问题和兴趣，或者相反，并通过相互磋商来界定各自角色的过程。行动者只有通过转译才能被组合在一起建构行动者网络，并建立起稳定的关系。网络指资源集中于某些节点，它们彼此连接成链条和网眼：这些连接使分散的资源结成网络，并扩展到所有角落。[①]

旅游学科一直重视社会经济因素的影响，而更多关注非人类因素的行动者网络理论则一直被忽略，因此相比于管理学、经济学等学科，行动者网络理论在旅游研究中的应用较晚。这一理论为旅游研究开辟了新的概念和方法视角，对当代一些结构性问题、流动的秩序、冲突的演化和边界模糊现象等问题具有较强的分析能力。

三　旅游人类学在中国

（一）旅游、地方与全球化

自 20 世纪 80 年代以来，全球化浪潮急速席卷着全世界，经济、技术、资金、信息等各种社会因素在世界范围内建立起更加紧密的联系并发生更加频繁的互动。在人们欢呼经济、技术全球化为人类带来极大便利的同时，人类学家们开始关注来自西方资本主义国家的"文化霸权""文化殖民"等文化全球化问题。

旅游成为当代社会最重要的流动形式之一，日益成为人们的基本生活方式，上述文化全球化问题折射到旅游中，便引发了旅游人类学家们对旅游发展过程中的"迪斯尼化"或"麦当劳化"现象以及旅游发展给旅游地带来的"去地方化"、"非地方化"与"再地方化"，以及"虚无"与"实在"等问题的思考和担忧，学术界对民族旅游地的关注最甚。刘志扬在对白马藏族村寨旅游的研究中指出"麦当劳化"削弱了民族文化的自主能力和创新能力，对民族旅游的发展也带来一定的负面影响。[②] 尽管大多数旅游人类学学者对民族地区发展旅游持有一种保守而谨慎的态度，但近年来也有学者研究认为旅游发展在推动地方快速卷入现代化和全球化进程而逐渐消弭地方性的同时，也会促进其部分文化的"再地方化"过程，旅游发

① B. Latour, *Reassembling the Social*, Oxford University Press, 2005.
② 刘志扬：《民族旅游的麦当劳化——以白马藏族风情游为例》，《旅游学刊》2012 年第 12 期。

展为族群文化带来"去地方化"与"再地方化"的相互交织局面。① 更有学者开始将本地人的文化价值观纳入主流话语体系，探讨地方应该如何进行有关真实性的文化实践等问题，② 进一步推动了旅游发展过程中有关"全球化"和"地方性"问题的研究讨论。实际上，全球化与地方性作为两种力量，相互作用共同推动着旅游的发展，研究者在面对虚无的全球化和实在的地方性时，不应只是简单做出"好"与"坏"、"是"与"否"的判断，而应该持有更加开放和包容的态度，用实在的地方性引导变迁。③ 在这一过程中政府部门的预见性干预将会是最有效的手段。④

在全球化势不可挡、旅游日益成为人们一种生活方式的时代背景下，有关旅游地社会文化的"全球化"与"地方性"问题将呈现出更加复杂的局面，有待旅游人类学学者的持续关注和深入探讨。

（二）旅游、空间与权力

"空间"本是人文地理学中的重要概念，但随着人文地理学中空间的"社会转向"和社会学中的"空间转向"，近年来有关旅游发展过程中的空间生产、空间正义话题也开始备受国内旅游人类学学者的关注，这些话题背后往往蕴含着对权力的探讨。

空间是传统社区旅游的核心吸引要素，是游客体验的对象，也是社区旅游业可持续发展的基础。根据列斐伏尔的空间生产理论，空间中隐含着无数的社会关系，这些关系只有在空间中找到对应之时才能成立。据此，旅游发展后的社区空间再生产本质上体现的是各空间生产主体之间的权力关系，体现了各主体间的权力斗争，社区成为具有政治性的空间。

旅游发展之前，传统社区的空间生产主体是定居于此的地域共同体，

① 孙九霞、马涛：《旅游发展中族群文化的"再地方化"与"去地方化"——以丽江纳西族义尚社区为例》，《广西民族大学学报》（哲学社会科学版）2012年第4期；孙九霞：《旅游商业化与纳西族民居的"去地方化"——以丽江新华社区为例》，《社会科学家》2015年第11期；孙九霞、黄秀波、王学基等：《旅游地特色街区的"非地方化"：制度脱嵌视角的解释》，《旅游学刊》2017年第9期。

② 魏雷、钱俊希、朱竑：《谁的真实性？——泸沽湖的旅游凝视与本土认同》，《旅游学刊》2015年第8期。

③ 孙九霞、王心蕊：《丽江大研古城文化变迁中的"虚无"与"实在"：以酒吧发展为例》，《旅游学刊》2012年第9期。

④ 保继刚、林敏慧：《历史村镇的旅游商业化控制研究》，《地理学报》2014年第2期。

通常也是唯一主体。旅游发展之后，尽管游客不直接参与旅游地社会空间的生产实践，但其通过日常生活、学习和旅游利益相关者的集体建构形成有关旅游社区的空间想象，而社区、政府、旅游开发商等各旅游利益相关者为吸引旅游者，又通过集体叙事将旅游者的空间想象生产出来，经过各群体之间的权力争夺和协商，最终生产了旅游社区空间，使社区空间由最初满足地域共同体从中获取生产生活资料的单一功能转变为满足经济理性、政治诉求、生活方式等多种功能，进而使得传统社区在发展旅游之后出现（社会）空间分异，导致了社区空间的变迁。

旅游社区空间生产的背后是多利益主体之间的权力博弈，而在此过程中，社区居民也未必始终处于弱势地位；相反，他们会通过日常生活，采用嵌入、抵制、反噬、再生等多种形式，对抗政府和旅游景区管理主体构想的空间表征，体现具有对抗性的表征空间，最终的旅游空间秩序在所有利益相关者的协商中形成。[1] 但是丽江客栈房东以涨房租为由私自撕毁租房合同，甚至不惜通过拆除部分房屋的方式强迫外来经营者退出的行为，不禁让人思考何为旅游空间正义，急速推进的旅游空间生产又该体现谁的正义。[2]

（三）旅游、体验与真实性

国内旅游学者谢彦君教授认为旅游的本质是体验，旅游体验应该是整个旅游研究中的核心问题，而旅游体验这一学术话题直到 20 世纪末才开始受到国内旅游学者的关注。在旅游人类学研究领域中，与旅游体验研究关系最为密切的无外乎有关真实性的探讨。

自麦肯内尔于 1973 年将"真实性"的概念引入旅游研究中，学术界对此话题的讨论热度不减，而国内旅游学术界直到 20 世纪末才开始关注此话题，较国外迟了 20 余年。王宁教授发表的《旅游体验的真实性再思考》一文掀起了国内学界对旅游真实性的广泛关注和讨论，其在总结前人研究的基础上，进一步发展了真实性理论，将真实性划分为客观主义真实、建

---

[1] 孙九霞、周一：《遗产旅游地居民的地方认同——"碉乡"符号、记忆与空间》，《地理研究》2015 年第 12 期。

[2] 刘俊：《旅游空间正义，谁的正义？》，《旅游学刊》2017 年第 3 期。

构主义真实、后现代主义真实和存在主义真实，[1] 并成为该领域的经典理论。时至今日，游客的真实性体验、目的地社区居民对真实性的理解与建构以及由真实性延伸出来的文化商品化等问题始终是国内旅游人类学研究的焦点，有关真实性研究的学术视角也发生了由"物"到"人"、由"客观"到"主观"的转移。

学术界对真实性争论不休的探讨的背后隐含着希望寻找一种带有公认和权威性质的认定或认可之目的，而旅游人类学学者对真实性探讨的目的之一，即在"自我"与"社会"的分裂越发明显，难以找到公认的真实属性背景下，寻求两者整合的真实存在。[2] 我们找寻的到底是"谁的真实"？只有回答了这个问题，才可能为目的地的旅游规划开发与发展提供明确的有效指导。目前，国内学界更多从游客视角出发，关注游客的真实性体验和感知，但近年来也有学者关注到"本地人追求享受现代性带来的福利，渴望通过舞台化真实获得物质生活条件的改善与游客追求旅游地文化的视觉差异，希望将真实性封存在前现代、贫穷、原始的印象"之间的悖论，从而引发了对"谁的真实性"的思考。[3] 更有学者认为对事实性真实和相对性真实的讨论本质上是没有意义的，游客暂时离开自己的惯常生活环境到异地旅游是为了寻求真实性只是学者们设定的"假命题"，他们对所谓的真实性根本不感兴趣。[4]

旅游人类学学者们之所以对真实性始终保持研究热度除了上述原因之外，还出于他们对文化保护与传承一贯的学术关怀。旅游人类学学者们担心优秀的传统文化，尤其是那些在民族地区、边缘地区更为脆弱的传统文化在急速到来的商业经济利益冲击下失去原有的文化意义。但越来越多的旅游人类学学者对文化的商品化持中立态度，因为文化本来就是不断变迁、不断被发明的，"客观真实"可能永无觅处，以文化发展为目的的商业运营反而可能有助于挽救濒临消失的文化技艺，同时通过文化交流，实现文化创新，并能够增强文化持有者的文化自信。

---

[1] Ning Wang, "Rethinking Authenticity in Tourism Experience," *Annals of Tourism Research*, Vol. 26, No. 2, 1999, pp. 349 - 370.

[2] 彭兆荣：《旅游人类学》，民族出版社，2004。

[3] 魏雷、钱俊希、朱竑：《谁的真实性？——泸沽湖的旅游凝视与本土认同》，《旅游学刊》2015 年第 8 期。

[4] 杨振之、胡海霞：《关于旅游真实性问题的批判》，《旅游学刊》2011 年第 12 期。

（四）旅游、仪式与认同

将仪式、文化与旅游相结合的研究，从内容上大概可以分为两类。一类是从旅游功能角度，把旅游看作一种仪式。旅游中普遍可见的精神状态的显著变化类似于宗教仪式或朝圣带来的精神转变，这种相似性使旅游被视为所谓的"现代朝圣"或"（世俗）仪式"。另一类是从旅游吸引物及产品角度研究旅游中的仪式，考察民俗宗教仪式在旅游发展过程中的演化。其中，与宗教仪式相关的朝圣旅游和民族旅游目的地的民俗仪式是学者们关注的热点。

1. 旅游作为仪式

研究仪式理论的著名学者特纳（Turner）曾提出"旅游者就是半个朝圣者，如果朝圣者是半个旅游者的话"的著名论断。格雷本从游客的角度出发，提出旅游仪式理论，认为旅游本身是一种仪式，即旅游为旅游者在"阈限"的时间和空间内提供了一种精神性体验，并有一个"世俗—神圣—世俗"的过程。"我们已经不是我们自己。我们经历了生命的再创造后已经成为全新的人。如果我们不能感受到这种新生，旅游也就失去了全部的意义。"[1] 这是因为旅游能够"更新"人的身心状态，能够指示出"离家－在家""神圣－世俗"的交替规律性，甚至对个体生命和社会生活的重要阶段进行时间测度，因而可以被视作传统社会年度节假日在现代世俗社会的替代品与世俗仪式。我国学者也就旅游仪式理论进行了研究，如张晓萍通过对旅游和朝圣之间关系的论述，对已有的旅游作为仪式的观点进行过探讨。[2] 彭兆荣认为，就其内在逻辑而言，朝圣者可以定义为"旅游者"，而旅游兼具"朝圣"的意义，那么，我们把旅游行为置于仪式范畴，特别是置于"通过仪式"视野下观照也就有了逻辑前提，旅游由此先天具备了仪式特征。[3] 赵红梅讨论了仪式理论在旅游研究中的应用，认为范热内普与特纳的论述与旅游最为相关。前者关于"通过礼仪"的思想，使各种礼仪与仪式研究成为当今文化人类学的重要研究旨趣，而后者通过对阈

---

① 转引自 V. L. Smith, *Hosts and Guests*: *The Anthropology of Tourism*, University of Pennsylvania Press, 1977。

② 张晓萍：《"旅游是一种现代朝圣"刍议》，《云南民族大学学报》（哲学社会科学版）2003 年第 4 期。

③ 彭兆荣：《民族志视野中"真实性"的多种样态》，《中国社会科学》2006 年第 2 期。

限阶段的"反结构"论述，揭示出人们对一种情感体验——"Communitas"的需要。① 张进福从"通过仪式"之时间性与当代社会之空间性入手，发现旅游兼具时间性与空间性，是现代移动社会的一种时空表达与仪式表征，"通过仪式"的空间领域，可作为"通过仪式"理论在移动时代的一种补充。② 谢彦君和徐英则以互动仪式为研究对象探讨其对旅游体验情感能量的影响，进而将这种改进纳入格雷本的旅游仪式理论模型，使之成为可以系统解释旅游体验情感能量的聚集、形成和衰减现象的动力机制模型。③从总量上来看，把旅游作为仪式研究旅游相比较于旅游情境下的民俗仪式研究是较少的，然而学者们通过理论回溯和理论反思，不断探寻旅游仪式化的研究维度与研究视角。

2. 旅游中的仪式

近年来，旅游情境下的仪式研究逐渐增多。在知网（www.cnki.net）依据摘要包含"仪式"及"旅游"两词来搜索，截至 2018 年 5 月，共有1345 条检索结果。研究多以民族地区、传统村落等地的民俗仪式为对象，从仪式展演、仪式空间、文化变迁等不同角度进行探讨。李春霞等以彝族"都则"（火把节）为例，对仪式服务于旅游的形式做了分类，包括开放性、表演性、发明性等，并认为彝人火把节从神圣化到世俗化，长远来看，是对彝族族性认同的一种淡化和削弱。④ 马翀炜认为，传统社会为了不断满足旅游开发等新需要而不断地凸显仪式的某些方面，或者"发明"某些传统的时候，"博热博扎"这类宗教仪式因很少受到关注，更无须向谁"表演"，反而更为本真。⑤ 光映炯等通过研究发现，在旅游场景中，西双版纳傣族"泼水节"和"旅游"之间有着"仪式"功能上的契合，"泼

---

① 赵红梅：《论仪式理论在旅游研究中的应用——兼评纳尔什·格雷本教授的"旅游仪式论"》，《旅游学刊》2007 年第 9 期。

② 张进福：《神圣还是世俗——朝圣与旅游概念界定及比较》，《厦门大学学报》（哲学社会科学版）2013 年第 1 期。

③ 谢彦君、徐英：《旅游场中的互动仪式：旅游体验情感能量的动力学分析》，《旅游科学》2016 年第 1 期。

④ 李春霞、彭兆荣：《彝族"都则"（火把节）的仪式性与旅游开发》，《旅游学刊》2009 年第 4 期。

⑤ 马翀炜：《福寿来自何方——箐口村哈尼族"博热博扎"宗教仪式的人类学分析》，《宗教与民族》（第五辑），宗教文化出版社，2007，第 14 页。

水节"被旅游开发和打造可以看作再一次的"传统的发明"。① 孙九霞、李毓运用道格拉斯的人类学身体象征理论和"洁净"概念视角，以西双版纳傣族园景区曼春满村民"送寨子"仪式为例，说明仪式各阶段隐含了多维度的身体实践和象征意义，旅游中的主客互动、旅游经济利益的驱动，促使村民对旅游采取开放、包容的态度，从而带动仪式社会秩序的变迁，主要体现为旅游情境中仪式时间和空间的让渡，仪式物质边界的形式化维系和精神边界的选择性忘却，旅游主客互动下仪式参与人群的多元化，这些导致仪式空间从封闭向开放转变。② 韩璐、明庆忠以景颇族"目瑙纵歌"节为实例，基于建构主义真实性理论，对少数民族节庆仪式展演的文化象征体系及精神世界作初步解析，将旅游客体的象征体系真实分作传统真实、替代真实和再生真实等类型，并对仪式场域中仪式行为者、游客感知的真实性作了调查分析。③ 可以看到，在旅游发展的背景下，传统仪式的传承与活化不断受到挑战，面对不同的发展语境，仪式的承载者会选择不一样的策略去应对。

3. 旅游情境中的文化认同

旅游活动涉及众多的"他者"，游客与"他者"及"他者"的地方、文化、行为等进行接触、交流、互动，在此过程中产生多元认同或排斥。这种认同不仅包括国家认同、地方认同、族群认同，也包括自我认同、文化认同和社会认同等多个方面，以文化认同为主题的研究主要表现为旅游表征中的文化认同、商品化过程中的认同、文化认同的建构等。吴其付认为，旅游情境中文化认同既有来自主流社会的建构，也有地方族群的自我认知。④ 孙九霞、吴美玲认为，族群内部主体对文化商品化的认同是多维度、多层次的，既包含对价值观念的认同，也蕴含对文化符号和文化身份的认同；而旅游参与程度、利益诉求以及地方政府支持力度的不同是造成

① 光映炯、黄静华、光映霞：《旅游展演·行为实践·社会交流——以丽江玉水寨"东巴法会"为例》，《广西民族研究》2014 年第 4 期。

② 孙九霞、李毓：《洁净和身体：西双版纳傣族园"送寨子"仪式空间研究》，《贵州社会科学》2016 年第 8 期。

③ 韩璐、明庆忠：《少数民族仪式展演节庆旅游开发及经营模式构建研究——以德宏州"目瑙纵歌"节为例》，《旅游研究》2016 年第 8 期。

④ 吴其付：《旅游开发下民族社区精英成长与文化认同——以北川羌族自治县五龙寨为例》，《重庆文理学院学报》（社会科学版）2013 年第 4 期。

各主体文化认同差异的重要因素。① 张捷等关注了中日两国书法景观空间分异特征及文化认同的异同，发现全球化背景下中日两国对书法文化仍然存在较强的文化认同，然而现代旅游街区的书法景观较之传统旅游街区已经弱化的现象揭示了这种空间分异的形成机制。② 薛熙明等解读了在旅游发展进程中族群个体的民族认同感的演化过程，发现旅游对民族认同的影响在于旅游引致的经济增长提高了民族文化的"势位"，文化旅游的发展使民族认同的层次不断深化，民族旅游的盲目开发和过度开发将误导民族认同的方向。③ 在民族认同方面，国内学者杨慧、吴其付和孙九霞等分别以云南民族旅游、羌族旅游和三亚回族旅游为案例，指出旅游发展有助于民族认同的强化。④ 文化认同渗透于其他所有认同之中，构成了各种认同的核心环节，充分体现了文化在旅游发展中的灵魂作用。

（五）旅游、流动与文化变迁

旅游具有天然的流动性，旅游活动本身是以其异地性和人的流动性为特征的。流动范式下的旅游打破了旅游与日常生活、客源地与目的地的界限，同时蕴含着新的人地关系与社会关系。社会科学研究中的"流动转向"⑤ 反思以往的恒定性的研究范式，不再将世界看作由黏滞的空间中所固化的物品组织而成的，而认为社会由流动所构成，⑥ 将流动看作世界运转的方式。地理学、人类学、社会学都对流动性进行探讨，其中人类学从特定社会范畴中的文化变迁与认同研究群体流动中和流动后的主客互动。国内对于"mobility"的研究非常有限，仅有少数学者从流动性视角对与旅

---

① 孙九霞、吴美玲：《商品化视角下族群内部主体的文化认同研究——以云南丽江纳西族东巴纸为例》，《中南民族大学学报》（人文社会科学版）2017 年第 3 期。

② 张捷、卢韶婧、杜国庆、孙景荣、万基财：《中、日都市旅游街区书法景观空间分异及其文化认同比较研究》，《地理科学》2014 年第 7 期。

③ 薛熙明、覃璇、唐雪琼：《旅游对恩施土家族居民民族认同感的影响——基于个人生活史的视角》，《旅游学刊》2012 年第 3 期。

④ 杨慧：《民族旅游与族群认同、传统文化复兴及重建——云南民族旅游开发中的"族群"及其应用泛化的检讨》，《思想战线》2003 年第 1 期；吴其付：《民族旅游与文化认同：以羌族为个案》，《贵州民族研究》2009 年第 1 期；孙九霞、陈浩：《旅游对目的地社区族群认同的影响——以三亚回族为例》，《地理研究》2012 年第 4 期。

⑤ T. Cresswell, "The Right to Mobility: The Production of Mobility in the Courtroom," *Antipode*, Vol. 38, No. 4, 2010, pp. 735 – 754.

⑥ P. Adey, *Mobility*, Routledge, 2009.

游相关的一些现象进行过论述。孙九霞等在 2016 年开展了一场针对流动性话题的跨学科对话，是国内学界第一次把对流动现象的关注上升为对流动性理论本身解读的积极探索。①

流动的过程塑造了独特的个体体验和主体意义，承载着多重社会内涵。交通工具作为一种"流动性技术"、流动方式被赋予了丰富且独特的意义。吴寅姗、陈家熙、钱俊希通过联合情感体验、物质和社会关系三个维度来展开流动性的研究，认为入藏火车旅行是一种"流动的仪式"，物质技术以及运动中相伴的渐变海拔，共同以"高原反应"的特殊形式嵌入游客的身体，使游客对地方和运动产生了独特的流动性体验，进而赋予了入藏火车以特殊的文化意义。② 国家或城乡之间的地理流动促成了个体在社会结构中的社会流动。孙九霞、张骁恒研究了阳朔跨国婚姻缔结的影响，认为全球化背景下，身体的流动、物质的流动和信息的流动对阳朔跨国婚姻缔结具有推动作用，也为跨国家庭选择在阳朔居住提供了物质和精神上的支持。③ 姜辽、李甜甜通过对周庄古镇旅游劳工移民的研究发现，商业价值是旅游劳工移民存在的最初意义，随着居住时间的渐长，部分旅游劳工移民已与周庄其他存在者建立了密切的朋友关系，更有一批人开始了深层次亲情制造和家的建构实践，形成强烈的地方认同和归属感，成为新的周庄人，存在意义由此从理性转向感性。④ 王舒媛、白凯以典型城市民族旅游社区西安回坊为例，探讨了旅游劳工移民地方依恋对主观幸福感的影响⑤。边民的日常跨境流动象征着他们所拥有的社会权力，可以扩展多元的社会关系。唐雪琼等探讨了对于多元复杂的跨境流动过程中的文化认同及其形成机制，他们以中越边境地区的苗族花山节为研究切入点，发现跨界流动加强了民族文化的交流与认同，共同促成了花山节的文化传承，维系了跨境民族的亲缘关系。移民的流动则是重构族群身份认同，获

---

① 孙九霞、周尚意、王宁、朱竑、周大鸣、甄峰、刘行健、杨晶晶、陈敬复、杨茜好：《跨学科聚焦的新领域：流动的时间、空间与社会》，《地理研究》2016 年第 10 期。

② 吴寅姗、陈家熙、钱俊希：《流动性视角下的入藏火车旅行研究：体验、实践、意义》，《旅游学刊》2017 年第 12 期。

③ 孙九霞、张骁恒：《流动性背景下跨国婚姻缔结的影响因素：阳朔案例》，《旅游论坛》2015 年第 3 期。

④ 姜辽、李甜甜：《周庄古镇旅游劳工移民的存在主义分析》，《旅游科学》2016 年第 2 期。

⑤ 王舒媛、白凯：《西安回坊旅游劳工移民的地方依恋与幸福感》，《旅游学刊》2017 年第 10 期。

得多元与极具弹性的身份认同的过程。① 旅游的流动过程展演了独特的生活方式。生活方式型旅游企业主移民在大理古城的聚集形成了小型的流动的移民社区，他们一直保持"在路上"，区别于根植于当地的传统社区居民和典型的游客。② 徐红罡等对生活方式型旅游企业主移民社会交往做了进一步研究，发现生活方式型旅游企业主移民的社会交往"圈子"具有三大特征：自发性和同质性；随意性和非功利性；交往空间的开放性与私密性。社会交往"圈子"对生活方式型旅游企业主移民的作用主要体现为："圈子"是生活方式型旅游企业主移民的信息来源和资源支持，圈子交往为生活方式移民提供了情感支撑和归属感。③ 黄佩、王文宏等将"流动性"作为探讨媒介塑造认同的切入点，认为互联网可以作为一种中介，通过媒介手段进行对"流动性"的认同塑造，从而连接自我认同与他人认同，让我们更好地理解流动社会所引起的社会环境和社会心理变化。④ 可见，通过实体移动、物品移动和虚拟移动，游客构筑了与异地的多元化关系及网络，引致空间和资源的冲突；由现代科技连接的实体/虚拟移动变革了旅游者离家/在家的体验及传统时空关系，由此也将日益打破旅游/工作、真实/虚幻、神圣/世俗、在场/缺场、主人/客人、地方/人等与旅游相关的二元对立关系。⑤

四　结语

旅游人类学的学术研究在中国的发展基于两条路径。一方面，从 20 世纪 90 年代起，一部分在国外学习的中国学者了解到西方学者对旅游研究的

① 唐雪琼、钱俊希、杨茜好：《跨境流动视阈下的节庆文化与民族认同研究——中越边境苗族花山节案例》，《地理科学进展》2017 年第 9 期。
② 马少吟、徐红罡：《从消费到生产：大理古城生活方式型旅游企业主移民的生存特征》，《旅游学刊》2016 年第 5 期。
③ 徐红罡、马少吟、姜辽：《生活方式型旅游企业主移民社会交往研究》，《旅游学刊》2017 年第 7 期。
④ 黄佩、王文宏、张蓁：《网络中的背包客：从流动中寻求认同》，《旅游学刊》2014 年第 11 期。
⑤ 朱璇、解佳、江泓源：《移动性抑或流动性？——翻译、沿革和解析》，《旅游学刊》2017 年第 10 期。

关注，进而将西方研究引入中国；另一方面，中国本土的人类学家和民间学者在见证了大众旅游的快速发展对当地社会与文化的影响后，开启了国内的研究。

尽管从古到今，中国人一直有旅游行为，但大众旅游在中国的兴起始于20世纪70年代末。如今，中国已成为世界上最大的旅游目的地国家之一，国际游客纷纷涌入中国，中国旅游业发展之快，已引起一大批关注经济和社会发展问题的中国学者的注意。随着旅游业的发展带来了更多的社会、文化和生态问题，学者们开始将旅游研究纳入他们对社会学与人类学的研究中。

作为中国旅游研究的先驱，申葆嘉于1982年在南开大学成立了中国第一个旅游系，并率先运用了"旅游人类学"的概念。[1] 从此，中国出现了一批旅游人类学的学者运用人类学的方法审视中国旅游业的发展与影响。其中一些学者的研究工作对中国旅游人类学的发展是影响至深的。

1999年9月，由云南大学人类学系教授杨慧牵头的"人类学：旅游与中国社会"国际学术研讨会在昆明召开。这次会议在中国的旅游人类学发展史上具有里程碑式的意义，众多国际与中国学者参加了这次会议，会后出版了《旅游、人类学与中国社会》[2]，推动了中国人类学界对旅游研究的介入及国际对话。此后，旅游人类学得到学术界越来越多的关注。云南大学张晓萍教授在参加了加州大学伯克利分校的旅游人类学研讨会后，出版了几部旅游人类学的著作。韩敏教授曾在东京大学人类学专业学习，并在日本国立民族学博物馆工作期间参加了中国的旅游人类学研究工作。中央民族大学宗晓莲教授对旅游开发中的地方文化变迁产生了浓厚的兴趣，[3] 她在云南长期田野调查基础上阐释了纳西族社区如何适应旅游业。[4] 之后，她迁至日本福冈女子大学工作，并在日本写了《中国旅游人类学研究评述》（2009），以阐释说明中国旅游人类学的发展。

近年来，随着中国旅游人类学分支学科的逐步确立，从事旅游人类学

---

① 申葆嘉：《国外旅游研究进展》，《旅游学刊》1996年第1期。
② 杨慧、陈志明、张展鸿主编《旅游、人类学与中国社会》，云南大学出版社，2001。
③ 宗晓莲：《西方旅游人类学研究述评》，《民族研究》2001年第3期；宗晓莲：《西方旅游人类学两大研究流派浅析》，《思想战线》2001年第6期。
④ 宗晓莲：《旅游开发与文化变迁：以云南省丽江县纳西族文化为例》，中国旅游出版社，2006。

研究的中国学者们不断进行反思。作为中国从事旅游人类学研究的重要学者之一，厦门大学的彭兆荣教授通过反思中国古典文学经典的价值回顾旅游人类学中的议题。彭教授在国外学习人类学，回到国内在厦门大学设立了旅游人类学研究中心，并出版了旅游人类学著作。[①] 中山大学的孙九霞教授开创了国内社区旅游、社区参与等研究领域，并长期关注旅游影响下的中国传统村落，大量的研究成果拓宽了旅游研究视域，为国际理论界提供了中国经验及理论解释。包括中国的青年学者的研究在内，所有这些在人类学视角下的中国旅游研究，有助于旅游人类学的进一步发展。

中国旅游人类学经过近 30 年的发展，无论在学科发展还是研究成果方面都取得了很大成效，研究领域也比较广泛，但存在一些不足之处。首先，研究中存在片面化理解旅游的现象。人类学家在研究旅游时覆盖的主题可以划分为两个部分，一部分是寻求理解旅游的起源，另一部分是揭示旅游的影响。但问题在于大部分旨在理解旅游起源的研究只关注游客，大部分关于旅游影响的研究主要关注当地人。未来需要从目的地社会、游客以及客源地社会多方出发来理解分析旅游现象。其次，研究队伍尚未形成规模，研究深度仍然不够，现有研究主要借用西方人类学理论来阐释中国的旅游现象，尚未构建起本土化的理论体系。旅游人类学的理论来源是文化人类学，但目前很多涉足其中的学者并未深入理解这些人类学理论。因此，要真正做到旅游人类学的本土化，需要学者们在扎实掌握人类学理论基础之上，结合旅游场域发现有价值的研究问题，并且需要与不同学科合作来探索解决问题的方法，在理论与实践结合的基础上，上升到对学科本质及方法论的探讨，形成拥有独立话语体系和理论范式的中国模式。如此，研究数量急剧增多、研究领域愈加广泛的中国旅游人类学，才能真正实现量与质的同步增长。

---

① 彭兆荣：《旅游人类学》，民族出版社，2004。

教育法律人类学刍议

孙 平[*]

一 人类学是一门包容性很强的学科

人类学是一门注重研究人的生物形态和文化形态的学科。这个学科的名称给人的感觉是无所不包，好像这门学科的存在使得其他的学科都成了它的附属学科。其实，人类学和其他社会科学一样，大的方面都是研究人类生存的问题，只是在具体研究对象上有所区别，在研究方法上各不相同。人类学的研究对象主要在于"文化"方面，研究方法突出在田野调查上。学科特点的不同正是学科得以存在并能够发展壮大的基石。早期的人类学关注的是边远地区少数民族或殖民地原住民的生活，现在的人类学更关注现代人或本国人的生活；早期的人类学重点关注人类的"异文化"，现在的人类学开始关注现代人的新生活方式，如虚拟社区、网络语言等；早期的人类学家主要去边远的甚至是原始人居住的地区调研，现在的人类学家更多的是在自己生活的周边地方进行田野调查。

近年来，传统意义上的人类学已经被越来越多的年轻学者所改变，年轻学者喜欢使用人类学的方法研究现实社会中的各种问题，已经不再局限于民族学、考古学、古人类学的框架中，他们喜欢将人类学的知识和方法运用到他们熟悉的课题中去，不愿或不可能去"原始的部落"进行"田野调查"。他们学习费孝通先生的做法，将自己的生活场景和现实问题进行

---

[*] 孙平，法学博士、教授，广东开放大学副校长。

本土化的多元思考，提出一些参与性的独到见解。在现代社会科学的纯理论研究已经式微的状况下，人类学以其特有的具有"真实感"的实证性研究不断获得越来越多学者的认可。

为什么说人类学是一门包容性非常强的学科呢？因为人类学在发展的过程中不断吸收其他学科的知识，不断消化其他学科的有益成分，在学科融合的基础上产生了越来越多的交叉性的人类学学科。只要能够将人类学的研究方法运用到相关的学科中去，就会产生一门门新的人类学学科，如体质人类学、医学人类学、文化人类学、社会人类学、城市人类学、都市人类学、经济人类学、法律人类学、监狱人类学、历史人类学、教育人类学等。随着学科研究的深入和学科发展的成熟，现在又出现了多门学科交汇融合的人类学，如历史文化人类学、教育法律人类学等。人类学可以说没有固定的学科边界的限制，人类学的研究对象是多样化的，或者说人类学没有一个固定的主题，只要使用了田野调查、深度访谈、参与观察、他者视角、文化志（民族志）等人类学的方法去研究人类社会的各个领域，就有可能产生新的人类学分支学科。学科之间的界限本来就是人为的，而如今在社会科学的应用方面则更多地强调以问题为中心，进行科际整合。①人类学发展到今天，越来越多的新的分支学科的出现是这门包容性很强的学科发展的必然结果。当然，一门学科能否产生主要看它有没有独特的研究对象和独特的研究方法，具备了这两个条件，就为新学科的产生奠定了必要的基础。

人类学虽然研究的内容很多，但万变不离其宗，人类学主要是研究人类本身的，无论是人的生物形态，还是人的文化形态，人类学关注的都是人类存在的意义和发展趋向，离开了"人"这一核心，人类学也就没有存在的必要了。

教育的目的在于促进人的完善，人类生活的目标在一定程度上来说就是通过教育来增加个人的智慧和力量。把一切有益的知识传授给一切有需要的人是教育的使命。教育也是发现自我、认识自我的原动力。教育到底要达到一种什么样的境界？其实人类一直在进行苦苦的探寻，教育的梦想和现实的距离总是存在的。"夸美纽斯认为合适的教育不应该仅仅包括科学知识，还是传授'好的举止'及'虔诚'。换句话说，教育要传授正确

---

① 胡鸿保：《中国人类学史》，中国人民大学出版社，2006，第190页。

的价值观。"①

教育学关注的是人，人类学关注的也是人，由于视角和方法的不同而形成了两种不同的学科。同时，正是它们对问题意识的一致性，使得它们能够发挥各自的长处，在融合发展上能够形成独特的观察视角，这样，教育学与人类学就走在了一起，教育人类学也就自然而然产生了。教育人类学关注的内容就是人的教育问题。人类的教育史本身就是人类智力的进化史。

教育人类学从学科的定义上来看，就是利用人类学的方法来研究教育问题的一门学科，它的立足点还有教育，只是用人类学的方法去阐明教育的问题。教育人类学可以说也是一门新兴学科，它的范围和结构体系都不完善，对这门学科的认同还存在新的挑战。但从学术的谱系来看，教育人类学的思想可以追溯到古希腊时代，一些有名望的教育家、哲学家本身也是教育人类学的创始人，如柏拉图等。由于教育人类学的思想也是哲学思想或社会学思想体系的一部分，因此在学科的界限方面就不是非常清晰，学者研究的角度和背景都有所不同，现在学界将教育人类学分为几个流派：文化教育人类学、哲学教育人类学、历史教育人类学等。

法律学也称为法学，是以法律、法律现象及其规律为研究对象的学科。法律，一般是指由国家制定并认可，以国家强制力保证实施的行为规范的总和。法律不是人类社会一开始就有的，而是在社会发展到一定程度后与国家一起产生的。法律是在人们的实践基础上总结、提炼出来的行为规范。法律的特点是规范人们的行为，但是又不能代替道德的制约。道德是法律的基础，又不同于带有强制力色彩的法律。按照马克思的国家学说，法律是阶级社会必然的产物，它不是随着人类的出现而出现，而是社会发展到一定阶段的社会现象。随着人类社会的进一步发展，到了共产主义社会，法律也就自然而然消失了，所以说，法律是社会发展到一定阶段的社会现象。法律是现代社会正常运行的主要保障工具，是以强制力保证实施的，是人们敬畏的社会控制工具。法律的运行表现有成文法，也有民间的不成文法。在效力上，成文法的市场在全社会，是政府进行社会治理依靠的重要工具。民间的不成文法的市场主要在乡村，是调节民间社会规范的无形的力量，有时发挥的作用超过了政府主导的成文法。法律的发展

---

① 〔德〕克里斯托夫·武尔夫：《教育人类学》，张志坤译，教育科学出版社，2009，第16页。

越深入，法律的分类越具体，产生的法律条文就越多。教育方面的法律主要属于行政法类。

人类学在成为对法律现象进行研究的重要方法的学科之后，就产生了法律人类学。从国家控制到个人自由，从私有制到公司运作，从婚姻家庭到虚拟社区，从《原始人的法》《古代法》到《生育制度》《被冷落的真实——新山村调查手记》，处处都能看到法律的影响和制约以及法律人类学的痕迹。可以说，现代社会离不开法律的保障，也离不开法律的控制。人类既要依赖法律求得发展，又在不断地设计摆脱法律束缚的措施，人类矛盾体的表现在法律方面的反映尤为突出。法律人类学的发展为人类学研究领域的拓展提供了广阔的空间，也为法律问题的深入研究开辟了新的途径。"法律人类学对法律问题的关注不像传统法学家那样只关注法律的制定，程序的运作，它更关注法律在人们心目中的作用，关注人们心目中的'法律'。"[①]

二 教育法律人类学是学科深入发展的结果

在我国，教育学、法律学（法学）和人类学是各自独立的学科，本身并没有从属关系。但是，教育部在学科等级设计的过程中将法学设计为一个大的学科门类，其下有一级学科社会学，社会学之下又有二级学科人类学。学位授予时往往以学科门类的名称体现，如人类学的博士授予的是法学博士学位。其实这是一种强制性的学科属性的划分，其合理的成分并没有多少，只是一种学科等级设计的结果罢了。在日常的研究中，教育学、法律学、人类学是各自独立的平行学科。

对教育领域中的法律问题，教育学可以研究，法律学也可以研究，只是各自的角度和立足点不同罢了。但是，在教育领域内使用人类学的方法关注法律问题，就可以产生一门新的学科——教育法律人类学。学科的分类越来越细，研究的范围似乎越来越窄了，同时对研究者的知识背景要求更加严格了，能够对话的人群范围更小了，但是其提出的解决问题的方案更加专业了。通过多元的学科交叉研究进行有效的融合，产生一种能够着

---

①　孙平：《监狱亚文化》，社会科学文献出版社，2013，第59~60页。

实解决实际问题的崭新学科，那么这样的学科分类也未尝不可。

通过人类学的研究方法来解读教育领域中的法律问题，是教育法律人类学所要确定的立场，否则的话，这门学科就变成教育人类学或法律人类学了。教育人类学虽然也关注教育中的法律问题，但是它研究的范围相对于教育法律人类学来说还是宽泛了许多。法律人类学虽然也关注教育的问题，但是相对于教育法律人类学来说不够具体。因此，我们把教育学、法律学、人类学放在一起研究特定的问题，就必然产生一个有针对性的研究领域。而且这个研究领域的范围虽然比较窄，但是专业化程度更高了，对于研究者来说具有相当大的挑战。教育学、法律学、人类学的知识集于一身的学者才能够跨进这样的研究领域。所以说，学术发展到了一定的程度就会自然分化出更小、更专业的研究领域，而这些领域要求研究人员的知识积累十分丰富而厚实。

现在在教育领域中，矛盾层面的问题越来越突出，需要法律的救济也越来越迫切。如果通过建立教育法律人类学的途径去从一种新的视角看待问题的话，我们对教育的认识、对法律的认识、对人类本质的认识就会有一个全新的答案。人类学在许多场合表达了特殊的思路，借助人类学的说理方式不但可以解读教育的问题，而且可以解读教育中的法律问题。

从教育法律人类学这个学科的名称来考虑，教育是摆在最前面的，因此教育也是这门学科的落脚点，法律是问题的视角，人类学是研究的方法，核心还是要解决教育中的法律问题。教育法律人类学的研究对象是比较单一的，它的主题不会像教育学或人类学那么广泛，它只是关注教育中的法律问题，这个范围是十分有限的。不要以为多学科的融合就会产生范围广泛的学科，其实融合的学科越多，研究的范围就越窄。教育法律人类学的研究范围自然就没有教育人类学或法律人类学的研究范围广泛。

法律制度的建立与运用在现代教育中显示的作用越来越大了。可以说许多教育发展规律性的东西已经成为人们的共识，对这些共识性问题有些人喜欢将其变成法律条文，按照法律条文进行"依法治教"。但也有的人喜欢按照个人意志办事，不希望更多的人通过法律的方式获得共识性的知识，不希望按照一定的程序去实施教育，其实这是一种教育的"人治"。站在法律的角度去看待问题，我们感到确实需要通过人类学的"个体观察与分析"去解读教育中的"人治"现象。

近年来，教育学、法律学和人类学学科的快速发展已经为构建教育法律人类学提供了坚实的基础。建立教育法律人类学学科体系的时候已经到了，其有利的条件主要在于现在的这三门学科的研究人员越来越多，学科研究越来越细化，学科研究的难度也越来越大，找到一个合适的研究视角对研究人员来说是一件非常重要的事情，而实证研究越来越受到学术界的认可。站在多元的角度进行实证性的研究越来越受到学界的追捧，可以说教育法律人类学的研究前景是非常光明的。

教育法律人类学从学科划分来说主要还是属于人类学的分支学科，因为对于教育学或法律学来说其人类学的痕迹较重，教育学或法律学的专家较难使用人类学的田野调查方法。人类学的叙事方式对于教育学、法律学学科的人来说有一定的知识难度，教育学、法律学上升到学科理论高度后，其表述的方法主要是学术说理而不是叙事。

教育学、法律学、人类学本是三门学科，现在要融合为一门学科就会产生一些疑问：为什么要融合？以谁为主融合？到底偏重什么问题？可以说，三门学科能够融合在一起是学科成熟的标志，是学科进一步发展的需要，是研究社会现实问题的需要，也是学术发展层次上升的体现。三门学科融合在一起，到底以谁为主呢？我们认为落脚点应该是人类学，虽然这门学科是三门学科大发展的结果，但是其研究的方法不同于一般的学科，它侧重于教育学中的叙事研究，关注法律中的人性问题，通过使用田野调查、深度访谈、口述史、参与观察等独特的方法展现鲜活的人文事物，使得严肃的学术问题变得生动活泼，让人从个体"故事"中感受宏观事物发展定律。这门学科不是大杂烩式的学科要素的堆积，而是以"人文关怀"为核心，把教育学、法律学中的"人"的要素部分提炼出来，使用人类学的方法进行展现，这是它关注的要点。当然，三门学科有合也有分，三门学科本身还是并列的，只是其中的一部分交叉融合成为一门新的学科，并不影响各自学科的发展。

不可否认，教育法律人类学还是一门边际学科，它与教育学、法律学、人类学的关系紧密，科际整合的特点决定了它相对于传统主流学科处于边缘地位。但是，边缘性并不代表这个学科不重要或者说没有必要存在，而是说它是一个独特的学科组合，学科的特点更加鲜明，它是能够在更广泛的场合中交流的学科，是能够在特殊的领域发挥独特作用的学科，是能够提出独到见解的学科，是能够在不同的领域引起共鸣的学科。

由于教育学、法律学、人类学都是以"人"为中心建立的学科，因此它们的结合就有了一种自然的缘由。要构建一个结合性很强的学科，就要关注这方面的文献。由于这门新的学科尚未引起注意，这方面的著作较难收集和归类，我们只能就几部有代表性的文献探讨其与教育法律人类学的联系。目前教育人类学或法律人类学的研究文章能够发现，但是教育学、法律学、人类学三门学科融合在一起的文章较难寻找，有关教育法律人类学的书籍也难以见到。当然，我们可以从教育人类学、法律人类学的相关著作中汲取营养来构建教育法律人类学的理论体系。

研究法律和人类学的人一般会关注意大利学者切萨雷·龙勃罗梭（1835～1909）所著的《犯罪人：人类学、法理学和精神病学的思考》，简称《犯罪人论》。龙氏被视为实证主义犯罪学派的创始人、体质人类学大师，也被誉为"现代犯罪学之父""刑事人类学之父"。龙氏提出了一个至今争议很大的问题，即是否存在天生犯罪人的问题。龙氏和他的同事研究了7000多名监狱的犯人，经过解剖犯人的尸体、测量犯人的身体，得出了许多不被认可又很难驳倒的观点，即天生（生来）犯罪人的观点。许多人不认可龙氏的观点，但是"龙勃罗梭的生来犯罪人学说，是在大量实证研究的基础上提出的"。[①] 有谁能够拿出实证依据来反驳龙氏的观点？现在几乎没有，大家都是从传统思维的观点出发去反驳的，难有实证依据支撑。对文化教育与犯罪的关系，龙氏有一些独到的见解，如龙氏指出：一般来说，在犯罪人中，平均50%～75%的人是文盲。但在未成年犯罪人中，只有42%是文盲；最难以制服且屡教不改的犯罪人是有文化的人；知识可以服务于行善，但也可以服务于作恶；大量的累犯是受过教育的人；文化教育只是在某种程度上有助于犯罪，它在其他方面可以成为犯罪解毒剂。因此，我们不能说文化教育是对犯罪的抑制，但也不能说它是一种刺激。当文化教育在所有阶层中获得普及时，它将会发挥比较好的作用，使犯罪在中等文化程度的人中减少；教育助长某些类型的犯罪，减少另一些类型的犯罪，同样，它（教育）使某些形式的精神病增加……[②]读龙氏的《犯罪人论》，确实有醍醐灌顶的感觉，无论是研究人类学、法律学还是教育学都能够获得帮助。因此，笔者认为，教育法律人类学要把龙勃罗梭作为一个重点人物加以研究。

---

① 〔意〕切萨雷·龙勃罗梭：《犯罪人论》，黄风译，北京大学出版社，2011，序言第7页。
② 〔意〕切萨雷·龙勃罗梭：《犯罪人论》，黄风译，北京大学出版社，2011，第116～118页。

现代教育的法律原则许多来源于夸美纽斯（1592～1670）的观点，这位捷克教育家的观点奠定了现代教育学的基本框架，因此研究教育法律人类学要关注夸美纽斯的观点。现在看来他的观点没有多少稀奇之处，但它却是现代教育的源头。夸美纽斯的主要观点从17世纪一直保留到了今天，如一切教学的进行都应以已知的为媒介；一切学习都应以固定的时间加以计划；一切教学都不应严肃进行，但必须维持纪律；各种语文的语法名称应当相同；一切学科的教授都按照一致的原则；所有年轻人都必须受教育；学生在家里应和在学校一样遵守纪律；凡是引发邪恶的东西，都不应给予学生。夸美纽斯通过介绍鸟儿、花朵、植物的成长这些通俗易懂的道理来解读教育的原理。读夸美纽斯的《大教学论·教学法解析》，仿佛是在听一位老人絮絮叨叨、一点一滴地说教，内容没有很强的逻辑性，但是，言简意赅，300多年前的许多话现在还能发挥作用，还能影响现代学校的教育。现在的幼儿园、小学、中学、大学都是从夸美纽斯的理论发展而来的。

三　教育法律人类学需要关注的问题

教育法律人类学关注的主要是教育领域中的法律问题。对这些问题我们可以进行一个大致的归类：以人物为对象有教师、学生、家长和政府管理部门的人员涉及的法律问题；以学校类型为对象有幼儿园、小学、中学、大学和成人教育学院涉及的法律问题；以管理为对象有社会、政府和学校涉及的法律问题。人类学的特点在于从"人"的角度去观察问题，因此以人物为中心是教育法律人类学研究的主要路径。同时，人类学又非常关注叙事的方式，因此这个学科的故事性又比较强，如果把握不好分寸的话，又会给人以"小说"的印象，不被学术界认可。

目前在学校教育中遇到的突出的法律问题主要有学生的恶意欠费、两性关系甚至怀孕、伤害、偷窃、欺诈、侮辱、自伤甚至自杀，以及学校管理中遇到的学籍纠纷及开除、退学和其他纪律处分等。所有这些其实都是教育法律人类学需要研究的课题。现在存在的问题是对这些问题要么不关注，要么只是站在一种角度去研究，随着问题意识的增强，我们要学会多角度、多学科地解读这些问题，这本身就是学科发展的必然趋势。从人类学的角度去关注、研究教育领域的法律问题，会给学校的管理带来一种新的思路，使得我们的视角更加多元化，对教育问题的解决一定会产生积极的指导意义。当然，教育法律人类学不能把落脚点只放在"法律冲突"方面，"法律冲突"现象是一个重要的切入点，但不是全部。随着教育的发展，不断会产生新的法律问题，这些问题有传统的研究方式，也有人类学的研究方式，问题在于用什么方式更能解决问题，更能透彻地看清问题的实质。

教育法律人类学要得到社会的认可，必须在"讲故事"的同时讲清理论的关系，把握学术研究与小说杜撰的严格区别，把一个用学术思路解读的问题用类似于小说的故事解释清楚，而且这个叙事是真实的、可靠的，是用第一手得来的材料加工的，没有个人的感情色彩，完全是一种真实世界的浓缩，同时在叙事的过程中包含了学术的总结。唯有这样，教育法律人类学才能有说服力、影响力和发展前途。"就目前的主流学术研究而言，显然仍是理论言语一统天下。即使描述现实生活中的问题，理论语言的表述能力也是十分有限的。"① 当然，我们也必须承认，教育法律人类学目前还没有成熟的理论体系和有影响力的著作，还处于创立学科的雏形阶段。因此，叙事研究即使是一种主要的研究方式，目前也很难拿出一套统一的研究范式。从教育法律人类学的角度来看，我们关注教育领域的法律实践活动，在这方面产生自己的话语方式，这是教育法律人类学叙事的主要目的。立足日常教育实践中的法律问题，是教育法律人类学重点关注的方向。

教育法律人类学更关注教育学、法律学、人类学无法单独更好解读的事物。一段时间以来，大家都比较关注"暴力教育"与校园欺凌事件。其实这类事件以前也有，但是过去没有那么先进的传播手段，所以其影响没有那么大、那么广。但是现在网络技术十分发达，一段手机网络视频就可能引发一起严重的社会事件，会引起成千上万人的关注和评论，自媒体的发达程度令传统媒体望尘莫及。另外，现在发生的校园欺凌事件使人们感受到当下的中小学生暴力的程度越来越严重了。一些学生对同伴的尊严和生命的漠视程度令人发指，使得人们开始怀疑现代教育的意义和目的了。本来学生时代的打架是很正常的事情，但是现在再看看，网络上显示的学生攻击的暴力程度真是不可想象。这是一个非常值得教育法律人类学学者

① 钟启全、吴国平主编《反思中国教育》，华东师范大学出版社，2007，第181页。

研究的问题。未成年人保护法、治安管理处罚法、刑法似乎也能处理校园欺凌问题，但是从人类发展的历程看，现在的学生接受的校外教育往往成为我们忽视的方面。在校外学生接受什么样的教育，就会在校园内得到体现，所以教育学关注点往往在校内而不在校外，这是有局限性的。从教育法律人类学的视角切入校园欺凌事件，我们可以从学生的成长环境的变化、校外教育发展的状况、自媒体的发展以及成年人对下一代教育观念的变化等方面进行全面的研究，更应从人性的角度和人类发展的角度去研究，这就能够比较全面地解读校园欺凌这种比较复杂的法律问题，为教育界和法律界的工作提供一个新的融合了教育学、法律学、人类学内涵的答案。

从目前的研究情况来看，教育领域中的法律问题是非常多的，但是由于教育立法不足，关注教育领域法律问题的学者不多，研究的成果难以引起共鸣，导致研究者的研究路径存在不确定性。能够使用人类学的方法来解读教育领域的法律方面的问题是一个很好的途径，因为通过叙事的方法可以扩大研究的影响力，使得更多的人关注教育领域的法律问题，这样才能够形成一种社会认识。比如，近年来国内的许多大学在教育部的要求下在制定大学章程，而且各个学校的章程要报教育行政主管部门批准备案。其实在目前的国家行政管理体制下，很多高等学校制定出的大学章程只是把上级的要求再重复一遍，把原来的做法再重新声明一下。"大学章程乃高校自主管理'公权'之产物，理应遵循公法制度之共同原理与规则"，[1]但现实情况并非如此。因此，有学者认为目前制定的所谓的"大学章程"根本就不是真正意义上的大学章程。看看大学内部的管理方式，再看看专业课程的设置，看看对教师的要求，等等，难以体现独立法人的法律地位。只有确定了学校真正的法人地位，才能谈"依法治校"，现在的问题是如何确立学校的独立法人地位。"私立学校的法人地位容易确定，但公立学校的法人地位则较麻烦。两种观点之间有所出入的关键在于：公立学校有限的'独立性'与法人要求的'独立享有民事权利'及'独立承担民事义务'之间的冲突。"[2]

教育领域中的法律问题值得人类学关注。对人类学来说，关注教育领

---

① 湛中乐等：《公立高等学校法律问题研究》，法律出版社，2009，第35页。
② 蔡春：《在权力与权利之间》，北京师范大学出版社，2010，第172～173页。

域中的法律问题是一种被动的行为，往往是在这个领域中出现了一些不可思议的法律事件后才引起人类学家的注意，因为人类学家有研究"异文化"的传统。在法律界人士看来正常的法律问题，对人类学家来说就是异常的文化现象，对这些现象的研究能够激发人类学家的兴趣点。犯罪、违法、纠纷、规范、强制等法律问题会给单一文化场域的教育领域带来越来越多的挑战。教育法律人类学的介入和解读，会改变过去往往从国家、政府、集体的角度解读问题的弊端，该学科从"人"的角度思考问题，从个体的角度解读人们在教育中的行为方式，这种角度的改变是学科建立的必备条件。既然挂上了人类学的标签，就要考虑人类学将自己视为研究陌生者的学科的特点。常规学科研究的问题不是人类学的关注点，人类学关注的往往是不被人们关注的"异文化"的问题，这些问题在教育法律人类学中主要指的是法律问题。因此说，教育法律人类学关注的核心问题往往就是人们容易忽视的教育领域中的法律问题。学者们可以通过长期的田野调查写出一部教育领域的法律文化志（民族志），这样的报告往往看问题的角度是独特的，得出的结论是有故事印证的，通过微观个案的解读最后能够得出宏观的结论，以此推动教育事业的健康发展，这就是教育法律人类学存在的真正意义。

饮食人类学与中国社会

曹 雨[*]

一 饮食人类学的理论体系

饮食人类学的研究路径大致可以分为以下三种类型。

第一种类型是唯物论的饮食人类学，以马文·哈里斯（Marvin Harris）和麦克·哈纳（Michael Harner）为代表，强调人类对食物的取舍标准在于营养的代价与收益之间的比例，分析的路径主要是功能性的。这种研究路径比较适合对主食的研究，对于调味品和副食的分析说服力有限。对于中国饮食文化而言，这种理论对大米、小麦、小米、高粱等淀粉类粮食作物的选择，以及对中国不断强化的饭菜有别观念的解释都很有价值。玉米、番薯、番茄、辣椒等美洲作物传入中国以后对饮食文化和社会结构的深刻改变也适用这一理论。但是对于中国饮食中复杂隐喻体系、食药同源等文化与符号意义上的概念，该理论并不能很好地解释。

第二种类型是以列维-斯特劳斯（Claude Levi-Strauss）为代表的结构主义研究路径，这种路径很适合检验中国饮食中文化和符号概念，中医长久以来的食药同源观念赋予了许多食材特殊的文化意义，而这种文化意义往往是食物本身经历了长期的被食用过程而逐渐被赋予的意义。许多食物在中国饮食文化中经历了从"物"的本体到产生经验性概念，再到作为"物"的集合的概念抽象化，最终成为符号化的文化表征体的过程。这三

---

[*] 曹雨，中山大学社会学与人类学学院副研究员。

个阶段化的过程，既是食物在中国饮食文化中不断被内化的过程，也是食物在中国饮食中内嵌程度加深的过程。如花椒、石榴就因为物的形态上的多子攒簇而被认为是吉祥的多子多福的象征，进而被宫廷所采用，汉代的椒房和后妃宫苑中种植的石榴，被作为宫廷中女性的象征物。又如辣椒进入中国饮食中，经验性的概念是首先被认知的。随着辣椒在中国饮食中的内化，也被纳入了中国食疗一体的医疗经验中，随之形成的是辣椒的概念抽象化，即抽象为"辛""热"的中医概念。随着在饮食中的普及，辣椒逐渐被类比或转借地产生了更多的符号化概念。再如艾草和雄黄本来是驱虫的，进而被类比推演出了辟邪的功能，成为中国民间信仰中的符号。

第三种类型是以伍尔夫（Eric Wolf）和西敏司（Sidney Mintz）为代表的政治经济学研究路径。政治经济学研究路径强调将某一地方社会的研究纳入国家乃至全球的宏观社会历史背景及过程中，强调地区与地区之间的联系，通过对物的生产、运销及消费过程的追踪，展现其背后复杂的人群流动、贸易网络及社会权力结构。[①] 辛亥革命以前，中国饮食具有强烈的阶级属性，庶民、商人、士人、官府、宫廷的饮食都具有各自鲜明的阶级特征，且相互独立。中国百年来的政治经济格局剧变导致饮食传统发生大幅度的阶层间流动，原有的阶级格局被彻底打破，而清季以来，中国传统官绅阶级的逐渐瓦解，也是饮食跨阶层流动的重要历史条件。伴随着移民和城市化的进程，也伴随着中国食品工业化、商品化的过程，现代高效的物流体系也在消解原来的饮食地域格局。中国饮食在近三十年发生了重大的变化，尤其在聚集了大量移民的大中型城市，饮食出现了去地域化、快餐化的特征。

政治经济学研究路径尤重对"食物传播"（foods travels）的研究，尤其是上豆、番茄、玉米、番薯、可可、辣椒等来自新大陆的物产的传播。16 世纪以来，航海大发现和贸易全球化使得整个地球的主要文明被连成一体，即使是偏处东亚的中国也不能自外于此，土豆、玉米、番薯、辣椒这四种来自美洲的作物深刻地改变了明清时期中国的经济结构，即使当时的人们还未认识到。因此，我们考察辣椒在中国饮食文化中的地位时，难以采取传统人类学对于封闭社区的研究路径，必须把研究的时空范畴扩展到一个较长的时间段与较广阔的地理区域，这种时空的范畴已经超出了个人

---

① 彭兆荣、肖坤冰：《饮食人类学研究述评》，《世界民族》2011 年第 3 期。

经验的范畴，因此与传统的人类学的研究有着较大的差异。

对中国饮食文化的研究，香港中文大学人类学系是一个重要的基地，该系的吴燕和教授首先提出了将饮食人类学研究进行唯物派和唯心派二分的观点，[①] 即以马文·哈里斯和列维－斯特劳斯各自为代表的两种路径，笔者认为列维－斯特劳斯的论点以结构主义冠名更为合适。厦门大学的彭兆荣教授等补充了吴燕和的观点，将政治经济学研究路径加入饮食人类学研究的谱系中，[②] 本文亦承袭了这一观点。香港中文大学张展鸿教授认为饮食人类学的理论有三大主题：一是对社交指标的研究，如赠礼、宴席，以阿帕杜莱（Arjun Appadurai）、马文·哈里斯为代表；二是对社会阶层和身份象征的解读，以杰克·古迪（Jack Goody）、西敏司为代表；三是对建构民族、族群、文化认同身份和边界的解读，以大贯惠美子（Emiko Ohnu-ki-Tiemey）、萨顿（Peter Sutton）为代表。[③] 张展鸿教授对饮食人类学谱系进行梳理的着眼点在于研究对象的范围，三大主题的划分分别为微观、中观、宏观，微观是对一个社交圈的研究，中观是对阶层的研究，宏观是对族群（ethnic group）的研究。

二 中国饮食饭菜有别的特征

在中国的饮食文化中，一个极为重要的概念即是饭菜有别。张光直在他的《中国文化中的饮食——人类学与历史学的透视》一文中首次提到了这个问题：

> 在中国文化中，从原材料到可以食用的佳肴，整个的食物制作过程，都有一套相互关联的变量丛，与其他重要的饮食传统相比较，这一套变量丛乃是极为独特的。它的基础，是饭（谷物和其他淀粉食物）与菜（蔬菜与肉肴）之间的区分。要做上一餐均衡的伙食，得有

---

① 吴燕和：《港式茶餐厅——从全球化的香港饮食文化谈起》，《广西民族学院学报》（哲学社会科学版）2001 年第 4 期。

② 彭兆荣、肖坤冰：《饮食人类学研究述评》，《世界民族》2011 年第 3 期。

③ 张展鸿：《饮食人类学》，载招子明、陈刚主编《人类学》，中国人民大学出版社，2008，第 242 页。

适量的饭与菜，种种配料都按这两条线来准备。谷物或是整粒蒸煮，或是做成面食，以各种形式构成一餐的"饭"这一半：饭（狭义地说即"煮熟的大米"）、蒸制的麦面、小米面或玉米面的馒头、饼（即"薄煎饼"）和面条。蔬菜和肉经过切割，并以各种各样的方式混合成一道道菜肴，构成"菜"这一半。甚至在主食淀粉部分和肉加蔬菜部分明显被混在一起的饭食里，诸如在饺子、包子、馄饨以及馅饼里，它们事实上也是被放在一起而不是混合在一起的，每一部分仍然保留它应有的比例及各自的特点（皮＝饭，馅＝菜）。①

张光直先生开启了一种非常有价值的研究角度，即从饭菜有别的角度来审视中国饮食文化。此后的学者如张展鸿、陈志明、尤金·安德森，在分析中国饮食文化的特征时都借鉴了张光直先生的饭菜有别概念。

在当代中国，我们常说的"主食"与"副食"概念，实际上也是饭菜有别概念的一种变形，正如"主食"的名称所指，这是不可或缺的一餐之"主"。在食材匮乏的时候或者是在异国他乡不容易获得中餐食材的时候，一个中国厨师可以先蒸上一锅米饭，然后在后院摘下几个辣椒，用油盐炒熟，便可以成为一道简易的"副食"，从而形成可以被视为中国菜的完整一餐，因其已经具备了"饭"和"菜"。同理，如果在食材丰盛的情况下，不过是把"菜"也就是"副食"的种类增加了而已，无论有多少油焖大虾、葱烧海参、猪肚包鸡这些制作工序繁复的菜，如果没有一道"主食"来搭配，那么总也不能成就中国菜的完整一餐。

除了中国，其他以淀粉类食物为饮食文化核心的文化也有类似的图景，如英文中的 staple 几乎可以对应"主食"的中文意义，有此一概念，即说明在这些文化中，假如一餐没有主食，即复杂碳水化合物（complex carbohydrate），如米饭、玉米饼、土豆、面包、山药、芋头之类的食物下肚，那么总会觉得还没有真正吃完一餐。主食与副食之间的"中心—边缘"关系是不言而喻的，爱尔兰民谚"无盐的土豆"（potatoes and point）指在吃土豆之前应该蘸食一点吊起来的熏肉，此语与中国的"粗茶淡饭"意思相近，都是说只有主食而副食阙如。东欧以黑面包为主食比较普遍，

---

① 张光直：《中国文化中的饮食——人类学与历史学的透视》，载〔美〕安德森《中国食物》，刘东译，江苏人民出版社，2002。

常见的搭配是以油脂拌蒜蓉和盐，涂抹在黑面包上。[①] 这种饮食习惯传到美国以后变成了常见的"配菜"——蒜蓉面包，只是把粗糙的黑面包换成了白面包，而东欧传统习惯中，吃昂贵而稀罕的白面包是不需要另配调味品的。在越南，穷人与富人的主食都是米饭，而副食则是拉开阶级差距的标志物，穷人往往只需要一小块臭咸鱼（盐渍、发酵、晒干的鱼肉）就可以吃下一大碗米饭，富人则用较高级的鱼露、虾酱煮食各种菜肴配饭。

副食通常不会达到主食的食用量，在中文语境下"下饭"是一个很准确的表述，副食是用来促进主食的食用的。主食的味道往往是平淡的，比如一碗米饭或者是一个面饼，在传统农耕饮食文化下成长起来的人本应毫无困难地将这些淀粉类食物吃下去，但实际情况却是如果只吃这些主食的话，我们会觉得难以下咽，也就是说，我们已经被我们的饮食文化驯化成了必须来点副食才能愉悦地吃下一餐饭的人。在简易的情况下，一份汤粉或者拌面，浇头往往是带有浓烈的香气、辣味和咸味的，比如兰州拉面、重庆小面、酸辣粉，其中作为主食出现的米粉和面条是无味的，副食的组成部分则有浓烈的味道，在重庆小面和酸辣粉这样的食物中，甚至完全靠调味料来赋予食物特色。在重庆小面中，辣椒要经过晒干、油炒来发挥它的副食作用，其他的副食无不需要以腌制、烟熏、发酵来发挥其刺激唾液分泌的功效，以期达到"下饭"的目的。与副食烦琐的炮制工艺不同，重庆小面中的面条只需要用水焯熟即可。笔者在西北考察时曾经吃过一种廉价的"光头"拉面，其做法是在煮熟的面条上浇上牛骨汤，再撒上辣椒油和葱花、芫荽。厨师告诉笔者，"光头"拉面中数辣椒油的制作程序最为繁复，可以说是决定菜品成败的佐料。可见调味品在中国饮食中实际上起到了画龙点睛的作用，是副食中必不可缺的一部分。

主食与副食的关系除了对应"中心—边缘"关系，还可以对应"简单—繁复"关系和"平淡—浓烈"关系。主食在大多数情况下是一餐的中心，是简单烹饪的产物，味道较为平淡，颜色往往也是白色或是淡黄色，几乎适合所有人。而副食则是一餐的边缘，可以被减少或者增加，可以少到仅有油泼辣子，也可以多到满汉全席的地步；副食的烹饪方式是繁复的，可以是盐渍、发酵、晒干、油炒、烟熏等种种工艺中的一种或是几种

---

① 〔美〕西敏司：《甜与权力——糖在近代历史上的地位》，王超、朱健刚译，商务印书馆，2010，第22～24页。

的融合，副食的味道往往是浓烈的，可以刺激唾液分泌，使人有强烈的感官刺激；颜色则是多种多样，往往是明度较高的鲜艳色彩；副食也是因人而异的，可以鲜明地体现出一个人的口味偏好和阶级差距。

在饮食人类学的研究中，假如我们把研究对象设置为主食的话，那么主要依据的理论则是马文·哈里斯的文化唯物论，因为主食可以反映出某个民族的栖息地的地理条件特点，或是这些移民从原居地带来的饮食习惯。例如，为什么南方汉族吃大米；为什么墨西哥人吃玉米；为什么爱尔兰人吃土豆；等等。首先，气候适合这些粮食作物在这些地方生长；其次，历史上这些民族长期食用这些主食；再次，针对爱尔兰人的问题，如果一种主食（土豆）能够替代原本的主食（大麦），则是由于土豆的高产以及爱尔兰人口急剧增长的压力。在这些决定主食的因素中，气候条件是决定性的，历史习惯则是在短期内起作用的。以主食改变的情况来看，黄河流域的北方汉族原本也是以大米、小米、高粱为主食的，即《礼记》所谓"粒食"，后来改为"块食"的小麦，主因就是气候的变化——中国北方变得干燥，降雨减少，而小米、高粱又产量太低，只有小麦既适合气候，又能够有相当的产量。爱尔兰的例子也是同理可解，大麦在世界其他地方很少作为主要的粮食作物生产，根本原因在于产量太低，即使其适应气候的能力比较强。而土豆这种产量高又能适应亚北极气候的作物被引进后就迅速地替代了大麦在爱尔兰的主食地位。综上所述，全世界各民族的主要粮食作物，几乎都可以被放在"适应气候的前提下，产量最高的作物"框架之内。关于主食的研究几乎都可以被放在"文化唯物论"的框架下进行，马文·哈里斯的理论认为人类选择的食物比那些回避的食物更具有物美价廉的性质，是一种优势食物，[①] 人类对食物的取舍标准在于营养的代价与收益之间的比例。笔者认为这一论断对于主食来说是成立的，但是对于副食来说则不成立。副食的进食量远较主食小，因此受到客观环境的制约也比较小，人类在副食的领域有很大的发挥想象力的空间，从而产生了复杂、丰富、迷人的各种独特饮食文化。

副食无疑是当之无愧的饮食人类学研究的主角，与一般平淡无味的主食相比，它有着强烈的味觉刺激，除了普遍的咸、甜、苦、酸四种味觉刺

---

① 〔美〕马文·哈里斯：《好吃：食物与文化之谜》，叶舒宪、户晓辉译，山东画报出版社，2001。

激外，还有其他别具一格的特殊风味，而这些风味又往往带着极强的边界特征。蛋白质发酵食品的味道可以说是这些特征中最极端的一种，从风靡西欧的蓝芝士①到亚热带的皖南臭鳜鱼②，从亚北极地区因纽特人的基维亚克③到高价的日本水户纳豆④，这些发酵高蛋白质食物的味道都具有极其特异的标志。如果不是从小习惯于这些特殊味道的人，外来的人往往很难在短时间内接受这类食物，因此其带有强烈的边界意义。而主食具有普适性，即一般而言人们可以轻易地在大米、小麦、玉米、土豆之间切换——主食并没有强烈的边界意义。

副食还能揭示细微的居住环境差异。笔者在连南县调查时，发现当地客家人多食用腊肉，而瑶族人多食用熏肉。制作熏肉所用的食材多取自瑶族人自家饲养的猪，其做法与客家腊肉稍有不同，腊肉的做法大抵为切料、腌渍、风干，而熏肉则将风干这一步骤换作吊于火塘或灶台上方熏燎。在连南县可以看到客家人多居于平坝，而瑶族人多居于山地，瑶客皆在冬至杀猪取肉。冬季平坝干燥而通风，因此利于制作腊肉；而南方山地即使冬季也往往潮湿多雾，故而存储肉类必赖火燎。在连南墟市上，常见有腊肉贩售，但熏肉则往往为瑶族人自制自用，少有贩售，故而客家人不食熏肉，而瑶族人偶尔食腊肉。

辣椒无疑是副食中特点突出的代表，它的风格鲜明热烈，有的族群对它完全不能接受，而有的族群则每餐必有。食用辣椒与否，以及食用的多寡，其中必然隐含了许多的历史信息，包括历史上的贸易路线，副食的丰富程度，族群的文化价值取向，食物的文化赋意，人与食物赋意关系的价值观，等等。

如果我们把考察的范围放大到史前的狩猎—采集时代，那么主食与副食的明显区分应当是在农耕出现以后的事情。笔者以图1来表示主食与副食区分的历史变化。

---

① 在阴凉潮湿的条件下发酵而成，带有蓝色大理石纹理的芝士，有强烈的气味。

② 鳜鱼在25℃用淡盐水腌渍，置于木桶中，鱼腹朝上，压满鹅卵石，一周后鱼发微臭，即得。

③ 将生海鸟整只塞入宰杀的海豹腹中，装满后缝好，埋藏于冻土层，6个月后可以食用，有强烈臭气。

④ 蒸熟黄豆以稻草包裹，浸泡于开水中片刻，然后在40℃下放置一日，得到有臭气并有黏稠丝状物的纳豆。

图1　主食、副食区分观念的历史变化

从现有的狩猎—采集部族人类学调查资料来看，这些部族对于食物来源并不挑剔，基本上可以断言为找到什么便吃什么，不具备区分主食、副食的基础，即不具备某种或某几种农作物的大规模生产能力，因此，狩猎—采集时代并无主食、副食区分的观念。自从新月沃土上首次出现了农业，复糖淀粉作物成为大多数人的主食，除了一些始终没有进入稳定的农耕时代的民族以外，欧亚大陆上的多数民族有了明晰的主食、副食区分观念。就中国历史而言，《礼记》曰"天子之豆二十有六，诸公十有六，诸侯十有二，上大夫八，下大夫六"。这里的"豆"指的是盛放副食的器皿，与簋对应，簋是盛放主食的，① 在《礼记》中指的是稻、黍、稷、麦、菽等"粒食"类的华夏族主要粮食作物。从《礼记》可以看出，不晚于西周，华夏族已经有饭菜有别的观念。天子可以吃二十六道菜，公可以吃十六道菜，诸侯有十二道菜，到了下大夫就只有六个菜了，可见副食也是阶级差距的象征。农耕社会中主食观念的确立，伴随着秩序的建立，即"中心—边缘"关系的明确，人类社会中秩序观念的建立显然是伴随着主要粮食的大规模生产和囤积的。有了主粮便有了占有仓廪中心地位的贵族阶级，不能控制粮食储备的人则被边缘化为平民阶级，这一关系的明确使得神权和王权的建立具备了基础，国家和政府，即由食物带来的"秩序"得以确立。与农耕民族中心明确的特征相对，欧亚大陆中央草原上的游牧民族则出现了多中心的局面，以蒙古历史为例，即可发现蒙古统一的时期很短暂，而长期处于多部族分立的状态。而蒙古人的饮食本身也有中心不明确的特征，正是这种难以集聚的游牧生产方式，使得统一帝国难以维系。

人类进入食品工业时代以后，主食、副食区分的观念日渐弱化的最突出例子是美国。复杂碳水化合物失去了原本在饮食中的中心地位，多种多样的以货币交换方式取得的食物，模糊了原本的界限，大量的肉类、脂肪

---

① 《诗经·秦风》：于我乎，每食四簋。《传》四簋：黍稷稻粱。《说文解字注》：黍稷方器也。……因制从竹之簋字。木簋竹簋礼器也。皀，谷之馨香，谓黍稷也。居消切。

和简单碳水化合物（simple carbohydrate）进入了日常饮食中，这种模式的饮食的特征是大量的热量摄入。除了美国，阿根廷和澳大利亚、新西兰也是这种模式。值得注意的是，这些国家都是 17 世纪以来建立的移民国家，移民的来源地虽然大多也是成熟的农耕社会，但是作为主食的食物却不尽相同。以美国为例，中美洲的原居民以玉米为主食，而来自西欧的移民以小麦为主食，来自亚洲的移民以大米为主食，来自西非的移民以山药为主食。当这些移民混杂居住以后，原本的主食与副食的边界变得模糊，互相之间的充分交往使得所有人的主食、副食边界都变得模糊了，从而利于新的饮食模式的形成。高热量的非淀粉类食物摄入带来的饮食结构的变化，使得原本作为主食的食材也开始扮演副食的角色，在美国，薯片和米布丁就是两个非常典型的例子。土豆本来是许多地区的主食，但是油炸的薯片和薯条却是将其副食化的做法，通过加入油和调味料，使得原本平淡的主食土豆变成了零食或是一餐中的配菜。米布丁本来是英国在开发亚洲殖民地之后从印度引进的一道甜品，主料是大米、牛奶、奶油和糖，有时加入一些香草、肉桂之类的香料增味，通常作为餐后甜点食用。以大米为主食的亚洲人初食这道甜点时会觉得很奇怪，把主食做成布丁那样的口感，吃起来像是甜奶油裹着米饭。但是这道甜点在美国显然并不是主食，而是被副食化了的一道菜。

由此我们可以得出结论，主食与副食的边界并非在于食材。玉米、小麦、大米、土豆这类的复杂碳水化合物天然是主要的食材，但并不等同于主食。正如金银天然是货币，但货币不必然限于金银；正如有国家信用背书的货币以纸票甚至是无实物的形式出现时，大多数人仍会相信其作为货币的价值。主食与货币这两种概念有类似之处，一群人认定其地位，则其地位成立。主食与副食的认定归根到底还是由人所决定的，但有一定的物质属性依据，当一群人认定某种食物是一餐的中心、是主食，而其他的食物是配菜、是为辅助主食的进食而准备的菜肴时，那么主食与副食的观念才得以形成。当一群人没有区别主食与副食的观念时，那么常见的主食也不可被视为主食，而只是一餐中的众多组成部分之一。前文用了副食化这个概念，也是在主食、副食区分的视域下采用的词语，实际上，没有主食也就无所谓副食，一餐中的食物可以有多寡之分，却无主副之别，没有什么食物是必须有的，而原本承担赋予味道的功能的副食，也弱化了它的味觉刺激。因副食功能已经弱化了，不是用来"下饭"的，所以中国人初到美国时，往往会觉得美国的菜肴口味较淡。正是美国的主食、副食界限不明晰，使得中国人观念中应作为副食的食物味觉刺激较弱。

我们很难笼统地将这种历史循环简单地归纳为某种演化模式，但是人类历史中这类事件屡见不鲜，无中心—中心—去中心化这种螺旋上升的历史现象一再在各种学科研究的范畴内发生。就如传播学的历史，在进入现代社会以前，人类相互之间的传播仅限于很小的范围，从而结成家族、村落的小共同体；进入现代以来，大众传媒的诞生使得国家层面的宣传成为可能，从而使原本的小共同体凝聚成了有强烈中心意味的国家主义集体；到了后现代社会阶段，大众传媒逐渐失去影响力，取而代之的是去中心化的个性自媒体，从而把个体按照各种方式重新结成小共同体。饮食演进的过程则是由狩猎—采集时代的无所谓主食到农耕时代的明确主食、副食观念，再到食品工业时代逐渐模糊主食与副食的边界，但狩猎—采集时代热量摄入的不足则被现代社会的热量过量摄入所替代。同时，食品工业时代的食物选择变得多样化，个体的差异性也得到体现。

中国当代饮食正处在农耕时代向食品工业时代的转换期，但在可预见的未来，中国不可能像美国的饮食文化那样淡化主食、副食之间的边界。中国并非现代意义上的移民国家，较为单一的传统农耕时代饮食文化早已深入人心，以米、面作为主食几乎是中国饮食的标志性特征。近三十年来，中国饮食中的淀粉类成分有较大幅度的下降，而摄入的蛋白质、脂肪和糖则在迅速上升，从这方面看，中国人的饮食结构有趋近美国等发达国家的趋势，但复杂碳水化合物的摄入仍大大高于西方国家。但自 2010 年以来，中国人的饮食结构日趋稳定，基本稳定在高复杂碳水化合物摄入的水平。这充分反映了中国人主食、副食区别观念的稳固。在中国饮食文化的语境下，副食是用来下饭的，主食是一餐之中心，但副食不可缺少，否则一餐也就毫无滋味可言。我们讨论辣椒在中国饮食文化中的地位，离不开对饭菜有别的饮食文化观念的理解，也必须在这一框架下讨论。故此，笔者不吝以大篇幅详叙主食与副食相区别的文化意义。

三　中国饮食文化的阶级传承

以往对中国饮食的划分一般以地域为分类的依据，但是笔者认为中国菜还应该从品味悬殊的角度重新作区分。中国在漫长的阶级社会中，形成相对固定的阶级区分，不同阶级的饮食品味、价值取向和饮食仪轨都截然不同，因此我们可以把中国菜重新按照阶级大致分为"官府菜"和"江湖菜"。

官府菜在中国由来已久，除了宫廷御膳以外，还有各种衙门的公务宴请、迎来送往的规程。清帝退位以来，官府菜并没有随之式微，民国时期北平要人推崇的"谭家菜"、中华人民共和国成立以来的"国宴菜"都是官府菜的延续。官府菜是有一些特点可循的，首先是注重套路。袁枚在《随园食单》里写过"今官场之菜，名号有十六碟、八簋、四点心之称，有满汉席之称，有八小吃之称，有十大菜之称"。① 当今注重套路的宴席也不少，比如有八冷八热、一鱼四吃、四菜一汤等，这些都是套路。一些迎来送往的场合，往往还要等到菜全部上齐才动筷子，座位次序也很讲究。这种宴席不是为品味食物而设的，而是为了完成一个"套路"，从饮食人类学的角度来看，这是一套饮食仪轨，也是阶级分野的标志。

官府菜的第二个特点是味道偏向"最大公约数"，即偏于浓厚咸香，不明显地偏向地方特色，即不会太鲜、不会太辣、不会太甜。味道浓厚的菜上桌比较有卖相，比如说五柳炸蛋、红烧肉；咸香的菜大部分中国人不会拒绝，比如说煎黄鱼、炸排骨，可以满足南来北往的差旅需要。这种情况下，官府菜往往不选用较为特殊的食材，比如说内陆地区比较少见的海鲜等。也就是说，官府菜只采用最常见的、最不容易引起争议的食材。

官府菜的第三个特点是善于使用干货，并且采用较为奢侈的烹饪方式。比如说料理鱼翅、海参、燕窝这几样东西，向来就是北京谭家菜的拿手好戏，用十几只鸡炖出来的高汤提鲜，成本高昂，一般的老百姓消费不起。当今的婚宴上往往也有鱼翅、海参一类的菜肴，很多饭店烹饪得不佳，婚宴结束后剩下很多，可见这种菜不是"口餐"的，而是用来"目餐"的。菜品讲究排场，这种风气是由官府菜肇始的，也体现了社会下层民众对上层精英餐饮的模仿，之后民间的婚宴也承袭了，因此婚宴也具有官府菜的某些特色。

南北两个谭家菜，其实就是不同地域的官府菜的最佳代表，北谭家指的是清末的广东籍官员谭宗浚、谭篆青父子，虽然居住在北京，但是取材颇有粤菜的特色；南谭家指的是谭延闿，谭延闿字组庵，因此他家的菜往往又被称为组庵菜。20世纪20年代从业于长沙奇珍阁酒楼的江金声曾经记录下一份谭延闿家的宴席菜单，如下：

---

① （清）袁枚：《随园食单》，江苏古籍出版社，2000。

四冷碟：云威火腿、油酥银杏、软酥鲫鱼、口蘑素丝

四热碟：糖心鲍脯、番茄虾仁、金钱鸡饼、鸡油冬菇

八大菜：组庵鱼翅、羔汤鹿筋、麻仁鸽蛋、鸭淋粉松、清蒸鲫鱼、组庵豆腐、冰糖山药、鸡片芥兰汤

席面菜：叉烧乳猪（双麻饼、荷叶夹随上）

四随菜：辣椒金钩肉丁、烧菜心、醋溜红菜薹、虾仁蒸蛋

席中上一道"鸳鸯酥盒"点心

席尾上水果四色

组庵菜系中，最出名的当为"组庵鱼翅"（一说是"组庵玉结鱼翅"）和"组庵豆腐"。现在湖南菜系中仍有"组庵鱼翅"一款。"组庵豆腐"一馔，据传创始人为杨翰（别号息柯居士，宛平人，清末曾任永州知府，善书法，爱与文人学者往还，曾经手修复长沙贾太傅祠和定王台），谭延闿是继承了杨翰的制作方法，加以发展的。

北京谭家菜的传承沿袭了广东由妾侍主持中馈的做法，最早由谭篆青的如夫人赵荔凤（广东顺德人）主持，后由家厨彭长海传承。他主持的燕翅席菜单如下：

六热碟：叉烧肉、红烧鸭肝、蒜蓉干贝、五香鱼、软炸鸡、烤香肠

八大菜：黄焖鱼翅、清汤燕菜、原汁鲍鱼、扒大乌参、草菇蒸鸡、银耳素烩、清蒸鳜鱼、柴把鸭子

汤：清汤哈士蟆

甜菜：核桃酪（随上麻蓉包、酥盒子甜咸二点心）

席尾四干果、四鲜果（随上安溪铁观音茶一道）

比较南北两个谭家菜，我们不难发现尽管出自的地域与府邸不同，一个是广东籍官员在北京的官府，一个是湖南籍官员在南京的官府，两者的烹饪手法和选材却有很多相似之处。首先是烹饪上善于使用红烧、软扒、高汤、酥炸的手法，手法比较复杂，未经长期训练的厨师难以掌握。其次是选材上善于使用鱼翅、海参、干贝、干鲍等昂贵的海味干货，也有松

茸、银耳一类的山味干货。其余的蔬菜和肉类都是比较常见的猪肉、牛肉、羊肉、菜心、菜薹、鳜鱼、鸡等食材，没有特别奇特的食材。最后从口味上来说，北京谭家菜更尊重食材的原味，调味品除了盐以外，主要靠高汤提鲜；湖南谭家菜更注重调味，但是从菜式上看，味道偏甜、咸，没有刺激性的味道。

中国是个地域辽阔的国家，官府菜的形式在各个地方可能略有不同，但其精髓不外乎讲套路、味道和取材中庸、菜品摆排场。它的优点则在于善于使用名贵食材，味道能被大多数人接受。官府菜没有特别突出的个性，但对于天南地北赴任的官员和随从，特色不突出的菜式往往最容易适应，迎来送往中也最不容易出差错。当今官府菜只剩下国宴尚有成体系的传承，其余的官府菜只残存一些片段，不成一个完整的体系了。

江湖菜是一个最近几十年流行起来的概念。近三十年来，中国经历了史无前例的大规模人口流动，彻底打破了中国菜原有的口味地域格局。在如今的中国，有了广东风味的川菜，也有了上海风味的粤菜，这种情形是不曾有过的，因此诞生了一种新的类型，即"江湖菜"。"江湖"二字，本来指在中国历史上至关重要的漕运，由于现代以前最为便捷的运输方式乃是船运，因此沿江靠湖的各处码头商贾云集，人聚集得多了，就有了各种码头帮会。近代以来的影响甚大的青帮便是由粮船帮演变而来。现代汉语常说的"拜码头""跑江湖"这些词，就有漕运文化的影子。

江湖是有帮派的，江湖菜也有帮派，如今常说的四大菜系、八大菜系，便是帮派。各帮派的独门绝艺各有千秋，比方说淮扬菜的刀工菜、四川菜的麻辣口味、粤菜的海鲜。江湖菜是不上庙堂的，因此带有下层劳苦大众的浓烈风味。20世纪初从宜昌到重庆一线的纤夫，他们从事重体力劳动，能量消耗很大，因此需要补充蛋白质。可是精肉的价格又很贵，纤夫们消费不起，便只好吃些下水、不太新鲜的肉类。这些食材异味较大，因此需要用气味比较浓烈的作料盖过食材的本味，所以就有了"麻辣烫""毛血旺""红油火锅"一类的菜式，这一类菜式原本只在下层人民中流行。民国时期成都许多有名的四川菜馆，比如聚丰园、荣乐园等，它们的拿手菜有填鸭、鱼翅宴、清水白菜之类，都是近乎官府菜的菜式，并没有当今川菜的身影。可见当年的达官贵人们，不屑于这些在底层流行的菜式。

民国时期的成都，与上述的"筵席馆子"并行的是一路"红锅馆子"，这类馆子的拿手菜有"花椒鸡""脆皮鱼""醉虾"一类，稍有当今川菜的影子，却也没有特别突出的麻辣。与"筵席馆子"需要提前几日预订不同，"红锅馆子"卖的是随堂蒸炒的菜式，价格实惠，不过"红锅馆子"的消费群体是城市中产阶层，底层人民还是吃不起的。"红锅馆子"菜式流行的时候正是抗战时期，中国东南的精英阶层大批涌入四川，他们原来习惯的筵席是吃不起了，小馆子还是可以常常光顾；这些内迁的各级官员、大学师生在战后回迁东南，也把来自四川的味道带到了各地，可以说江湖菜的滥觞与这一番经历是有关联的。

江湖菜在当今中国的地位还是靠近三十年的大规模移民奠定的。中国近三十年城市化的主力是流动人口，他们把浓郁的地方口味恰到好处地融入城市的快节奏生活中，形成了如今可以在任何一个城市找到的典型江湖菜。近年来流行的菜式都逃不脱江湖菜的范式，比如说"万州烤鱼""麻辣香锅""东北烤串""麻辣小龙虾""红油火锅""炸鸡排"。这些菜都有几个突出的特点。首先是食材廉价易得，江湖菜的食材选择很广泛，不排斥官府菜不采用的杂碎、偏门食材，甚至一些厌恶性的食材也可入菜，比如蛇。其次是调味凶猛热烈，传统的中国菜放作料不过几钱几两，现在的江湖菜放起辣椒、花椒都是以斤计量的。一些味道过于浓烈而被视为应当谨慎使用的茴香、孜然一类香料，江湖菜也是从不吝惜使用，当然这个特点也是和食材的廉价有关系的。

江湖菜的优点也和它的缺点一样鲜明，江湖菜是讲究不停顿的，烤串是烤好即上的，甚至是边烤边吃，《随园食单》里戒停顿篇提到"物味取鲜，全在起锅时极锋而试；略为停顿，便如霉过衣裳，虽锦绣统罗，亦晦闷而！"[1] 广东街边最廉价的江湖小吃有一道"紫苏炒田螺"，食材极廉，调味极重，且往往泥沙不净，然而猛火快炒，起锅上菜一气呵成，深得不停顿之要诀。《清朝文典》中记载清宫御膳，往往前一日做好置之蒸笼中，一俟主人呼"传膳"，便可通行齐上，虽然几十道菜摆开来甚是好看，其中焉有佳味？怪不得慈禧、光绪不吃御膳房的菜，在寝宫之侧私设小伙房，无非想吃个新鲜热乎的菜罢了。

江湖菜由于来自底层，自有一种朴实热烈的气息，《随园食单》的戒单中提到的官府菜的几个毛病"耳餐""目食""穿凿""停顿"，江湖菜大多不犯，不耳餐是不图食材的名贵；不目食是不讲究花样多，用心做好

---

[1] （清）袁枚：《随园食单》，江苏古籍出版社，2000。

一两道招牌菜；不穿凿是不违背食材的本性做一些牵强附会的菜式。这些都是江湖菜深得饮食正要的地方。

综合来说，在漫长的阶级社会，中国饮食的阶级分野和特征如图 2 所示。

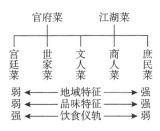

图 2　中国饮食的阶级分野和特征

其中，宫廷菜和世家菜属于官府菜的范畴，商人菜和庶民菜属于江湖菜的范畴，而文人菜介乎两者之间。辛亥革命以后，宫廷菜和世家菜的厨师有不少人离开了原主人的府邸，开办了一些面向上流社会的餐厅，如前驻藏帮办大臣凤全的家厨李九如在成都开办了聚丰园，谭延闿的家厨曹荩臣在长沙开办了健乐园，开了官府菜进入大众视野的先河。1949 年以后，少数能够烹饪完整官府菜的厨师在国宴中大展身手。更多的官府菜厨师融入了民间，虽有一些零星的官府菜得到了传承，但原有的体系已经被打碎，致使中国的饮食文化呈现碎片化的状态。这种碎片化的饮食文化结构对 1978 年以后的中国饮食文化有深远的影响，当中国饮食文化建立起新的体系时，原有的传承体系已不复见，只有碎片化的饮食文化片段得到了重新利用。

打一个不太贴切的比方，原来的中国饮食文化就好比一套四合院，有正房、跨院、影壁、东西厢房、倒座房，有各种阶级、地域、体系的传承。后来把四合院的房子全部拆散了，原来的结构荡然无存，但是当我们重新在原址上建起一座新楼时，使用了很多原来的砖块，这些砖块就是原有的菜式做法和片段化的仪式、习俗。然而在新建楼房时，大厅也许用了原来影壁的砖块，也可能用了原来跨院的砖块，把原来并不属于同一结构的砖块拼凑到了一起，形成了新的结构。这就是中国饮食文化近百年来最显著的特征，即打破原有结构，使体系碎片化，再重新构成新的结构，我们可以在一些片段上依稀看见以往的痕迹，但通观整体，再也不是以前的那个饮食文化了。

作为方法的流域：中国人类学的新视角

田　阡[*]

区域研究在国际学术界方兴未艾。众所周知，大河流域是人类文明的摇篮，人类文明的发展和延续需要大河流域的支撑。人类文明最早诞生于四个国家——古巴比伦、古埃及、古印度和古代中国，都位于人类容易生存的流域台地附近。幼发拉底河、底格里斯河、尼罗河、印度河、黄河流域，由于气候适宜、物产丰富、交通便捷且有险可守，成为人类最早的定居地，也是早期人类文明的源头。在人类与水的长期互动过程中，古代人类文明诞生的流域环境如何？发生了怎样的变化？流域与当时当地的人类活动发生了何种关系？这种关系对当今世界的政治、经济和文化有何影响？这些问题的提出，成为建构流域人类学的意义所在。

在问题导向、需求牵引、应用为上引导的跨学科研究、多学科合作、跨界行动的趋势下，区域研究越来越成为中国人类学重要的发展方向。其中，值得重视的是流域人类学的研究正在兴起，其张力和价值逐渐显现。流域人类学是在区域研究启发下，遵循人类学的基本理论与方法，并以跨流域比较研究为其方法论特色，来进行流域中的人与自然的关系、人与人的关系以及族群之间的关系研究的人类学分支学科。

流域是一个从自然到社会的概念。自然界的流域是指以河流为中心的自然形成的区域范围。社会的流域是以河流为中心的人—地—水相互作用的自然—社会综合体，以水为纽带，将上中下游和左右岸的自然体和人类群体连接为一个不可分割的整体，在人类生活世界的本体系统中具有十分重要的地位。

---

* 田阡，西南大学历史文化学院民族学院教授。

流域人类学在从单纯的"地理概念"向"文化空间"转变的同时，也被赋予了新视角、新方法和新使命。这主要表现为三点：在研究视角上，流域人类学体现人类学的整体观；在研究方法上，流域人类学体现系统论；在研究范式上，流域人类学体现为由历史的、封闭的、静态的社区研究向现实的、开放的、运动的区域研究的转换。

首先，视角上，流域人类学体现为系统的多学科观照。流域既是自然资源、人地关系行为、文化多样性和历史记忆的群集单元，也是物质及能量流动、人口迁移和文化传布的廊道线路，更是人—地—水交叉互动的复合系统，具有面上的区域性、整体性、层次性、复杂性和协同演化特征。因此，要把整个流域作为一个系统加以综合研究，运用系统思维对流域系统的构成、结构和功能等进行分析，统筹考虑，以便为流域的开发、协调和治理等提供理论基础。而采用多学科合作与跨学科视野以及多样性的研究方法，则是人类学的整体观和流域研究的系统性、复杂性双重决定的结果。①

其次，方法上，流域人类学体现为区域的点、线、面呈现。在区域研究中要将点、线、面三个层次上的研究融为一体，就需要在研究方法上有所创新。从点到线，流域研究为区域研究提供了一条线索。因为河流是线性的，不同的文化区域就如同五颜六色的珠子，被一条线穿到了一起，形成了项链。在不同的文化区域流淌着的河流起着连接、贯通的作用，成为民族迁徙、文化交融的通道。我们可以通过对流域内上下游不同段的区域进行多点民族志的研究，通过对比，发现其共性与差别，从而找到民族迁徙、文化传播的脉络。从静态的分布与呈现到动态的流动与脉络，人类学试图从点、线、面的结合中找到呈现流域文明的方式，这势必要对传统的社区研究方法提出挑战。相对于传统的单一田野点，研究者需要将自己置于世界体系中，放弃固定的田野点，而跟随人、故事、隐喻或事物的流动从一个地方到另一个地方。同时，在多个地方移动让田野工作变得困难，在进入和适应新田野点的过程中需要更多金钱、时间和精力的支持，因此相对于传统的个人研究，"集体调查"和"集合研究"对流域研究也更行之有效。②

① 王剑：《聚落、廊道、立面：西南区域研究的流域人类学视野》，《社会科学战线》2016年第10期。
② 涂炯：《多点民族志：全球化时代的人类学研究方法》，《中国社会科学报》2015年12月3日。

最后，范式上，流域人类学展示了一种现实的、开放的、运动的区域研究。传统的人类学研究以历史研究见长，偏重于探寻与解答流域民族群体来自哪里的问题。流域作为天然通道是不同民族生活于其间并且交往、交流、交融的前提。流域确实有作为费孝通提出的"民族走廊"的一面，不同的民族、民族群体在流域内流动汇聚，频繁交流互动，保留了民族群体众多的历史与文化积淀。因此，流域人类学为更好地理解和解释"中华民族多元一体"格局提供了独特的流域视角。

当今的人类学越来越关注现实问题，不仅研究人与人的关系问题，而且更多关注到人与制度的关系问题。人类的生活、生产活动对水体和流域生态的影响越来越大，"河长制"治水模式、跨流域调水、水利工程建设、水污染、水权分配和生态补偿等问题，都是当前社会关注的热点和焦点。人类对流域的开发和生态保护问题归根到底是处理好人—水—地三者关系的问题。人类学的介入，能为社会治理、生态调适、政策的制定与实施提供一种全新的视角。

当今社会，在全球化、现代化、城市化的背景下，各民族成员的流动比历史上任何一个时期都更为频繁和常见，甚至已成为今天的"新常态"。地理环境对民族关系仍然有一定的影响，但是现代交通网络使得人口、资源与文化等要素的流动轻易就能突破地理的局限。例如高速公路、高铁、航线，乃至网络、物流改变着人们的生存、生活方式，冲击着传统的观念与文化。民族群体的交往与融合，比以往任何一个时期都更频繁、更深入、更多姿多彩。因此，人类学研究已经从简单的、静止的、结构性的文化、社会研究转换为将文化、社会视为一种运动和过程的研究。城市作为具有人口资源集散、商品生产、物流中转中心及交通枢纽功能的区域性经济、政治、文化中心，其民族人口流动、城市民族关系及民族社区等问题必然会成为流域研究的关注点。

文明转型与发展走向问题是世界各个文明体所面临的共同课题。尽管民族文化、传统文化呈现出复兴的态势，但是往往以一种碎片化的、符号化的、模糊化的方式呈现给世界，文明的特质越来越空泛。就像我们的母亲河长江、黄河一样，其背后的精神世界是什么？流域文明的文化主体性又是什么？哪些地方经验具有人类的普遍价值？这些命题看上去有些宏大，但决定着民族的身份认同与价值传播。正如费孝通所强调的那样，生活在一定文化中的人对其文化"有自知之明"，才能对自身的发展历程和未来有充分的认识，才能通过文化反思走向文化自觉，实现文化自信。[①]
流域让生活于其中的民族群体有着共同的物质家园，但是如果在现代化大潮中大家找不到共同的精神家园，流域文明也无从谈起。这就要求我们重视对凝聚精神家园起着支配作用的文明形态进行宏观的把握，阐述流域文明在地方社会形成中的支配地位。因此，虽然流域研究是中观研究，但是也应该把流域文化的模式、文化的特征和特质、文化的边界作为研究对象，在促进民族融合和文化建设中发挥应有的作用。[②]

一 流域人类学的学科发展与研究视角

人类的每一段文明，都离不开大江大河的哺育。世界各国从农业文明到工业文明再跃迁到生态文明，大势浩浩荡荡。顺势而为，方能行稳致远。创新、协调、绿色、开放、共享是当前和今后相当长一段时间内人类文明应当秉持的发展理念。

人类文明的进程与流域有着密切的关系，不按国家划分而按流域有另外的状貌。实际上，相对于漫长的人类文明发展史，国家的出现是非常近的事情，对于流域地区而言，流域良好的环境带来的农业发展，促使出现了畜牧业和手工业的分工，进而私有制的产生和剩余产品的出现带来了原始社会的瓦解，伴随着这一进程，国家作为保护私有财产安全的工具方才出现，此时河流已经默默流淌了千万年。江河无言，却有着巨大的力量，随着国家出现而产生的疆域划分与行政区域边界的确定，人为地将流域分隔开来。然而，分隔开的只是看不见的界线，大江东去则是阻挡不了的趋势。在这一背景下，行政划分带来的人类社会与适应自然而生的人类群体之间的对立统一，就具备了人与自然关系的哲学含义。

（一）自然的流域、社会的流域与人类学视野中的流域

虽然从整体的地形上来看，流域范围应该是一个大致的宽带状，然

---

① 费孝通：《关于"文化自觉"的一些自白》，载费孝通《论人类学与文化自觉》，华夏出版社，2004，第190~197页。
② 田阡：《流域人类学导论》，人民出版社，2018，第10~13页。

而，现代的行政区划将完整的流域人为地分割为不同的村、镇、县、市、省，甚至分为不同的国家。这就为流域范围内的各种流动、社会网络的联通、社会之间的交往拓展了研究空间。我们可以从流域生态环境的相关性、流域上下游的社会互动、流域不同区域的经济交换和社会网络的建立等多个方面切入流域研究。事实上，学术界较早对流域问题的关注，正是从学者们运用马克思主义政治经济学的方法与理论对流域内不同村落权力更迭的研究，以及运用人类学的互动论和过程论对流域范围内不同群体间交互关系及社会文化互相嵌入的探讨开始的，包括运用随后发展起来的后现代人类学多点民族志对流域内多个田野调查点的整合与有机衔接的尝试，都与流域内族群之间的相互关系有关。

在人类学区域研究中，流域是一个非常重要的视野，流域复杂的人文生态环境、多元的民族文化事象和丰富的族群分布样貌，为人类学区域研究的理论提供了优秀的实践场域，使研究者能够通过参与观察、反复调研、民族志书写等多种人类学田野方法的综合运用，为区域视野下流域人类学研究的有意识整介提供成功的个案和可行的路径。

1. 自然的流域

人类的各种活动总是在一定的地域空间内进行的，这些分布在地球表面的空间被称为区域。按照考察对象的特征划分，区域可以分为自然区域、行政区域和经济区域三种类型。地理空间上的流域是一种典型的自然区域，指以河流为核心，被分水岭所包围的区域，在地域上具有明确的边界范围。然而，流域又不仅仅是一个地理上的概念，很多学科在使用"流域"的概念，如在水文学中，流域的英文翻译为 drainage basin；在地貌学中，则译为 drainage area basin；环境学中是 river basin；水利科技中有时又译为 watershed；农业中，流域被译为 catchment basin；较为典型的是在土木建筑学中，流域的英译有 basin，drainage basin，catchment 和 watershed 四种。[①]

从上述学科对流域的英译可以看到，流域的定义基本是使用直观的集水区的概念来完成的，其核心为"分水岭所包围的集水区"，即以上学科的流域概念都是从地理学的流域中引申而来的。然而，流域作为集水区的

---

① 杨海乐、陈家宽：《"流域"及其相关术语的梳理与厘定》，《中国科技术语》2014 年第 2 期。

概念即使在地理学内部也存在相当大的争议，有学者直接指出："现行的流域定义通常就是指'集水区'。而事实上现实应用中的流域概念显然远非仅有'集水区'这一种。我们从玛纳斯河流域、塔里木河流域、黑河流域等许多流域的相关研究以及水利部门的生产管理与实践中，都可以明显地看到，人们所应用的流域概念并不总是像辞典中定义的那样，多数情况下并不是很严格的，而且这些应用一般也并不妨碍科研和生产的顺利进行。从新疆许多县市的农业区划资料中我们也都看到，人们并没有总是把集水区与流域、集水面积与流域面积等同起来。此外，流域的概念也并不仅限于河流流域（有些文献如 International Hydrographic Dictionary 的流域定义已指出了这一点），我们还经常见到'艾比湖流域'、'乌伦古湖流域'以及'流域盆地'等这样的说法，可见流域概念还可应用于湖泊、盆（洼）地等。"并进一步论证"流域的概念实际上应当包括狭义和广义两个方面"，"狭义的流域是指河流、湖泊或盆（洼）地的集水区域（drainage basin，watershed 或 catchment），即河流、湖泊或盆（洼）地的地表水和地下水的补给区域，通常指地表水的汇水区域。广义的流域是指所有包含某水系（或水系的一部分）并由分水界或其他人为、非人为界线（如灌区界、地貌界等）将其圈闭起来的相对完整、独立的区域。现实应用中的（河流）流域概念，主要是指现代状态下形成流域水系以及流域水系在自然或人为作用下所影响或涉及的范围和区域（不包括跨流域调水）"。在广义的流域概念下，"流域的实质是地球陆地表面的特定地理单元，是地球陆地水及其所携物质在自然状态下、在重力作用的驱使下发生汇集、运移和沉积（或消耗）过程并因此形成一系列相互密切联系的、具有特定范围的区域的集合。当然，由于人类作用的介入，流域内原有地貌和水文过程往往发生了很大的改观，流域的界线变得比自然状态下更加模糊，并且在一定程度上开始具有了人为的特征"。① 至此，来自自然界的流域，在人类活动的参与下，进入了人类学区域研究的视野。

2. 社会的流域

区域研究，在社会科学概念体系里，实质上是一个多学科合作的概念，其假定在一个大的地理范围内的文化、历史、语言诸方面具有某种一致性。"它在一种共同兴趣的基础上，将希望从本学科出发研究特定区域

---

① 岳健等：《关于流域问题的讨论》，《干旱区地理》2005 年第 6 期。

的学者（包括社会科学、人文学科及某些自然科学学科）集合在一起，跨越学科界限而形成一个多学科领域。研究普遍规律的社会科学家、东方学者，注重文化差异的人类学家、民族学家，地理学家、流行病学家、地质学家以及艺术史家等均加入此行列。"①作为一门"西学"的人类学，在发展和兴起之初与西方的殖民历史相关。19世纪在欧美作为社会科学得以成立的人类学，对西方社会并无多大兴趣，关注的调查对象有着明显的区域指向性，这些非西方地区的研究和经典民族志一方面奠定了人类学学科发展的基础，另一方面也极大地丰富了这类区域的研究成果。美国作为区域研究概念的发祥地，对区域研究有着系统而详细的理解和成果展示，美国人类学以其特有的学术理论和学科方法为区域研究做出了重要贡献。第二次世界大战后，20世纪60年代的人类学危机同样影响到区域研究，西方人类学界在不断反思的同时也在寻求区域研究的新方向。从人类学角度看现代的区域研究，虽然也延续着传统的民族志的表达方式，但是从区域研究中能够寻求到更多新的命题，人类学家做区域研究的目的不再是单纯了解某个区域的文化，而是更多地关注区域之间人、物品、资源的流动。虽然现在的区域研究已经不再是单纯的了解"他者"的工具，也不能归类成"西方"与"非西方"，但是区域研究将一直是世界不同地区的人们了解世界知识和增进文化沟通的重要桥梁。②强调对某一区域文化进行全貌性的了解并推崇区域间文化比较的区域研究，一直就是人类学相当重视的研究领域，区域研究和区域民族志成为人类学分类的一个重要项目，非洲、大洋洲、南美洲、东南亚、东亚等都是学界经常论及的区域及分类。

自中国人类学诞生之初，农村社区就是区域研究的主要对象。中国人类学的先驱，将西方的人类学带到中国的农村社区；以"民族走廊"理论为基础的"中华民族多元一体格局"的提出，标志着中国人类学完成了从农村到小城镇再到区域研究的发展历程。新时期随着多元文化研究的深入和新的西方人类学研究方法的引进，中国人类学的研究面临新的转折，因此，梳理中国人类学从个案社区到中华民族整体格局的区域研究思想发展过程，可以彰显以流域人类学为代表的人类学新的区域研究理论和方法的

①　周泓：《庄孔韶人类学民族学研究的方法论诉求之意义（上）——中国认知传统与区域文化理念的理论与实践》，《民族论坛》2012年第3期。
②　周大鸣、詹虚致：《人类学区域研究的脉络与反思》，《民族研究》2015年第1期。

价值与意义，为从区域社会理解人类整体指明发展的方向。费孝通的人类学中国化尝试，是从他就读于伦敦政治经济学院期间的博士学位论文《江村经济》开始的，该书开启了他对中国农村的研究，获得了以其老师马林诺夫斯基为代表的国际人类学界的高度评价。费孝通完成在英国的学业回国后，在反思《江村经济》得失的基础上，不断开拓中国人类学研究的新对象，并继续深化人类学的理论研究，其代表性著作《云南三村》，开始尝试将"江村"的农村社区研究拓展到更大范围的区域，在多点民族志调查的基础上把握中国社会，尤其是农村社会的基本格局。然而，无论是"江村"还是"三村"的研究，共同存在的问题都是"以点代面""以偏概全"，费氏随着自身研究水平的提高和对中国研究范围的扩大，开始意识到这些问题的存在。同时，以利奇为代表的西方人类学学者也提出了质疑费氏的"利奇之惑"："虽然费孝通将他的书冠名为'中国农民的生活'，但他并没有证明他所描述的社会系统在整个国家中具有代表性。"[1]针对这一问题，费氏提出了"民族走廊"研究发展出的"中华民族多元一体格局"理论，将人类学的研究单位拓展到整个中国，进而从微观的个案社区研究到宏观的区域研究再到理论方法和学术思想的凝练，形成了完整、自洽的中国人类学理论体系。

在2005年费孝通逝世后，其一手创建的中国人类学在新时期得到了多样化的发展和长足的进步。无论是沿着费孝通开创的道路将"民族走廊""乡村建设""中华民族多元一体格局"等理论和实践进一步深化，还是对"人类生态""中心—边缘""城市民族"等费孝通不曾涉及的全新领域的研究和探讨，都在当今的中国人类学界占有一席之地，呈现出"百花齐放，百家争鸣"的繁荣景象。在"百花"丛中，山地研究和流域研究是近年来涌现出的两种新的人类学研究方法，相对于视野主要集中于中国一、二级阶梯山区的山地人类学，流域人类学的研究范围更加广泛，对象更加明确，也更具有走出中国进行跨文化区域比较研究的基础。因此，尽管现在尚处于起步阶段，但可以预见的是，只要坚定地按照人类学学科的基本理论和规律进行长期不懈的调查与研究，流域人类学将成为未来中国人类学乃至世界人类学研究的重要组成部分。

在"后费孝通时代"，费氏开创的中国人类学研究必须开始进行自己

---

[1]　Edmund Leach, *Social Anthropology*, Oxford University Press, 1983, p. 127.

的学术尝试和理论构建。对于人类学的区域研究而言，为了避免各分支理论之间的"自说自话"或"各说各话"，需要一种具有高度概括性和超强引领能力的理论来串联起这方面的研究。就像由"江村""禄村"发展而成的"中华民族多元一体格局"一样，某一种理论需要拿起人类学区域研究的指挥棒，将零散的思想、理念和观点系统化为理论、学科和学术，进而推动世界人类学未来的发展。在中国人类学界先后出现的"藏彝走廊研究""西南少数民族地区研究""华北农村研究""珠江三角洲研究"等分支，以及近年来由历史人类学的跨界合作所产生的"华南研究"，刚刚兴起的"环南中国海研究"等都是人类学区域研究传统的彰显。但上述分支或由于研究对象范围较小，不适用于整个中国研究的对象；或由于研究方法仍囿于费孝通从个案到整体、从特殊到一般的前半阶段，难以进一步推进；或由于过于集中关注中国的特色而忽视了世界乃至全人类的一般状况，所以虽然自圆其说有余，引领学科发展未来方向的能力还不足。

在区域研究的启发下，人类学视域中的流域人类学研究正在兴起，其张力和价值逐渐显现。从概念上来说，流域是以河流为中心的人—地—水相互作用的自然—社会综合体，以水为纽带，将上中下游和左右岸的自然体和人类群体连接为一个不可分割的整体，在人类生活世界的本体系统中具有十分重要的地位。流域人类学是遵循人类学的基本理论与方法，并以跨流域比较研究为其方法论特色，来进行流域中的人与自然的关系、人与人的关系以及族群之间的关系研究。[①]

3. 人类学视野中的流域

从学术理论上来说，流域人类学所展现的是新时期人类学研究的新方向，这一新方向的产生，既与当今世界政治、经济、文化的多元性发展背景有关，也彰显了人类学中国化更高的水平和更深的层次。具体而言，流域人类学所引领的中国人类学新方向，包括以下几个维度的建构。

首先，研究视角方面，流域人类学展现了区域研究的观察切入点从客观到主观再到主客交融的转变过程。对于人类学视野中的中国，本者与他者的视角之争旷日持久，两种视角的支持者各抒己见，各美其美地加深了中国人类学理论研究的深度。如果从费孝通源于功能学派的社区研究的视

---

① 田阡：《村落·民族走廊·流域——中国人类学区域研究范式转换的脉落与反思》，《社会科学战线》2017年第2期。

角分析，其早期的观察角度更接近于"在社区中做研究"，社区只是范围而非对象，所以费孝通自己也多次提及早期的《江村经济》等著作在理论归纳、类型分析以及"主观性"上的不足。20 世纪 80 年代以后，随着费孝通学术思想的成熟和学术理路的逐渐清晰，真正从"人"出发的社区研究成为其主要的研究内容和用于理解中国社会的主要方式，但作为区域研究的对象，社区过于狭小和单一，典型性和作为比较对象的价值不够。于是在费氏和其他中国人类学学者的推动下，人类学者们开始进行由一到三、由点到面的较大范围的人类学区域研究，并将整个中国划分为六大板块，设置了大区研究的宏伟目标。这种从单位社区的比较到整体区域的综合研究转向，正是流域人类学能够在河流区域范围内成立的前提之一。

其次，研究对象方面，流域人类学展现了区域研究分析单位的划分从地域到人群再到人—地结合的维度。之前的人类学学者在研究某一区域的某一群人时，往往根据斯大林关于民族的定义"民族不是种族的共同体……民族是人们在历史上形成的一个有共同语言、共同地域、共同经济生活以及表现于共同文化上的共同心理素质的稳定的共同体……这些特征只要缺少一个，民族就不成其为民族"[①] 进行民族或者族群的研究。这一定义在某些特殊的历史时期和像苏联这样的民族国家具有一定的适用性，但并不完全符合中国的民族情况。近年来，也有很多民族学者和人类学者对斯大林的民族定义提出批评。以流域人类学为代表的人类学区域研究理论认为，任何离开空间、时间和人类群体互动的视角进行的民族或者族群研究，都是不全面和不完整的。流域作为一个既是历史概念也是空间范围的问题集，正在逐渐成为人类学区域研究主要面向的对象。

再次，研究范围方面，流域人类学展现了区域研究从中国的西南、东南到世界各地跨流域比较研究的尺度。费孝通的研究起点《江村经济》中的"江村"无疑属中国的东南范围，但该书是费孝通西南研究的成果《花篮瑶社会组织》的"副产品"。所以，中国的民族学、人类学研究，其实最早是从西南地区开始的。除了费孝通，杨成志、袁家骅、李仕安、江应樑、陶云逵、林惠祥、芮逸夫、马长寿、林耀华等诸多民族学和人类学学者，也曾进行过西南地区社会文化调查和研究。但随着 20 世纪 80 年代以来中国民族学、人类学学科的重建，经济基础更加坚实、宗族保留更为完

---

① 《斯大林全集》（第 2 卷），人民出版社，1953，第 294 页。

整、跨国交流机会更多的东南和华南研究，逐渐占据了中国人类学研究更多的视野。近年来，随着经济全球化的深入，中国的东南和华南发生了剧烈的社会转型和重构，城镇化带来的严重的社会同质化，使这里的人类学研究面临"对象沙漠"的困局。而这时依旧保有"绿水青山"和传统文化片段的中国西南地区，又重新回归人类学重点研究的范畴，以西南山地流域为出发点的流域人类学研究，面临着良好的发展契机。

最后，研究主体方面，流域人类学展现了区域研究从人类学单一学科向多学科综合的趋势。流域研究的中心概念是"流域"，所有的理论都是围绕着"流域"的概念建构起来的。流域作为人、地、水互动的复杂系统，可以分成很多子系统，流域系统集群具有区域性、集体性的特征。正因为流域是一个中层问题集群，所以可以在这个系统层面发现很多现实问题，诸如生物多样性的问题、传统知识的传承保护问题等。正是因为流域有这样丰富的外延性，才使各个学科通过流域实现与人类学的"牵手"成为可能，所有的人文社会科学学科和大部分的自然科学学科，能够成为流域人类学协作的对象。这也使流域人类学在面对各种各样不同的问题时，有多种分析和解决工具。

综上可见，流域人类学具备统筹协调人类学内部分支学科，以及人类学之外其他学科的基本能力，是未来引领人类学发展方向的重要选择。在流域人类学基础之上，人类学可以重新建设一整套分析和研究区域社会的理论和方法，使之不仅能够将前人的成果纳入研究背景之中，并且能够继往开来，开拓世界范围的人类学研究领域。

（二）流域人类学的研究范式

从人类学的基本学科属性和研究对象可以凝练出流域人类学的概念：流域人类学是遵循人类学的普同、整体、整合的理论与方法，并以跨流域比较研究为其方法论特色，来进行流域中的人与自然的关系、人与人的关系，以及族群之间关系研究的人类学研究的新方向。

流域是人类文明的摇篮，所以流域是人类学研究天生的对象和必须涉及的领域。然而，遗憾的是，或是由于话题的宏大，或是因为对跨学科视野的高要求，抑或单纯是因为"最熟悉的陌生人"观念作祟，从人类学学科本体出发，探讨水与人、流域与人类文明以及河流与人类社会关系的尝试，还处于各学科自说自话、自弹自唱的阶段。因此，以人类学基本理论与方法为切入点，开拓一个深度分析、比较流域范围内人类群体异同，进而得出人类生存规律的人类学的研究方向，具有较大的理论价值和学术意义。

流域人类学正是在这样的学科需求中应运而生的，其理论与方法基于人类学基本的理论与方法而构建，并在其基础上，将跨地区、超时间的流域比较理论与方法作为其方法论层面的创新，将跨流域比较人类学作为其突出特色予以彰显。

1. 用普同论（universalism）视角研究流域与人类文明起源之间的关系

现代人类学的基本原则是人类的普同性，即所有人均完全平等。不论我们属于哪一个民族，我们都属于同一个物种，即世界上现存所有的人类都是同一种属，任一人群都不比其他人群更为进化。正是因为人类平等，人类学家不仅对中非矮小黑人及大洋洲土著感兴趣，也对北美及西欧工业化国家的人民生活感兴趣。所以，所有的人，不论活着的还是死去的，都是人类学家研究的对象。人类学家认为，任何一群人都有助于我们了解一些重要的人类状况，了解人类如何靠文化（即社会传承）而存活且仍是动物界的一员。人类在生物、心理、社会和文化上的共同性特征，就是人类学特别关注的普同性内涵。根据普同性认识论原则，人类学在强调人类文化多样性的同时，考察全人类所具有的某些共同的基本行为特征和一些具有普遍意义的生活方式。

对于流域范围内的人，普同性同样是最基本的原则，普同的认识原则是最基本的理论内涵。

2. 用整体论（holism）视角研究流域与人类社会发展之间的关系

人类学的整体论是指把人类及其所赖以生存的社会当作一个动态发展的整体来研究。人类学家试图去了解的是人类生活状况的所有层面。社会经济、政治组织、宗教礼仪、语言文化和科技艺术，甚至婚育及生活环境等都属于人类学家的研究范畴。此外，他们对于人类社会的过去与现在都同样重视。在这个整体性的观念中，人类的存在被视为一个多面性的整体，可以就生物面来看，也可以就文化面来看。他们把人类社会的过去、现在和将来视为一个动态的整体，对其进行共时性和历时性的双重观察，做生物性与文化上的综合分析，以不断认识各种形态的人类社会的总体。对涉及人类活动的多种文化要素进行整体考察，获得对人类行为的全面认识。

整体论是一个辩证的理论，也就是说，整体是必要的，同时又是相对的。很多人类学研究把焦点集中在一些较孤立的小社会上，因为这些小社会的整合性较明显。在研究这些小规模社会（small-scale society）时，主要关注某一区域中的社会互动与资源开发。在这种小规模社会中，社会生活的各种关系都比较紧密，且直接受环境影响。但现实的人类学研究，同样关注大规模社会（large-scale society），甚至世界体系（world system）。

流域人类学正是以世界体系范围内流域的过去、现在和将来为研究对象，以人类学整体研究为基本原则和研究方法的分支学科。

3. 用整合论（integration）视角研究流域与人类社会变迁趋势之间的关系

多角度、多层面的整体的整合研究是流域人类学最大的特点。"整合"一词最早由19世纪的社会学家赫伯特·斯宾塞从生物进化论中引入社会学和文化学领域。在斯宾塞的理论中，整合包含社会结构的各个部分的相互依赖性，以及对这些社会结构各个部分的协调和控制两层含义。后经过索罗金、帕森斯等社会学家对社会整合、文化整合等理论的阐释和发展，在19世纪后半叶，整合论逐渐为文化人类学家借鉴和使用，形成了人类学中一种重要的方法论。其中，以博厄斯、本尼迪克特、涂尔干，以及英国社会人类学学者拉德克里夫·布朗、马林诺夫斯基等的理论较有代表性。

流域人类学的整合论大概涵盖以下几个主要层面。

（1）社会和文化的整合是多种因素共同作用的结果，这些因素既包括个体的接触、族群的交流，也包括不同地域人类的文化心理和文化模式，还有客观的气候、地形、温度等环境因素。流域作为直接影响客观环境、间接影响主观性格的因素，对于整合具有非常重要的影响力。

（2）如果将社会视为一个超越个体的有机体，其实现和维护整合的关键是多层次集体活动的开展和道德规范的重建。流域作为人类集体活动开展的主要场所和社会集体道德形成的起源，对社会有机体的构建与社会整合的维持起到了重要的作用；另外，流域的发展带来经济发展、区域社会的转型与现代化，随之产生的不适当的社会分工又反过来危害了社会整合，因此需要用辩证的眼光看待流域社会与社会整合之间的关系。

（3）社会功能整合的基础是有一个具有完好系统的文化或社会，在人类文明的早期，流域区域往往是最早出现系统完好社会的地区，从这一意义上来说，流域具有原生的区域社会整合功能，对流域区域的研究，能够洞察最原始的自然社会的整合方式，为当今遇到严重的可持续发展问题的人类文明提供重新整合的借鉴。

（4）在"文化符号—社会结构—生物系统"这一满足人类需要的等级序列中，流域具有贯通性的影响力，流域自下而上为人类文明的再造系统提供源源不断的生物、经济、文化等各方面的资源，从多个层面满足着人类的需求。在这一意义上来说，流域对人类文明和人类社会的整合具有根源性的作用。

因此，无论是从社会整合、文化整合、功能整合还是结构整合各个层面，流域都具有重要的对象映射功能，并自始至终对人类社会的诞生和重构起着重要的作用，整合的理论和方法是流域人类学研究最基本的方法论。

4. 用跨流域比较（comparison）视角研究流域与人类社会现状之间的关系

作为人类学主要研究方法的"跨文化比较"，号召从跨文化的视角来研究人类的文化和行为，以整体性的视角对某一文化进行全貌性的深入研究。[①] 以人类学基本的普同论、整体论、适应论和文化相对论为基础，流域人类学发展出具有自身特色的跨流域比较理论，即将跨地域、超时间的流域人类文明进行横向的比较，并通过比较尝试总结河流与人类社会、流域与人类文明的关系，进而上升到探讨人与水的关系和人与自然关系的层面，以期为未来的人类应对流域问题、改善流域环境和传承流域文化提供理论支撑和方法路径。

以往流域文明的比较主要以考古学理论为依托，所以对于一些涉及人类和人类社会文化内涵的问题无法解释，只有通过与人类学四大基本理论和方法的对话，将实物性的考古证据与逻辑性的人类发展轨迹予以结合，再次经过普同论、整体论、适应论和文化相对论的验证，才能更加全面地认识流域人类社会发展的全貌。因此，从流域人类学角度，开展世界范围内的流域文化比较研究，是大有可为的学术领域。

---

① 庄孔韶主编《人类学通论》，山西教育出版社，2005，第 12～13 页。

二　流域人类学的研究对象、典型案例及发展趋势

各学科关于流域与人类关系的前人研究成果种类丰富、规模较大、观点新颖、论证详细，但从人类学研究人类与客观世界的关系角度出发，将流域作为人类文明的发生场域和最初的营养来源的观点及系统论证，还未整体呈现出来。因此，流域人类学相关观点的提出及学科的构建，既水到渠成，又迫在眉睫，也正是流域人类学想要达成的研究目标。

（一）流域人类学研究的对象

流域人类学的理论目标在于，以流域人类学为中心，构建人类学跨越学科与理论界限的全新认知方式，从重视对凝聚精神家园起着支配作用的文明形态进行宏观把握出发，阐述流域文明在地方社会形成中的支配地位，把流域文化的模式、特征和特质、边界作为研究对象，通过文化反思走向文化自觉，实现文化自信，发挥流域研究在促进民族融合和文化建设中的作用，最终，在重新认识区域文化、重新解释人类社会的基础上，完成人与自然、社会的关系的重构。因此，从流域人类学的角度，江河所形成的流域与人类的关系包括以下几种，这些内容也构成了流域人类学研究的主要对象。

1. 流域研究的本质：人—水关系的形成过程

探索人类如何与表现为大大小小流域的水（尤其是淡水）在时空中由躲避、对抗到主动靠近、利用的过程，这一过程包括三个阶段。第一个阶段为人—水关系的开端，从人类体质对水的需求、人类文明对流域的依赖、人类社会对流域的利用和人类活动对流域的影响探讨流域与人类的关系。第二个阶段为人—水关系的发展，主要研究流域与人类农业的起源过程，指出逐水而居是人类的生存本能。综观全球，人类文明的起源和发展都与河流地理环境密不可分。河流除了为人类提供维持生命必需的淡水，更重要的意义还在于为人类社会提供了食物。第三个阶段为人—水关系的延伸，探索流域与人类交通体系的形成过程。河流及其形成的河道、河谷天然的地形和交通优势，使之成为人类文明扩张中的重要廊道，起到了举足轻重的作用。

2. 流域研究的内涵：人—水关系的融合过程

探讨人类在集聚到流域范围之后，怎样在各种因素的共同作用下完成主客观的改造与变化，实现与人造自然的全面融合的过程，这一过程涵盖四个方面的内容。第一个方面为人—水交融的经济基础，讨论流域与商贸的话题。江河兴经济，从区域经济来看，沿江河地区，物产富饶，交通便利，因而，往往成为农业和商业发达地带，经济往往能得到迅速发展。第二个方面为人—水交融的物质基础，讨论流域与城市的话题。将人类文明视为一个整体进行观察发现，城市和城市群是迄今为止人类聚落发展的最高阶段。从城市的历史来看，它虽然是人为建造的一种人类活动场所，却与以流域为代表的自然环境息息相关，可以说自然地理环境是城市形成和发展的重要条件，在某些特殊的历史阶段，甚至起到了决定性的作用。第三个方面为人—水交融的社会基础，讨论流域与族群的话题。流域是族群文化活动的地域空间，自然形成的流域在人类活动的参与下转化为有意义的人类文化空间，在这一过程中，族群活动的影响是十分明显的。第四个方面为人—水交融的政治基础，讨论流域与国家的话题。根据国家的定义，处理公共事务是拥有公共权力很重要的标志，所以中央集权化组织的出现和灌溉事业的发展之间存在联系，利用河流水源灌溉是一个庞大的系统工程，需要一个中央集权体制的有力保障；与此同时，大河谷地中的灌溉农业也成为国家的经济基础。

3. 流域研究的目标：人—水关系和谐境界

探索在各种因素共同作用下，人类与流域如何形成紧密相连、休戚与共的生存共同体的过程。在各种因素中，具有决定性，能够在某一时间段内改变流域与人类关系的因素主要有三类。第一类为人—水和谐的竞争因素，即流域战争。战争是人类社会生活的产物。从人类诞生的那一天起，它便以各种形式伴随着人类的演进。发生在大河流域的战争，由于或决定族群势力范围，或涉及生存空间扩张，或关乎自然资源争夺，或牵涉区域政治中心形成，所以具有矛盾激烈、规模宏大、场面残酷和影响深远的特点，往往成为部分或整体人类历史发展过程中重要的转折点。第二类为人—水和谐的社会因素，即流域移民。流域是一种开放型的系统，其各子系统间协同配合，同时系统内外进行大量的人、财、物、信息交换，具有很大的协同力，形成一个"活"的、有生命力的、越来越高级和越来越兴旺发达的耗散结构经济系统。第三类为人—水和谐的精神因素，即流域文化。区域文化具有发端于地理环境，成形于流域文化的普遍规律。文化作为人类开发利用自然资源创造财富和适应环境采取的方式，与地理环境有不可分割的联系。流域的区位、地质、地貌、植被、气候、水文等自然地理特征与它们各自的文化特质和风格存在一定的感应关系。

综上，流域人类学以河流为中心，以水为纽带，视人—地—水相互的作用为自然—社会综合体，将上中下游和左右岸的自然体和人类群体连接为一个不可分割的整体；从人与自然关系的角度，重新阐释人类文明起源、发展和衰落的原因，重新认识区域文化，进而重新解释人类社会，最终实现重构和谐的人与自然、社会关系的目标。

（二）流域人类学研究的典型案例

我们以将"流域人类学"发展成为一个有方法论特色的人类学学术流派为愿景，提出"流域人类学"学术概念，构建了以流域为路径的理解区域文化的方法论体系，逐步搭建了族群与区域文化理论框架，旨在实现以项目带研究，以研究育社会，将人类学特色的新视角和新理论与社会现实应用有机结合。

在近年来集中呈现的流域人类学成果中，西南大学研究团队推出的"流域与族群互动"调查研究系列成果较有代表性。"流域与族群互动"调查研究系列成果，以流域人类学为理论架构，以西南地区多流域少数民族的民俗文化为研究对象，通过对区域民俗事象中节日、服饰、音乐、娱乐活动等各方面具体内容的研究，探索出将人类学多点田野调查方法应用于民俗学研究领域的创新方式，是理论结合实际的民俗学、人类学、社会学、民族学方面的学术探索与田野实践。

"流域与族群互动"调查研究系列成果已出版专著 7 本，共计 173 万字，每本专著都严格按照规定的结构与格式进行撰写，具有较强的系统性、逻辑性、可行性。其中，该系列成果的理论研究集中体现在《流域人类学导论》①一书中，该书探索了流域人类学的理论建构，展现了区域研究分析单位的划分从地域到人群再到人—地结合的维度变迁。以流域人类学为代表的人类学区域研究理论认为，任何离开空间、时间和人类群体互动的视角进行的民族或者族群研究，都是不全面和不完整的。流域作为一

---

① 田阡：《流域人类学导论》，人民出版社，2018。

个既是历史概念也是空间范围的问题集，正在逐渐成为人类学区域研究主要面向的对象。

该系列成果中，《乌江流域少数民族传统节日文化传承与保护体系研究》① 以西南地区乌江流域的少数民族传统节日文化为研究对象，探究了少数民族传统节日文化传承与保护的体系，即一个系统（少数民族传统节日文化传承与保护系统）、双重控制（文化传承场与文化保护场）、三段传承（从传入到控制性传承再到接受）、四大要素（传入者、场域中的多种传承内容与传承方式、接受者），进而探索了少数民族传统节日传承与保护体系在民族传统文化资源和非物质文化遗产开发、保护与利用方面的意义，在多个层面开展卓有成效的社会、文化、民俗理论与非物质文化遗产保护实践相结合的研究。

该系列成果中，《现代教育技术的嵌入：人类学视域下梭戛长角苗文化多维传承研究》② 以贵州六枝特区六枝河、月亮河流域的梭戛长角苗为主要研究对象，以现代教育技术为切入点，全面分析解读民族文化传承的各项机制及其内在关联。而在一番严谨的论证探索之后，各项机制指向了共同核心——民族内部原生动力，即文化自觉。随着现代社会科技高速发展，在我国逐渐普及的现代教育技术无疑为我们带来了前进的契机，通过现代教育技术力量的注入，各项传承机制得以互动整合建构为有机整体，共同推动民族内部原生动力的崛起，进而促进民族文化持续发展。

该系列成果中，《音声—社群形态互构——右江流域平果壮族嘹歌及歌圩活动研究》③ 以广西右江流域平果县的壮族嘹歌及演唱嘹歌的场所——歌圩为主要研究对象，通过考察和描述嘹歌及歌圩的音乐民俗事象、音乐民俗人物和音乐民俗生成的环境背景，建立尽可能还原嘹歌创作及演唱时空的田野现场实录文本（包括影视学上的文本）；依据文本，印证嘹歌及歌圩产生的文化背景，分析嘹歌社群的建构、嘹歌音乐创作与演唱的规则等。此外，在文本阐释中，运用梅里亚姆的"三重认知"和赖斯的"整体模式"等基本理论，构建指导该研究的整体思路，梳理嘹歌音乐及歌圩的

---

① 王剑：《乌江流域少数民族传统节日文化传承与保护体系研究》，人民出版社，2015。
② 余晓光：《现代教育技术的嵌入：人类学视域下梭戛长角苗文化多维传承研究》，人民出版社，2015。
③ 白雪：《音声—社群形态互构——右江流域平果壮族嘹歌及歌圩活动研究》，人民出版社，2015。

文化脉络，由表及里地揭示嘹歌音乐文化的表征及深层意义，进而阐释音乐与人的关系；同时运用列维-斯特劳斯的结构主义原则和曹本冶为仪式音乐分析建立的两极变量思维等理论方法，解析嘹歌音乐与社群在社会变迁中的建构、解构与重构。

该系列成果中，《手机与西江苗民的生活：城乡转型发展中的文化传承》[1] 通过实地调查（包括参与观察、深度访谈等）搜集研究资料，以黔东南西江千户苗寨为研究个案，以西江苗族的中年人为主要调查对象，将苗民的城市流动与苗寨旅游业的发展作为调查点现代化的重要因素，通过手机走进苗寨的视角，分析现代化进程中苗族生活方式的变迁，以及变迁引发的不同面向的理论问题，进而思考现代化进程中乡村的社会转型与发展。

该系列成果中，《族群性的承变：苗疆边缘秀山苗族的生活》[2] 以梅江流域秀山苗族的族群性为主要研究目标，考察了苗疆边缘的一个苗族村（重庆秀山半沟村），从族群记忆、地缘和血缘、通婚圈、苗语使用、传统文化和象征符号、国家意识与族群心理等六个方面，对其族群性进行了剖析。通过对这个苗族村寨的田野调查，研究发现苗族族群性的维系有其内在的机制和纽带，也因住地迁徙、政治经济环境变迁、族群之间的互动关系以及族群自身的发展变化而在历史进程中不断改变其具体内容和社会功能。通过全方位地阐述半沟苗族族群性维系和流变的轨迹和规律，研究指出有着漫长历史的族群有相对稳定的族群性，但是在不同的历史阶段由于外部和内部因素的影响，族群性的变化不可避免，并呈现时强时弱的特点。国家和社会应因势利导利用族群性的积极因素并防范消极因素，提高族群自身的发展能力和竞争能力。

该系列成果中，《在歌俗中诗意生存——以侗族河歌为例》[3] 以都柳江流域侗族的河歌为研究对象，把河歌发展历史分为"萌芽期""发展期""繁盛期""沉寂期""再度繁盛期""衰落期""传承保护期"几个阶段，并探寻河歌发展史内含着的民歌发展和保护的普遍规律，它生发了民歌与环境的生态关系，这样的生态关系说到底是歌与人的关系以及人与文化的

---

① 费中正：《手机与西江苗民的生活：城乡转型发展中的文化传承》，人民出版社，2016。
② 向轼：《族群性的承变：苗疆边缘秀山苗族的生活》，人民出版社，2016。
③ 胡牧：《在歌俗中诗意生存——以侗族河歌为例》，人民出版社，2018。

关系。社会变迁使得民歌的发展演化呈现宏观性、非线性有序性，使得民歌的发展不是呈现一种封闭式循环的路线，而是呈现一种整生式发展路线，具有发展的单向性和不可往复性。我们从河歌生发的历程中看到"传统"发生变化的过程，认识到河歌存续的文化生境及其发展的机制正在于侗族独特的歌俗文化。侗歌文化传统及其功能让人们看到了侗歌在侗乡这样一个无文字社会里的艺术内动力和自为性、自主性、自由性。

"流域与族群互动"调查研究系列成果在理论、观点和方法上都有较为显著的创新。在理论上，在全球化时代，人类学区域研究面临严峻的挑战，也面临很好的机遇，流域人类学作为一种研究较大范围区域文化的范式应运而生。它不仅弥补了之前研究范式在理解村落与村落之间交流方式上的不足，开拓了前人在人类学区域研究上未曾涉及的盲区，更能够从人与自然关系的角度重新阐释人类文明起源、发展和衰落的原因。一方面，成果通过对世界范围内的流域进行比较研究，拓展了人类学的学科边界，丰富了人类学在流域层面的理论应用；另一方面，成果对中西流域研究进行了整合，将西方流域研究的"水系—集水区""分水岭"研究模式与我国的流域研究的"历史—地理"模式进行整合。该系列成果提出，在全球化和现代化全面走向深入的当今社会，费孝通先生基于农村—社区—区域研究而提出的"中华民族多元一体格局"依然存在，但随着民族地区社会、经济、文化的发展，民族自觉、民族自省持续推动着各民族文化多样性的彰显，这也使全面研究某一地区文化的区域研究成为当今人类学的安身立命之本。在这一背景下，源于人类社会与水的关系的流域人类学，成为人类学区域文化研究的新方向，其研究对象、研究视野、研究方法、研究理念，使刷新以往人类学对区域和区域文化的认知成为可能，并为今后人类学理解区域、文化、族群、社会等概念提供了全新的视角和对象。流域人类学最终能够实现重构区域的目标，让流域成为继政区、走廊、通道、山地之后，又一种划分人类社会区域的方式。此外，作为范式创新的一个出发点，流域人类学研究可以帮助我们超越以往点状认识的局限性，打破现在人类学区域研究中一个个民族志点之间没有关系的局面。

在观点上，以往对由一条河流形成的流域文化，或者较大范围内多流域文化的研究，主要有两种取向：一种研究取向是以行政区域，如以省、州、县或者村寨等为对象进行研究，主要围绕某个行政区域下的文化、历史和现状进行调查、分析、总结和探讨；另一种研究取向则以民族/族群为研究对象，侧重研究流域内各少数民族文化的历史和现状。当然，在一些研究当中，也有将这两种研究取向相结合的情况。该系列成果构建了以人类学的基本理论和方法对世界流域进行系统性研究的学科体系，涉及了极为敏感与复杂的人与自然关系及人类文明发展关系的研究，是学界对族群文化与区域文化研究领域的延伸和突破。该系列成果认为每个地方都有流域，流域和流域之间是结成网络关系的，人类文明其实可以说是一个一个的流域网。流域人类学的张力和价值，集中到一点就是能够帮助我们实现文化整体观的研究，推动人类学和民俗学共同建立起以流域为标志的"新多元一体格局"。

在方法上，成果通过流域研究，在点、线、面三个层次上将西南各流域的民俗文化的研究融为一体，从点到线，流域研究为区域研究提供了一条线索。河流是线性的，不同的文化区域就如同五颜六色的珠子，被人们用一条线穿到了一起，形成了项链。在不同的文化区域流淌着的河流起着联系、贯通的作用，成为民族迁徙、文化交融的通道。成果通过对流域内上下游不同段的区域进行多点民族志的研究与对比，发现其共性与差别，从而找到民族迁徙、文化传播的脉络。

"流域与族群互动"调查研究系列成果从全球范围的流域生态文明建设出发，能够实现人与自然的和谐协调发展、人与人的和谐与全面发展、经济社会的可持续发展三大整体目标体系的统一，体现生态文明社会的本质特征和本质要求，体现保护环境、优化生态与人的全面发展的高度统一性，体现可持续经济、可持续社会与可持续生态的高度统一性，揭示工业文明转型的演进方向，为人与流域的关系勾画出崭新的前景。该系列成果的出现，顺应了中国政府大力推动在流域问题上与周边国家全方位、宽领域、多层面合作的战略需要及"一带一路"的总体规划思路，该成果能够引领课题组与世界各国共建流域人类学综合研究体系和国际比较研究范式，通过共同进行沿流域的田野调查，举办国际会议、国际工作坊，拓展涵盖区域文化、区域流动、文化多点以及移民与族群问题的流域人类学研究视域和都市空间，将基于国内的学科应用范式延伸为全球联通的学科应用研究新格局，为实现以中国为主体的全球治理方案提供可供实际操作的流域切入点。

（三）流域人类学今后的发展趋势

在人类学区域研究中，流域是一个非常重要的视野，流域复杂的人文生态环境、多元的民族文化事象和丰富的族群分布样貌，为人类学区域研究的理论提供了优秀的实践场域，使研究者能够通过对参与观察、反复调研、民族志书写等多种人类学田野方法的综合运用，为区域视野下流域人类学研究的有意识整合提供成功的个案和可行的路径。根据流域人类学自身的特点，以及当前与今后一段时间世界的发展方向，加上习近平总书记对加快构建中国特色的哲学社会科学的殷切希望，流域人类学呈现以下发展趋势。

1. 流域作为文化区域的定位将进一步彰显

流域被定义为以水流为标志的人类活动区域，这些活动区域之所以形成，是由于人类群体按照某种规则和方式组合形成人类社会以后，淡水的主要来源——江河、湖泊、溪流，被赋予了更广阔的社会意义和文化内涵。在此基础上，进一步探讨人类与水、人类社会与流域以及流域文化之间的关系。在流域人类学的理论方面，区域文化将作为前人的理论被整体纳入流域人类学的历史范畴，进而讨论建构与他者和建构与自我的人类学区域研究的理论逻辑对流域人类学未来发展方向的影响；在流域人类学的对象方面，社会、经济、历史、族群、文化等，将以不同的形式成为流域研究的内容，并在面对和解决当今社会与流域有关的问题方面提供可资借鉴的例证；在流域人类学的视野方面，关于水源、水路、水利、水患与人类文明关系的探讨，将使这一学科的视野扩展到前人难以企及的广度；在流域人类学的方法方面，跨文化的流域比较研究将成为主要的特色方法，将跨地域、超时间的流域人类文明进行横向的比较，并通过比较尝试总结河流与人类社会、流域与人类文明的关系，进而上升到探讨人与水的关系和人与自然关系的层面，以期为未来的人类应对流域问题、改善流域环境和传承流域文化提供理论支撑和方法路径。

2. 基于流域人类学的流域社会治理体系将逐渐成熟

流域文明不仅是流域文化、流域历史，应更多关注流域治理，进而参与讨论社会治理的话题，因此，挖掘流域文明，可以更好地从点、线、面三个层次上为社会治理提供理论指导。首先，流域文明内含社会治理的文化意蕴。水是流域文明的主体，水的特性在于它在"三态"转化之中实现着自身的弥漫。一地一域之水受到污染，水的流动性就会促使污染在更大范围内持续扩散；一堤一坝存有缝隙，水就会在引力作用下展现出"柔弱胜刚强"的特性；水库不坚、水道不通，暴雨积累起来的洪涝就会引发灾难；水管查漏减损、废水再生利用和雨水收集的工作不济，就会造成水资源的浪费。水的如此特征，决定了治水思维的系统性和治水形式的协同性。其次，流域文明突出社会治理的系统关联性。水是人类的生命之源，但是其发挥功用需要依靠人对其运动规律的科学把握。山、水、林、田之间的辩证运动构成生态系统，水的运动规律即是在生态系统中发挥作用。在人类社会快速发展进程中，人们对于自然界的作用逐渐多样化，导致水的运动规律发挥作用的机制也变得日益复杂化，人们治水的机制也日趋系统化。科学发展观的基本要求就是全面协调可持续发展，治水必须具备统筹协调的战略思维。最后，流域文明反映社会治理的本质属性。人对水的治理体现的是人通过物质实践以文明的形式获得对以水为代表的自然资源的利用和驾驭能力。治水直接反映的是人与自然界的关系，同时反映了人与人、人与社会的关系。随着人类文明不断发展，人与人、人与社会的协作成为人类利用和驾驭水资源的重要形式，人们在治水中不断探索和改进社会治理的机制，以便更加积极有效地应对与水相关的问题，实现人与水的和谐相处。

3. 流域人类学的理论体系将进一步深入与完善

今后应从流域生态环境的相关性、流域上下游的社会互动、流域不同区域的经济交换和社会网络的建立等多方面更加深入地切入流域研究。应在现有武陵山区多流域研究成果的基础上，深化以流域研究为导向的研究思路，夯实以田野调查为支撑的研究基础，发展以校地合作为载体的创新模式，契合国家、地方重大战略需求和整体学术发展规划，以重庆为中心，辐射整个长江流域水系带，深入研究由三峡移民工程带动的流域问题域及流域城市化进程，进而关注人类群体在不同的发展阶段与流域之间的开发与改造及侵袭与破坏关系，为解决流域环境与人类生存这一刻不容缓的、关乎人类未来发展和子孙后代幸福生活的问题，提供以流域人类学为引领的跨学科的综合视野，从新的视角分析流域环境问题产生的根源，进而提出解决流域环境问题的对策。

瑶族人类学研究的学术传统与延续

陈敬胜[*]

　　人类学作为一门经世致用的社会科学，诞生于150多年前的欧洲。20世纪20～30年代随着民族危机的加深，一批心怀救国济民理想的青年学子把人类学引介到国内，其目的是寻求救亡图存、富民强国的钥匙。"西方人类学自诞生之日起，便带上了浓厚的异域色彩。"[①] 虽然中国的人类学自从国外引进后，就以解决边疆危机为己任，但受追求"异文化"学科属性的影响，我国第一代人类学家如杨成志等人，有意无意地还是把地处边疆的少数民族作为研究对象。粤北、桂东北、湘南等南岭山区相对于中心城市来说是"边缘"甚至是边疆地区。居住在该区域的瑶族、苗族自然成为老一辈人类学家的研究对象，其中又以中山大学人类学系学者对粤北瑶族的研究，以及费孝通先生对广西大瑶山瑶族的研究最具有典型性。

　　中山大学作为人类学研究的重镇，其人类学研究的历史可追溯到1927年国立中山大学语言历史学研究所民俗学会的成立。民俗学会"以调查、收集及研究本国之各地方、各民族之民俗为宗旨。一切关于民间的风俗、习惯、信仰、思想、行为、艺术，皆在调查之列"。[②] 1928年，国立中山大学语言历史学研究所成立后，就设立了人类学研究组，聘请俄国体质人类学家史禄国为教授，杨成志先生为其助手，根据实际情况制定了《本所计划书》，语言历史学研究所的学术活动便从民俗研究开始与民族学、人类学汇合。"研究所成立伊始，就倡议对两粤和西南的民族进行研究，以

---

　　* 陈敬胜，湘南学院副教授。

　　① 周大鸣、龚霓：《海外研究：中国人类学发展新趋势》，《广西民族大学学报》2018年第1期。

　　② "民俗学会简章"，《国立中山大学语言历史学研究所周刊》，1929年第6集，第62～64期合刊。

直接观察方法进行实地调查。"①

粤北自隋唐以来,就成了瑶族聚居区域,所谓"南岭无山不有瑶"说的就是瑶族散居在粤、湘、桂交界处的五岭山脉一带,由于地缘接近,聚居在南岭走廊的瑶族成了中山大学早期人类学学者的研究对象,成就了一段中山大学人类学学者与瑶族研究结缘的佳话。

费孝通先生从燕京大学毕业后,获得了公费留学英国的资格,在临行前,应导师吴文藻的安排携新婚妻子王同惠女士到了广西金秀大瑶山调查花篮瑶支系的社会组织,内容涉及婚姻、家庭、组团、亲属关系等。费孝通的这次调查虽然有些遗憾,但也使得他与瑶族结下了不解之缘,他的田野调查为金秀瑶山成为人类学者研究瑶族的热土奠定了基础。

本文主要以人类学在我国的发展为纲,以中山大学人类学系师生对粤北瑶族研究为目,兼顾其他人类学学者的瑶族研究,进行学术史梳理,并就新时代瑶族研究的走向进行分析。

一 民族学与人类学的创立时期

民族志研究方法是人类学区别于其他学科的核心元素,而田野调查又是人类学研究的基础。需要指出的是,实地调查的研究方法在我国古已有之,如司马迁写作《史记》时对上古时期的人物故事遗迹进行了探寻,李时珍遍尝百草写成了《本草纲目》,徐霞客踏遍千山万水留下了《徐霞客游记》,等等。但对某一民族的专有调查却少之又少,历代王朝正史中只以"蛮夷传"等形式对少数民族作模板化记录,也有以见闻录形式进行记录的;但是在西方,很早就有探险者以及殖民者进入异族他乡,尽管他们以猎奇的目光记录当地文化,但这却成为民族学、人类学作为一门学科产生和发展的前奏。当越来越多的西方传教士片面地以文明人看野蛮人的眼光来观察和描写我国少数民族时,如何客观公正地认识少数民族,纠正中国历史上和当时西方学者对少数民族的偏见,成为当时一批有识之士的共识。五四运动之后,作为科学的人类学,开始受到各方重视,究其原因,

---

① 周大鸣、吴宁:《中山大学人类学系与中国人类学的发展》,《中山大学学报》(社会科学版)2009年第6期。

有以下几个方面：①人们用以说明中华民族不是劣等民族；②用以了解国内外各民族的情况，加强中华民族内部的团结，抗拒列强及其在中国的代理人（军阀）咄咄逼进；③史地学界需要将它作为一门改造旧史地学术的辅助性科学，使旧的传统史学和"游记"式地理增强其科学性；④施政当局也需要借助它了解国内各民族的历史、社会、语言、风俗、文化各方面的情况，作为施政的依据，用以协调各民族与汉族之间的关系，以稳定各民族接壤区的社会秩序。①

中山大学的学者对瑶族进行了扎实的研究，开风气之先的是时任生物系主任的辛树帜，1928 年，他率队前往广西的瑶山进行了 3 个月的科学调查，同时也对当地瑶族的历史、语言、民俗进行调查，收集了一批文献，其调研成果作为"广西瑶山调查专号"在研究所周刊上发表。

以 1928 年为起点，20 世纪上半期中山大学人类学系的师生对粤北瑶族做过数次调查。

1928 年，国立中山大学语言历史学研究所的容肇祖、商承祚对乳源、黄茶坑进行了考察，这是国内学者最早对广东瑶族的调查。

1930 年 3 月 15 日，中山大学生物学系瑶山采集队一行 12 人对广东北江瑶山②进行调查，中央研究院研究员李方桂博士随行。4 月 15 日，采集队成员集体撰写了《广东北江瑶山初步调查报告》，该报告采集、观察到了北江瑶山的哺乳类、鸟类、爬行类、两栖类和昆虫类动物，还探采了与岭南其他地方不同的 12 类植物。与此同时，对北江瑶山的风土人情之概况（如社会组织、社会经济状况、瑶练、服饰、言语、歌舞等）进行了粗略记载。这次调查的指向是北江瑶山的生物种类，不是严格意义上的人类学调查，但也记录了北江瑶族的社会文化，为后人的研究提供了索引和素材。

奠定中山大学瑶族研究基础的是一直主张坚持"民族学的路是靠两只脚踏出来的"的杨成志先生以及梁钊韬先生。1936 年 11 月 12 日至 18 日，杨成志先生率领文科研究所的研究生王兴瑞、江应樑及文学院史学系本科三、四年级学生李秋云、罗比宁、刘伟民和宋兆联等 7 名同学，由中山大学生物系黄季庄做向导，加上广州博物馆两名技佐，组成了北江瑶人考察

---

① 周大鸣：《梁钊韬先生评传》，社会科学文献出版社，2011，第 88～89 页。
② 当时分属曲江、乳源、乐昌三邑。

团，由广州直达曲江、乐昌和乳源三县接壤的瑶族聚居区——荒洞，对以广东北江瑶人为代表的瑶族社会历史文化的诸多方面展开调查。调研时间虽短，但是由于黄先生熟悉当地情况，取得了一定的成果。这些调查最后形成了较为翔实的民族志《广东北江瑶人调查报告专号》，并于 1937 年 6 月在国立中山大学研究院文科研究所刊物《民俗》第 1 卷第 3 期刊出。其主要内容有杨成志的《广东北江瑶人调查报告导言》、"Introduction"（英文）、《广东北江瑶人的文化现象与体质型》，江应樑的《广东瑶人之今昔观》《广东瑶人之宗教信仰及其经咒》《广东瑶人之房屋及工具》《广东瑶人之衣饰》，刘伟民的《广东北江瑶人的传说与歌谣》，王兴瑞的《广东北江瑶人的经济社会》等共 11 篇文章。这些文章涉及北江瑶人的体质、社会生活、生计模式、族属、精神文化以及宗教信仰等。江应樑的《广东瑶人之今昔观》《广东瑶人之宗教信仰及其经咒》《广东瑶人之房屋及工具》《广东瑶人之衣饰》等，把瑶族的物质和精神两方面反映出来。王兴瑞的《广东北江瑶人的经济社会》从人类学、民族学和政治经济学角度对家族、姓、村、私有财产与贫富、婚姻制度、图腾遗迹等进行分析与归纳。刘伟民的《广东北江瑶人的传说与歌谣》反映了瑶族的精神生活和传统文化。杨成志的《广东北江瑶人的文化现象与体质型》是一篇简介文化人类学和体质人类学的论文，分导言、人种的与史地的瑶人地位、瑶人的文化现象、瑶人的体质型与结论五个部分。

1937 年 5 月，岭南大学与美国地理学会联合组成桂北科学考察团，中山大学的杨成志教授担任该团民族组的主任，负责民族学的田野工作，研究瑶族的风俗习惯。国立中山大学研究院文科研究所的江应樑等人也参加了这次调查。[①]

抗日战争时期杨成志还与梁钊韬等人对粤北的过山瑶进行了研究，内容涉及体质、语言文化、经济制度和社会组织等。

1938 年，广州沦陷后，中山大学被迫一度迁到云南，后来又迁回粤北的坪石。在危险的逃难路途中和艰苦的生活里，杨先生仍不忘调查工作，1941 年 4 月 24 日至 5 月 4 日，他率领民族学研究生梁钊韬、王启澍及助手顾铁符等再度深入粤北瑶山，到乳源乌坑等地对瑶族的一支"过山瑶"进行调查研究，确定题目之后各人分头进行采访和观察，最后独立完成调查

---

① 王建民：《中国民族学史》（上），云南教育出版社，1997，第 178 页。

报告。这次调查涉及的范围广，既有历史、社会、经济、房屋、工具、服饰、婚姻家庭、宗教信仰、民间传说、歌谣，又有瑶族的体质特征。顾铁符的《粤北乳源瑶民的刺绣图案》经过核查今昔样本，加以分析比较和归纳得出62种刺绣的基本图案，反映了瑶族妇女的手工技艺与智慧。王启澍的《粤北乳源瑶人的经济生活》对浅山瑶16个村寨的经济生活和社会组织概况作了介绍。梁钊韬的《粤北乳源瑶人的宗教信仰》揭示了瑶人的宗教信仰是"神灵崇拜"、"有灵崇拜"和"妖物崇拜"三者的混合，并非真正的道教。杨成志先生完成的文章是《粤北乳源瑶人的考察导言》及《粤北乳源瑶人的人口问题》。这次调查最后形成《粤北乳源瑶山调查报告》一书，于1942年出版。在坪石期间，杨先生还为文科研究所收集了好几箱的文物。在坪石的这段经历，可以说是杨先生与粤北的一段苦难中的姻缘。

20世纪40年代，中国虽处于战争状态，但中大人并没有停止田野工作的步伐，其中值得一提的是杨成志先生的弟子、中山大学人类学系前系主任梁钊韬先生。梁先生在40年代早期曾在广东省政府指导委员会任研究员，并担任广东省地方行政干部训练团边政班的业务教官，讲授民族学概论及业务实习课等。任职期间，梁先生多次赴连阳上峒排瑶聚居区视察边政工作，并于1943年撰写了《阳山县上峒瑶民社会》（载于《大同》第1卷第2期），反映排瑶政治、经济、战争、宗教、婚丧等方面的情形，并主张通过扶持手工业、设立墟市、修建基础设施、发展商业、改革社会组织等方式发展排瑶社会经济，从而革除排瑶社会存在的械斗与社会分裂现象。

20世纪上半期以中山大学人类学系师生为主体的研究力量对粤北瑶族进行的调查，最值得书写的就是多学科合作、调查范围广。这一时期的田野工作者都具有较扎实的专业知识，从生物、历史、考古以及人类学、民族学等学科视角出发，对粤北瑶族的体质、历史文化、宗教信仰、社会组织、民俗乃至房屋建筑等做了全面的考察，奠定了进一步研究瑶族的基础，这也是粤北瑶族调查的开端。但也有其局限之处，如调查时间短暂，杨成志等人对北江瑶人的调查仅有7天；又如重文化收集整理，轻社会经济发展研究。因此，这期间的瑶族调查对人类学来说，其贡献主要体现在资料保存、现象描述与初步分析，为日后对粤北地区的再研究提供了历史参照。

与中山大学人类学系师生同步进行瑶族研究的还有当时岭南大学的一

批外籍教师。1939 年，霍真、李智文、李季夐、宏永就、林傲隅、黄锡凌等，对粤北连南油岭排瑶的社会组织、婚姻制度、人生礼仪、宗教信仰、农耕经济以及语言等进行了调查，调查成果发表在《岭南科学杂志》上。①

二 民族学与人类学的停滞时期

20 世纪 50 年代，由于院系调整，发源于西方的人类学、社会学、社会工作等学科被视为资产阶级性质的学科而取消。中山大学人类学系也停办，部分教师改行从事历史学或哲学研究，学术方向发生了根本性转型，部分人类学学者参与了中央主持的少数民族社会历史调查和民族识别工作。

这个时期瑶族研究总的情况是停滞不前，但在历史文献收集上取得了一些进展，主要体现在《瑶族简史》的出版，瑶族"民族问题五种丛书"的发行，《湖南瑶族社会历史调查》与《广西瑶族社会历史调查》（共 9 册）的出版，为后来的瑶族学者从事瑶族研究保存了一批丰富的历史文献，提供了诸多有益的学术信息。当然受意识形态的影响，这些调查报告具有时代局限性，需要我们以历史唯物主义的眼光进行甄别。

民族识别是这一时期的政治工作，部分人类学学者参与了瑶族的民族识别，如费孝通先生在 1951 年率中央访问团访问广西时，就开始了瑶族识别工作。湖南省江华县瑶族的识别工作，始于中央访问团 1951 年的访问。由于瑶族支系繁多，对该民族的识别一直持续到 20 世纪 80 年代初。各级访问团在访问瑶山及开展民族识别期间，依据搜集的材料，撰写了调查报告，如中央访问团对江华、江永平地瑶的调查报告，记载了一些独特的民俗和社会组织，尤其是对平地瑶的"瑶长制"的社会组织、婚姻制度做了详细的记录。访问团向民间征集的大批弥足珍贵的历史文献，为后来学者提供了翔实可信的资料。1951 年梁钊韬、容观夐随中央人民政府组织的第二分团到广东北江各地访问瑶族，梁钊韬发表了《北江瑶族的来源》，该文使用了多学科综合研究的方法研究了瑶族的历史社会，成了该时期瑶族

---

① 麻国庆：《南岭民族走廊的人类学定位及意义》，《广西民族大学学报》（哲学社会科学版）2013 年第 3 期。

研究的一抹亮色。

三 民族学与人类学的恢复时期

（一）中山大学人类学系师生的瑶族研究

1978 年后，中国的教育重现生机，在梁钊韬先生的积极推动下，中山大学人类学系于 1981 年迎来复办并获得首批博士授予权。前人开创的田野调查传统作为学术自觉得到传承。

1. 培养了大批瑶族研究学者

中山大学作为人类学研究与教学的重镇，有着重视人才培养的优良传统。1935 年中山大学设立研究院，下设人类学部，由杨成志兼主任，那时开始就注意培养人类学专业的研究生。江应樑、梁钊韬、曾昭璇等瑶族早期研究的学者就是这个时期培养的研究生。1948 年中山大学成立人类学系，杨成志先生为系主任，开始培养本科生。如研究瑶族的著名学者李默先生就是人类学系第一届本科生。中山大学着力培养瑶族研究学者的传统，在人类学复办后得到继承和光大。据不完全统计，目前从事瑶族研究的学者中很大一部分是中山大学培养的学生。他们正在不同的区域从事瑶族的社会经济文化研究，肩负起了瑶族研究的重任。如表 1 所示，仅仅2000 年以来，中山大学硕士、博士研究生以瑶族为研究对象的学位论文就有 21 篇。

表 1　2000 年以来中山大学以瑶族为研究对象的硕士、博士学位论文

姓名	论文标题
殷晟	《边缘地位与文化资本——以联山瑶村为例》
郑馨欣	《连南排瑶丧葬仪式及其视觉符号分析》
陈岳鹏	《记忆中的传统与当代的变迁——连南排瑶"耍歌堂"仪式变迁的人类学考察》
刘丽敏	《电视与日常生活——广西龙胜瑶族大寨村民族志个案研究》
晁炎	《必背瑶族村落的地方发展与乡村秩序》
陈洁	《反思发展：乳源游溪瑶族村落经济生活研究》
勉向进	《入赘婚影响下的瑶族村落——庙冲过山瑶婚姻的人类学研究》

姓名	论文标题
李玉明	《红头瑶难民群体的宗教信仰与社会生活》
麦思杰	《大藤峡瑶民乱与明代广西》
李倩	《舞台真实：旅游作为社会戏剧的过程——对龙胜龙脊黄洛瑶寨的民族志研究》
吴小华	《荔波瑶山——白裤村落文化景观变迁研究》
陈曦	《社工介入少数民族村落的文化行动与文化认同研究——以广东清远某瑶族村为例》
沈萍	《粤北瑶族社会生计转型研究——以连南瑶族自治县连水村为例》
林为民	《莫瑶的盘王神话传说与信仰》
罗宗志	《信仰的无形之手——大瑶山盘瑶巫师群体权力研究》
杨建银	《"落后"与发展——广西背陇瑶的生计变迁研究》
刘秀丽	《文化身份的建构——湖南江永民瑶的女性人类学研究》
冯智明	《身体象征与生命体系——以广西龙胜县矮寨红瑶为例》
何海狮	《家屋与家先——粤北过山瑶的家观念与实践》
张晶晶	《社会群体与信仰习俗——恭城东部瑶族的人类学研究》
陈敬胜	《从"生瑶"到"熟瑶"——江华县伍堡瑶族的历史人类学研究》

2. 接续、扩大瑶族研究基地

20 世纪 80 年代后，人类学的发展迎来了春天。中山大学的一批师生接续了杨成志、梁钊韬等老一辈学者亲历调查过的粤北过山瑶和连南八排瑶等田野调查点，进行追踪研究。如容观复先生，他的瑶族研究成就颇多，他对瑶族的历史文化，尤其是对《评皇券牒》的研究成果（1982 年）获得学术界公认。1990 年，68 岁高龄的他还带研究生在粤北和湖南、广西边界地带的瑶山进行调查，对瑶族的迁徙和来源进行深入研究，之后又发表了一系列相关论文。又如杨鹤书教授，他主要研究八排瑶，从 20 世纪80 年代开始，就八排瑶的历史、现状、文化等发表了一系列的论著。其代表作《八排文化——八排瑶的文化人类学考察》（1990 年）获得香港中山大学高等学术研究中心奖。此外，博士研究生杨建银对广西凌云县瑶族村寨变迁的调研（2009 年）以及何海狮对方峒瑶族家先的研究（2013 年）等都接续了前辈学者的传统。

2000 年以来，中山大学人类学系组织师生对云南、广西、贵州、湖南以及广东的瑶族村寨进行了大规模的调查和研究。如周大鸣教授带队参加了广西凌云、龙胜瑶族的调查，出版了《瑶族双寨——广西凌云县背陇瑶和蓝靛瑶的调查与研究》（知识产权出版社，2008 年）。这是继 1928 年颜复礼、商承祖在凌云调查后的跟踪研究。在周大鸣教授主持的系列课题中，瑶族研究始终是重要的选题，希望瑶族研究继续成为中山大学人类学学术的支撑点，进而以学术回馈瑶族人民，真正实现费孝通先生所提出的建设"迈向人民的人类学"的目标！

利用暑期开展田野实习是中山大学人类学专业学生的"成年礼"，在延续传统选择一些老一辈学者调查过的田野调查点进行回访开展追踪研究的同时，中山大学人类学系的师生还在广大瑶区开辟了新的研究基地，范围涉及广东、广西、湖南以及云南的瑶族社区，调研对象兼及过山瑶、平地瑶、排瑶等多种瑶族支系。从 1981 年到 2015 年 8 月，中山大学人类学系每年都组织教师带领学生分赴大江南北进行田野调查实践活动，仅对广东、广西、湖南境内的瑶族进行的调查就达十余次，分别是：

1984 年 9～10 月，在广东韶关连南瑶族自治县三排区进行的瑶族社会历史文化综合调查；

1986 年 5～7 月，在广东韶关乳源瑶族自治县必背区进行的瑶族社会历史文化综合调查；

1989 年 9～10 月，在广东阳春永宁镇进行的麦姓排瑶、赵姓过山瑶及客家人调查；

1991 年 9～10 月，在广东连南瑶族壮族自治区三水乡进行的小三江镇瑶族社会历史文化综合调查；

2004 年 7～8 月，广西凌云背陇瑶与蓝靛瑶调查；

2005 年 7～8 月，广西龙胜龙脊壮族和瑶族调查；

2005 年 7～8 月，云南广南县阿科乡壮瑶苗综合调查；

2007 年 7～8 月，广东乳源、连山等粤北瑶族调查；

2007 年 7～8 月，贵州省独山县或三都县或荔波县水族瑶族调查；

2008 年 7～8 月，广西凌云瑶族移民区研究；

2009 年 7～8 月，贵州省荔波县佳荣镇水族瑶族调查；

2009 年 7～8 月，粤北连南瑶族自治县瑶族综合调查；

2010 年 7～8 月，贵州省榕江县侗族、瑶族调查；

2013 年 7～8 月，广西恭城瑶族自治县调查；

2015 年 7～8 月，湖南江华瑶族自治县调查；

2015 年 7～8 月，广西富川瑶族自治县以及湖南江华瑶族自治县的调查。

这些调查多由教授或副教授带队，每队由十几名或二十几名本科生参加，硕士研究生和博士研究生有时也参与其中。部分优秀的调查成果获得出版。如2004年的调研报告就结集成《瑶族双寨——广西凌云县背陇瑶和蓝靛瑶的调查》（周大鸣，2008年）、《三水瑶区变迁的描述与探索——以改革开放前后为中心》（张振江，2008年）等。

3. 研究重点由文化研究转向瑶族社会发展研究

老一辈人类学学者对瑶族的研究受到以杨成志为代表的南派人类学的影响，侧重于社会文化研究，因此瑶族的《过山榜》《盘王大歌》、瑶族宗教成了研究重点。进入21世纪以后，中山大学师生对瑶族的研究在关注传统的族群认同、瑶传道教、民间文化的同时，聚焦点悄然发生了转变，转向了社会变迁与发展。早在20世纪90年代初，在《中国乡村都市化》这部中国都市人类学的奠基之作中，周大鸣、郭正林就关注了瑶族社区的"都市化"问题。周大鸣教授主编的《瑶族双寨——广西凌云县背陇瑶和蓝靛瑶的调查》对山地瑶族的扶贫与发展模式进行了深刻反思，"作者把思考的焦点对准了造成城乡二元结构以及农村分割性现状的体制，并把造成瑶族山区贫困的终极原因归因于瑶族的无意识文化秩序"。[①] 《三水瑶区变迁的描述与探索——以改革开放前后为中心》以经济为主线兼及三水瑶区的文化、社会组织等，总体上勾勒出了连山三水瑶族的巨变。杨建银的博士学位论文《"落后"与发展——广西背陇瑶的生计变迁研究》，从文化的角度思考背陇瑶以及瑶族经济落后的内在原因。

（二）其他学者的瑶族研究

中山大学人类学系学者对瑶族的研究是瑶族研究的重要组成部分。同时，广西、湖南、云南等地的一批人类学学者也对瑶族开展了积极研究，取得了明显的成效。

1. 瑶族宗教研究

改革开放后，瑶族的宗教研究是人类学学者关注的热点问题。张有隽先生在广西十万大山山子瑶区进行了长时间的田野调查，写成了《十万大山瑶族道教信仰浅析》一文，文中他依据田野调查资料，把社会生活与瑶

---

① 陈敬胜：《21世纪初瑶族研究的回顾与展望》，《广西民族研究》2014年第1期。

族宗教联系在一起分析宗教的功能，在瑶族宗教领域是一个突破。罗宗智追寻张有隽先生的足迹，对大瑶山瑶族宗教群体权利的研究也取得了可喜成绩。徐祖祥借助扎实的田野资料，对云南瑶族宗教本土信仰与道教信仰的关联性进行了区分，在此基础上提出了瑶传道教的概念，把瑶族宗教信仰推向了新视野。张劲松、张泽洪等人对瑶族"度戒""挂灯"等仪式的田野调查与研究，在瑶族研究中也是一个亮点。

2. 瑶族发展研究

新中国成立前的瑶族研究，以梳理瑶族的历史文化及族群史，收集整理瑶族历史文献为主。改革开放后，随着国家政策转向经济建设，瑶族聚居区域的发展也成了人类学学者关注的重点。费孝通先生一生六上瑶山，其关注的主题就是瑶族的发展，目的是帮助瑶族发展经济，摆脱贫困。胡起望与范宏贵的《盘村瑶族》、郭维利等人的《盘村变迁》、秦红增等人的《瑶族村寨的生计转型与文化变迁》、徐平等人的《大瑶山七十年变迁》等都是研究瑶族发展的人类学成果。

3. 国际瑶族研究

瑶族是个跨境民族，除中国之外，越南、老挝、泰国、缅甸、美国、法国等地也有不少瑶族。在中国国门尚未打开之际，就有日本、法国等国的学者到泰国等地进行瑶族的田野调查与研究，比较有影响的成果有"日本白鸟芳郎的《东南亚山地民族志——瑶族及其相邻各族》、竹村卓二的《瑶族的历史与文化——华南、东南亚山地民族的社会人类学研究》、法国雅克 - 勒穆瓦纳的《瑶族神像挂图》、泰国差博 - 阿南达的《泰国瑶人——过去、现在和未来》"。①

改革开放后，邻邦日本、韩国的人类学学者利用地理位置的优势开始了对中国瑶族的研究。如 2008 年以来，日本神奈川大学的广田律子教授团队在湖南省文联及蓝山县乡土知识分子的支持下，对瑶族文化的"活化石"——"度戒"仪式，进行了持续、全面、深入的田野调查。韩国的金仁喜博士、金荣在研究员对白裤瑶、花篮瑶的信仰进行了考察，徐裕源、金善子对瑶族传统文化中的治理智慧给予了高度赞美。经过改革开放 40 多年的实践，与国家"引进来""走出去"战略相呼应，中国人类学也开始

---

① 秦红增、玉时阶：《南岭走廊与瑶族研究——人类学学者访谈录之五十七》，《广西民族大学学报》（哲学社会科学版）2010 年第 6 期。

把目光瞄准海外。广西瑶学会的研究员张有隽、玉时阶等人利用毗邻越南、泰国的优势，开始对越南、泰国甚至美国的瑶族进行田野调查。

4. 瑶族历史文献的收集整理

湘南也是瑶族居住最为集中的区域之一。相对于粤北、桂东北的风生水起的瑶族研究而言，湘南的瑶族研究则显得寂静。湘南瑶族研究的成果集中体现在一批地方乡土知识分子对瑶族文献的收集整理及分析上。如郑德宏对《盘王大歌》与"瑶人经书"的收集整理，李本高对《过山榜》文献的收集整理及研究，任涛对平地瑶的研究，杨仁里、欧阳绪珍对江永四大民瑶民间资料的收集整理及研究都引起了人类学、民族学同人的注意，他们的研究为后学的接力奠定了材料基础。

四 结语：延续瑶族研究的学术传统

"学术和政治，从来都有密切的联系。中国人类学在发展中遭遇的起转沉浮的命运，与中国社会百年变迁的轨迹相契合。"① 与中国社会科学焕发出的新生同步，人类学的瑶族研究也走过 30 多年的历程。这期间研究瑶族的人类学学者运用田野调查方法，通过民族志写作聚焦瑶族的历史文化传统及瑶族聚居区域的社会发展变迁，取得了累累硕果，为南岭走廊甚至全国的民族研究奉献了智慧。但其中也有遗憾，如孤立性、封闭式、地方性研究过多，跨学科、跨地域研究不够。

笔者认为，今后的瑶族研究应接续我国人类学学者优良的学术传统，立足田野、扎根瑶山，把脉瑶族聚居区域瑶族群众在新时代的主要矛盾，着力进行跨界跨领域研究，加强与境内外人类学的对话与交流，为正在进行的乡村振兴战略服务。可以从以下几个方面努力。

（一）加强海外瑶族的研究

瑶族在历史上是一个饱经辛酸和不断迁徙的民族，国内瑶族人口主要分布在湘、粤、桂三省区交界的南岭走廊山区。此外，还有 60 多万瑶族人

---

① 周大鸣、吴宁：《中山大学人类学系与中国人类学的发展》，《中山大学学报》（社会科学版）2009 年第 6 期。

散居于东南亚的越南、老挝、缅甸、泰国，以及美国、法国、澳大利亚。散居在世界各地的瑶族文化同源，族群同根，他们迁徙的原因，以及在文化与血缘上与中国境内瑶族的关系都是人类学学者关注的话题。围绕这些主题，向大有的《走向世界的瑶族华人》、张冠梓的《关于国外瑶族的分布与变迁》、张有隽的《瑶族向国外迁徙的原因、过程、方向和路线》等进行了讨论，[1] 但"无论是国内学者还是国外学者对少数民族海外华人中的'新移民'讨论都显得匮乏"。[2] 在新的国度里瑶族是如何与当地主流民族进行互动的，在新的政治经济语境中如何认同新的国度，是什么因素促使瑶族认同新的国度，他们又以什么样的方式认同自己昔日的祖国，这些都是值得关注的研究主题。随着中国的快速崛起，"尤其是随着一带一路倡议在世界范围内的推进，中国越来越多地走出国门，投身到海外广阔的市场之中"，"在全球化背景下的人类学研究，跨文化、多区域、多点的田野调查，成为时代推动下的必然产物"。[3] 这也为国内人类学学者到海外从事瑶族研究创造了政治和经济条件。

（二）加强城市流动瑶族的研究

瑶族有史以来就是一个迁徙性的山地民族，流动性是瑶族的传统。改革开放以来，尤其是 20 世纪 90 年代以来，由于地缘上与珠江三角洲接近，加上受城市"拉力"和瑶族村寨"推力"的影响，瑶族劳动力不断流入城市，成为城市边缘自由的散工。这些流动到城市的瑶族，如何融入城市？为了融入城市他们采取了怎样的策略？在适应城市文化的过程中，自身的族群文化发生了什么改变？瑶族劳动力的流动给当地瑶族村寨的社会经济文化变迁带来了什么样的影响？这些都是需要高度关注的话题。

人类学传入中国已逾百年，人类学的瑶族研究亦跨越一个世纪。回顾一个世纪以来的人类学瑶族研究历程，大体上可分为瑶族社会历史文化研究和区域社会经济发展研究两个界限模糊的阶段。改革开放前的瑶族研究

---

① 丁宏等：《少数民族海外华人研究开题实录》，《广西民族大学学报》（哲学社会科学版）2015 年第 11 期。

② 丁宏等：《少数民族海外华人研究开题实录》，《广西民族大学学报》（哲学社会科学版）2015 年第 11 期。

③ 周大鸣、龚霓：《海外研究：中国人类学发展新趋势》，《广西民族大学学报》（哲学社会科学版）2018 年第 1 期。

可归属于人类学的社会历史文化研究阶段。改革开放后的 40 多年，瑶族研究逐步转向应用人类学，重点是瑶族区域的社会发展，则可归于第二阶段。在新时代，我们应自觉传承人类学研究瑶族的学术传统，从新的历史出发，传承和弘扬人类学研究瑶族的学术精神，立足南岭走廊，扎根中国大地，自觉运用人类学的整体观、比较观，做扎实的田野工作，进行跨区域跨学科研究，把瑶族研究推向新的境界。

都市与乡村研究

中国乡村人类学百年

——村落及村落之外

申玲玲[*]

一 引言

工业革命后，随着西方的殖民扩张，对中国社会、文化的系统研究受到西方统治者的鼓励和支持。19 世纪中后期，西方欲以入侵手段将中国整合进不平等的世界体系和中国救亡图存谋求自身发展的双重背景催生了中国乡村研究。[①] 乡村作为中国社会的基石，各个学科从不同解释维度对其进行知识生产，产生了丰硕的成果。

一般说来，乡村人类学意味着两个意思：一是指实际上的乡民、农人或农民社会的研究；一是指中国本土乡村社会特定回访与再研究的学术检视。[②] 20 世纪上半叶，国内外学者以村落为中心的乡村社区研究滥觞于葛学溥对凤凰村的调查，兴盛于"燕京社会学派"（以下简称"燕京学派"）对社区研究方法的本土化实践，影响深远。20 世纪中期以后，对超越乡村边界的思考形成了弗里德曼（Maurice Freedman）的家族与宗族研究范式、施坚雅（William Skinner）的经济与市场研究范式、杜赞奇（Prasenjit Du-ara）的国家与地方研究范式和以台湾祭祀圈为代表的信仰与宗教研究范

式。国内学者也在人类学学科重建后，在更广阔的空间跨度和更深远的时间深度里研究不断变迁的中国乡村的新主题。中国乡村人类学研究历经百年历史，将视野扩展至区域和社会史研究，并关注乡村都市化的动态发展，其丰富的内涵和理论表述在世界人类学中占据重要位置，回溯中国乡村人类学研究的发展脉络，厘清不同学术思想间的传承和发展具有重要意义。

二　20 世纪上半叶：村落社区研究

马林诺夫斯基（Malinowski）在特罗布里恩群岛开创的"民族志方法"演变成"微型社区研究法"运用到中国的乡村研究中。村落社区的相对独立性与封闭性，使得以村庄为基本单位的中国乡村研究具备了逻辑基础。

村落社区研究把村落视为一个社区，"一个为人们所公认的事实上的社会单位"，① 认为"在一定时空坐落中去描述出一地方人民所赖以生活的社会结构"，② 有利于"对人们的生活进行深入细致的研究"，③ 进而用"小地方"反映"大社会"，探讨变迁时代中国命运的大问题，即借助村落研究来认识中国社会。

（一）国外开启对中国乡村的"全景性"调查

19 世纪末 20 世纪初，处于社会大变革时期的中国在政治、经济、思想方面都发生了巨大的变化，悠久的农业文明受到严重冲击。"落后""原始"的中国乡村被西方社会视为古老文明的缩影，他们抱着对中国社会的好奇和兴趣，把村庄看作认识中国社会生活的基本单位，④ 用"全景性观念"⑤ 对其展开调查。

最早以人类学田野调查方法对中国乡村进行调查研究的学者是当时受

---

① 费孝通：《江村经济：中国农民的生活》，江苏人民出版社，1986，第 5 页。
② 费孝通：《乡土中国　生育制度》，北京大学出版社，1998，第 91～92 页。
③ 费孝通：《江村经济：中国农民的生活》，江苏人民出版社，1986，第 5～7 页。
④ 〔美〕明恩浦：《中国人德行》，张梦阳等译，新世界出版社，2005，第 4～5 页。
⑤ 杜靖：《作为概念的村庄与村庄的概念——汉人村庄研究述评》，《民族研究》2011 年第 2 期。

聘于上海沪江大学的美籍社会学教授葛学溥（Daniel Kulp）。1918~1919年，他指导学生两度前往广东省凤凰村展开调查，收集包括地理环境、人口发展、宗教信仰、社会组织、社会问题、族群关系等方面的资料。1923年他又亲自前往考察，对学生们的调查进行检验和补充。这是社会学和人类学界第一次对中国乡村全面开展的田野调查，正式拉开了中国乡村人类学发展和中国村落社区研究的序幕。1925年，以此次调查为基础出版的《华南的乡村生活——广东凤凰村的家族主义社会学研究》①作为首本华南汉人乡村社区民族志，全方位地记录和分析了一个村落的经济、家庭、宗教、教育、人口、社区组织等情况，并对该村进行了体质人类学调查，是广东最早的体质人类学记录之一。葛学溥认为，家族是所有价值判断的基础和标准，所有的行为、标准、思想和观念都产生于或围绕着基于血缘聚居团体利益的社会制度，乡村所有其他的制度，包括亲属制度、政治制度等都围绕着这一制度，即"家族主义"（Familism）。他摒弃进化论，开始用结构功能论的视角把社会人类学从研究规模小而简单的部落社会转向研究更为复杂的农民社会，被誉为社会人类学史上的第二个里程碑。②

1922年，戴乐仁（John Tayler）和马伦（C. Malone）指导北平（今北京）9所大学的61名学生，分工调查直隶（今河北）、山东、江苏、安徽、浙江等省240个乡村的农民生活。1922~1923年，约翰·卜凯（John Buck）指导学生分别在安徽芜湖和直隶盐山县考察乡村经济和社会状况。1924年8月，商务印书馆出版了最早的中文乡村调查报告《社会调查——沈家行实况》③。该团队在沪江大学美籍教授白克令（Harold Bucklin）的指导下，对当时上海的一个仅有360户村民的小乡村进行了深入的调查，调研成果由张镜予编辑完成。

另外，酝酿对华侵略的日本帝国主义早在1906年就设立了南满洲铁道株式会社（以下简称"满铁"）。一直到1945年的40年间，满铁在中国设立了众多的调查机关，拥有庞大的调查队伍，对中国政治、经济、文化、军事、自然资源等各方面情况进行全方位的调查。包罗万象、浩如烟海的

---

① Daniel Harrision Kulp Ⅱ, *Country Life in South China: The Sociology of Familism*, Columbia University Press, 1925.
② 容观夐：《北京大学社会学人类学研究所成立十周年庆祝讨论会论文》，北京大学民俗学研究中心通讯，1996。
③ 张镜予：《社会调查——沈家行实况》，商务印书馆，1924。

调查报告、图文档案最终形成了 20 世纪数量最大的情报文献资料之一——"满铁资料"。满铁资料类目繁多，对中国乡村的调查格外详细和深入，客观上成为研究中国乡村的珍贵历史资料。其中，最富人类学特点的调查集中在华北地区，调查人员历时两年多，亲自到河北省顺义县（今北京顺义区）沙井村、栾城县（今栾城区）寺北柴村、昌黎县侯家营、良乡县（今北京房山区境内）吴店村与山东省历城县（今历城区）冷水沟、恩县后夏寨等地调查土地所有、土地买卖、租佃制、地契、税收、借贷、贸易、水利和宗族等内容，访谈当地村民，收集一手资料，厘清乡村规范及村庄运转等问题。但是，注重对村落本身进行结构考察的满铁资料忽略了对村落以外的各种社会关系的考察。①

20 世纪上半叶，国外对中国乡村的调查难以脱离西方中心主义的立场，也疏于理论上的提炼，但以葛学溥为代表的西方学者已摆脱进化论的束缚，开始向结构功能主义转变，影响了日后以村落为单位的中国社会研究。

（二）村落社区研究的本土化

人类学的本土化在于运用西方人类学的理论和方法，以本土资料进行研究并发展出本土的人类学学科体系。② 20 世纪 20 年代，中国的有识之士一方面对西方势力的入侵倍感危机，出现了有关"以农立国"和"以工立国"的争论，最终晏阳初主张的"乡村教育改造"和梁漱溟主张的"乡村建设运动"促进了中国乡村人类学的学术实践；③ 另一方面，他们借助西方思想涌入的契机，立足中国的现状和问题，积极寻求救国兴国的道路，使乡村人类学形成本土化的学科特色。20 世纪前半期，中国人类学的本土化已初见成效。④

在北方，北平社会调查所积极开展包括农村调查在内的社会调查工

---

① 兰林友：《庙无寻处——华北满铁调查村落的人类学再研究》，中央民族大学博士学位论文，2002。
② 陈沛照：《中国人类学学科地位省思》，《青海民族研究》2012 年第 4 期。
③ 杜靖：《作为概念的村庄与村庄的概念——汉人村庄研究述评》，《民族研究》2011 年第 2 期。
④ 陈沛照：《中国人类学学科地位省思》，《青海民族研究》2012 年第 4 期。

作。代表人物李景汉主编的《定县社会概况调查》①基于地理环境、历史、政府机构、人口、教育、健康、农民生活、乡村娱乐、风俗习惯、信仰等17个专题，对定县展开了大规模的全面调查，这也是中国首次以县为单位开展的系统的乡村实地调查。在南方，南京中央研究院在陈翰笙、凌纯声、芮逸夫等学者的努力下，为我国农村调查特别是边疆民族调查做出了突出贡献。另外，杨成志于1928～1930年对凉山彝族奴隶社会的生活风貌、文化特征进行了深入的调查，完成了中国较早的田野考察成果《云南民族调查报告》《罗罗族的巫师及其经典》等著作。

1929年，获美国哥伦比亚大学博士学位的吴文藻回国任教于燕京大学。他深感中国当时的贫穷落后，希望运用西方先进的社会学知识，立足中国国情使之"中国化"。在对社会学、人类学各学派反复比较斟酌之后，他最终选择了美国芝加哥学派和英国功能主义学派。1932年，吴文藻邀请芝加哥学派代表人物派克（Robert Park）到燕大讲学。在"集合行为"和"社会学研究的方法"两门课上，派克介绍了社区研究和参与观察的方法，他还建议吴文藻把"村落社区"作为中国社会学研究的实验室。1933年，担任社会学系主任的吴文藻立即着手推行对中国各地区乡村和城市的社区研究。1935年，英国功能主义学派代表人物拉德克利夫 - 布朗（Radcliff Brown）应吴文藻邀请在燕大开设一个半月的"比较社会学"课程，并主持"中国乡村社会学调查"讨论班，使功能主义理论在中国进一步传播。派克和布朗，一位是社会学家，一位是人类学家，吴文藻所追求的正是综合人类学和社会学两个学科，为中国社会所用。②在他的用心带领和指导下，燕京大学社会学形成了集社区研究与功能主义人类学两种理论于一身的特点，这一特点构成了燕大社会学青年学者的主导思想与方向，③为"燕京学派"的形成发挥了重要的奠基作用。

20世纪30～50年代初，燕大学子立志于学以致用，纷纷去往全国各地实地调研。他们深入乡村，"以科学假设始，以实地验证终，理论符合事实，事实启发理论；理论与事实糅合一起，获得一种新综合"，④创立了

---

① 李景汉：《定县社会概况调查》，中国人民大学出版社，1986。

② 刘雪婷：《拉德克利夫 - 布朗在中国：1935—1936》，《社会学研究》2007年第1期。

③ 徐杰舜、韦小鹏、张艳：《中国乡村人类学研究回顾》，《中南民族大学学报》（人文社会科学版）2009年第5期。

④ 胡炼刚：《中国社会学史上的"燕京学派"》，《中国社会科学报》2011年2月24日。

具有中国特色的乡村社区研究范式，"在社会学学科里可以说是偏于应用人类学方法进行研究社会的一派，在社会人类学学科里可以说是偏于以现代微型社区为研究对象的一派，即马林诺斯基称之为社会学的中国学派"，① 这就是"燕京学派"。

费孝通运用功能理论和社区方法，在乡村研究方面取得了突出成就。1935 年，他携妻深入广西大瑶山，历经生死，完成《花篮瑶社会组织》②；1938 年，以《开弦弓，一个中国农村的经济生活》为博士学位论文获得英国伦敦大学博士学位，后更名为《江村经济——中国农民的生活》③ 出版；回国后，先后完成《云南三村》④ 《生育制度》⑤ 《乡土中国》⑥ 等著作，提出著名的"差序格局"理论。其中，《江村经济》运用人类学的研究方法不仅描述了江苏吴江县开弦弓村农民的消费、生产、分配、交易体系，探讨了这一经济体系与特定地理环境的关系，而且全面介绍了该村的人口、家庭、婚姻、伦理、亲属关系、教育、医疗等实况，内容远超经济的概念。他的导师马林诺夫斯基给予了很高的评价，指出该书不是由一个到异国猎奇的外来人撰写，而是来自一位对自己人民充满关怀的土生土长的当地人，他关注的不是一个小小的原始部落，而是一个伟大的国家，它将促使人类学从简单的"野蛮社会"走向复杂的"文明社会"，是"人类学田野工作和理论发展中的一座里程碑"。⑦

相比费孝通，林耀华最卓著的学术贡献是提出了"宗族乡村"的概念，"这一概念把村落模式和家族宗族模式结合起来，形成了一个地缘和血缘结合体观察单位"。⑧ 其硕士学位论文《义序的宗族研究》⑨ 首先将宗族问题置于乡村社区探讨，博士学位论文《金翼》⑩ 进一步研究汉人家族

---

① 潘乃谷、马戎：《社区研究与社会发展》，天津人民出版社，1996，第 53 页。

② 费孝通、王同惠：《花蓝瑶社会组织》，江苏省人民出版社，1988。

③ 费孝通：《江村经济——中国农民的生活》，江苏省人民出版社，1986。

④ Hsiao-Tung Fei, Chih-I Chang, *Earthbound China: A Study of Rural Economy in Yunnan*, Chicago: Chicago University Press, 1945.

⑤ 费孝通：《生育制度》，商务印书馆，1947。

⑥ 费孝通：《乡土中国》，三联书店，1948。

⑦ Hsiao-Tung Fei, *Peasant Life in China*, London: Routledge and Kegan Paul, 1939, pp. xix – xxvi.

⑧ 杜靖：《林耀华汉人社会研究的开创与传承》，《广西民族大学学报》（哲学社会科学版）2010 年第 2 期。

⑨ 林耀华：《义序的宗族研究》，三联书店，2000。

⑩ 林耀华：《金翼》，三联书店，2007。

宗族制度及其实践，述说了两个家族面对新的商业社会，如何调整适应以求新的发展，或因不能适应而衰落，生动地再现了中国南方乡村宗族与家族生活的传统与变迁。1941 年回国后，他深入凉山地区，同样以家族为中心考察彝族社会结构及文化现象，于 1947 年出版《凉山夷家》①。林耀华对宗族的敏锐观察对弗里德曼的"中国宗族范式"产生了较大影响。

1952 年，全国高校院系调整，社会学系被取消，以吴文藻及其弟子为中坚力量的"燕京学派"也淡出历史舞台。对时代命运的关怀和对中国问题的思索让"燕京学派"把村落视为一个由不同子系统相互作用而构成的具有一定功能、独立的社区单位，通过乡村社区的文化图景及运作方式一窥当时中国社会的整体状况。虽因相对封闭的视野和对历史变迁的忽略而饱受质疑，但他们培养了一大批本土学者扎根乡土社会，一度将中国乡村人类学研究推向高峰。

三　20 世纪中期以后：超越村落研究范式

费孝通、林耀华等人类学家通过小的社区来透视中国社会是中国人类学的一个重要特色。② 他们为乡村人类学的本土化做出了重要贡献，也引起了海外人类学界的关注。然而，中国这样一个有着悠久历史、复杂文明体系的国家是否能浓缩进某个乡村进行研究？村落社区能否被视为整个中国社会的缩影，体现中国社会的特点？对村落社区研究方法的反思成为 20 世纪中期以后国内外学者探究乡村研究理论新范式的主要动力。

（一）四大经典研究范式

海外学者尝试超越村落社区研究方法，形成了四大经典的研究范式：弗里德曼的家族与宗族研究范式、施坚雅的经济与市场研究范式、杜赞奇的国家与地方研究范式、以台湾祭祀圈为代表的信仰与宗教研究范式。

1. 家族与宗族

20 世纪 20～30 年代的功能主义理论对所有人文现象以个人或社会需

---

① 林耀华：《凉山夷家》，商务印书馆，1947。
② 周大鸣：《祭祀圈理论与思考——关于中国乡村研究范式的讨论》，《青海民族研究》2013 年第 4 期。

求的满足方式加以解释。40~50年代，福忒思（Meyer Fortes）和埃文思－普里查德（Evans Pritchard）通过研究无国家社会如何建构社会秩序，人类是否共有一套满足个人和社会需要的制度，建立起主导当时英国社会人类学界的非洲范式，指出在没有类似欧洲国家制度的状态下，非洲部落的政治生活是如何运作的。

弗里德曼一方面希望用中国的材料挑战非洲宗族模式，即在一个政权体系成熟、中央权力集中的国家里，宗族势力同样发达；另一方面，强调小地方的描述难以反映大社会，反对以村庄研究的数量堆积出整个中国，主张以宗族为单位研究乡村社会，将微型社区扩展为宗族关系及宗族关系网络组成的区域社区，以此反思传统的村落社区研究。他于1958年出版的《中国东南的宗族组织》①和1966年出版的《中国的宗族与社会：福建和广东》②细述了福建、广东宗族的规模、组织结构以及围绕共同祖先展开的各项祭祀和礼仪，并在此基础上讨论宗族之间、宗族与国家权力之间的关系，以"宗族系统"超越村庄社会、以"宗教网络"展示区域社会、以"宗族关系"连接国家与村庄，将宗族模式模型化、函数化，③开了中国汉人社会宗族研究的先河，使宗族成为我们理解中国汉人社会的一个重要的视角。

然而，正是在远离中央集权的东南部"边陲地区"，宗族组织才得以发展壮大，这反而论证了福忒思和埃文思－普里查德的非洲宗族模式。④另外，宗族关系只是社会中的一种关系，仅关注宗族关系而不考虑经济、社会、文化等因素，很难得出整体中国的一般性结论。⑤

2. 经济与市场

20世纪60年代，美国学术界受法国年鉴学派影响，开始强调人类社会的多元性，关注基层民众的生活史，提倡在总体史观的指导下展开区域研究。受此影响，施坚雅和弗里德曼一样尝试从村落之外的社会关系中提

① Maurice Freedman, *Lineage Organization in Southeastern China*, Athlone Press, 1958.
② Maurice Freedman, *Chinese Lineage and Society: Fukien and Kwangtung*, Athlone Press, 1966.
③ 邓大才：《超越村庄的四种范式：方法论视角——以施坚雅、弗里德曼、黄宗智、杜赞奇为例》，《社会科学研究》2010年第2期。
④ 王铭铭：《社会人类学与中国研究》，广西师范大学出版社，2005，第62~67页。
⑤ 邓大才：《超越村庄的四种范式：方法论视角——以施坚雅、弗里德曼、黄宗智、杜赞奇为例》，《社会科学研究》2010年第2期。

炼出社会组织原则，但他进一步提出每一个社会经济体系处在不断的有规律的运动中，展现出区域系统在时间和空间上的动态感。

施坚雅认为，中国社会的村落社区研究模式过于强调民族志细节而忽视对整体社会的把握，在代表性以及对中国社会的整体感知上存在明显不足。他通过 1949～1950 年对四川盆地的田野调查发现，单纯的村落无论从结构还是功能上都是不完全的，农民实际的社会区域并不是他所在的村庄，而是他所处的基层市场区域，因此必须跳脱出传统的村庄民族志，关注乡村地理与人文环境间复杂的互动关系，去"探索一个范围更大的地域内部的社会经济结构的性质"。[1] 他将村落置于不同层级的市场链条之中，提出以基层集镇为中心，大约包括 18 个村庄、具有正六边形结构的基层市场既是一种社会结构，又是一个文化载体，其边界决定农民经济活动、社会交往的区域范围，承担着与外部世界的交流、交换和交易功能。同一区域内的权力结构、宗教活动大致相同，通婚圈基本吻合，习俗、方言、食品、服饰等都具有较高的同质性，而不同市场区域间所使用的度量衡则存在较大差异。[2]

施坚雅试图超越中国传统乡村研究的微观社区模式，通过市场理论建立理解中国社会的宏观模式，对中外学界影响巨大。但其研究难以准确完整地认识乡村内部的社会经济和政治关系，不能解决个案特殊性与整体一般性的矛盾，村落与国家之间的断层依然存在，[3] 为后来学者提供了修正的空间。

3. 国家与地方

20 世纪 80 年代，黄宗智从乡村经济关系出发考察村落结构与社会关系，通过建构国家政权、地主士绅与农民之间的"三角关系"实现了微观与宏观的对接。杜赞奇在黄氏研究的基础上，通过政治权力和社会权力考察国家与乡村社会的关系，以"权力的文化网络"为阐释模式，形成了自己的乡村研究范式。

杜赞奇指出，市场不是孤立地服务于民众的日常生活，而是与其他的

---

① 〔美〕施坚雅：《中华帝国晚期的城市》，叶光庭等译，中华书局，2000，第 9 页。

② 〔美〕施坚雅：《中国农村的市场和社会结构》，史建云、徐秀丽译，中国社会科学出版社，1998。

③ 邓大才：《超越村庄的四种范式：方法论视角——以施坚雅、弗里德曼、黄宗智、杜赞奇为例》，《社会科学研究》2010 年第 2 期。

文化网络相互交织,共同服务于民众的日常生产与生活,即在市场体系之外,还有一系列与之相联系、共同发生作用的"权力的文化网络"。一方面,他强调要清楚各种组织形式的综合体以及它们之间的相互联系,因为"市场并不是决定乡村大众交易活动的唯一因素,村民纽带在提供多种服务,促成交易方面起着重要的作用……是市场体系及村民纽带联合决定了乡村经济交往"。① 比如通过联姻得到强化的亲戚关系就是"超越市场的纽带",是当乡村市场体系削弱或瘫痪时人们相互联系的重要方式。另一方面,他指出村庄和市场并不能满足村民经济和社会生活的所有需要,各种组织不一定以集镇为中心,其活动也不一定局限在集市范围内。如离县城近的村民多选择到中级市场而不是初级市场去贸易;人们的借贷行为大多通过村庄内的街坊邻里牵线完成;虽然村落的婚姻圈常常处于基层市场的范围之内,但是它的中心并不一定与市场中心重合;一些重要的社会组织(如水利组织)的活动和组织范围也不限于基层市场的范围之内……因此,是文化网络,而不是地理区域或其他的等级组织构成了乡村社会及其政治活动范围。

杜赞奇将权力、统治等抽象概念与中国社会特有的文化体系连接起来,扭转了受宗族范式和集市体系理论影响的轻视社区研究的倾向,使人们重新重视村落研究,他提出的"权力的文化网络"概念也已成为诠释近代中国国家政权与乡村社会关系的重要概念。

4. 信仰与宗教

武雅士(Arthur Wolf)主编的《中国社会中的宗教与仪式》除了弗里德曼,还集结了20世纪50年代以来,15位在香港、台湾等地研究中国宗教与仪式的西方学者的著述。他们于1971年相聚美国加州,讨论中国宗教的整体性与多样性,挖掘其背后展现的宗教秩序,使中国民间信仰与官员的象征性研究在很长时期内成为中国宗教研究的焦点之一。王斯福在会议论文《台湾的家庭和公共祭拜》的基础上,持续思考仪式深蕴的政治内涵,人们如何在信仰实践中通过隐喻来模仿国家的管理体系,于1987年出版了讨论中国民间宗教的信仰隐喻与仪式象征的经典之作《帝国的隐喻》②。

另外,台湾人类学界也于20世纪70年代开始反思采取村落研究范式

---

① 〔美〕杜赞奇:《文化、权力与国家》,王福明译,江苏人民出版社,2003,第17页。
② Stephan Feuchtwang, *The Imperial Metaphor*: *Popular Religion in China*, Routledge, 1992.

是否能有效认识中国社会。1972 年，张光直推动了为期四年的"台湾省浊水溪与大肚溪流域自然史与文化史科际研究计划"（以下简称"浊大计划"），以人类学田野工作方法和多学科方法相结合的方式，研究浊大流域的人群如何适应当地的生物、生态和地理环境，尝试突破村落范围和学科界限，探究乡镇乃至更大空间范围内的文化作用和互动机制，重建区域文化史。① "浊大计划"不仅影响了陈祥水、庄英章、许嘉明、萧新煌等人之后的研究，② 还"成为祭祀圈理论发展的沃土"。③ 祭祀圈是具有共神信仰、共同举行祭祀的居民所属的地域单位，传统地域社会的形成建立在这种对区域神灵信仰的基础上，而不仅仅是集市体系。这为研究中国社会结构提供了一个更大区域范围的概念。比如林美容在探讨祭祀圈与地方组织的关系时，将土地公庙作为村落正式形成的标志，具有重要的借鉴意义。④

（二）三大主题深化

早在 20 世纪 40 年代，费孝通业已反思功能主义理论的局限性。他和张之毅尝试突破对单个乡村社区的研究，选择云南三个不同类型的村庄进行调查，出版《云南三村》。然而，这仍遭到弗里德曼的质疑，他认为即便在不同的村落社区反复进行微型社区研究也不可能理解整体中国社会，小地方的描述难以反映大社会，社区不是社会的缩影。⑤ 这也让费老进一步探索中国乡村研究的新路径。

1978 年，费孝通首次提出"民族走廊"的概念，两年后 70 岁高龄的他，建议"逐步地扩大实地观察的范围，按着已有类型去寻找条件不同的具体社区，进行比较分析……逐步综合，接近认识中国农村的基本面貌"。⑥ 他也意识到通过不同类型乡村的综合也不足以认识整体中国社会，于是他把社区研究领域从农村扩大到小城镇，提出"模式"概念，又延伸至经济区域，用 15 年时间书写中国乡村社会经济的变化，出版《行行重

① 庄英章：《汉人社会研究的若干省思》，"中央研究院"《民族学研究所集刊》1996 年第 80 期。
② 杜靖：《超越村庄：汉人区域社会研究述评》，《民族研究》2012 年第 1 期。
③ 周大鸣：《祭祀圈理论与思考——关于中国乡村研究范式的讨论》，《青海民族研究》2013 年第 4 期。
④ 林美容：《乡土史与村庄史》，台湾台原出版社，2000。
⑤ 王铭铭：《社会人类学与中国研究》，广西师范大学出版社，2005，第 32 页。
⑥ 费孝通、张之毅：《云南三村》，社会科学文献出版社，2006，第 6 ~ 7 页。

行行——中国城乡及区域发展调查》①。同时，费老还一直牵挂着江村，一生 28 次去江村调查，② 对江村的历史变迁进行追踪记录，思考中国城镇化发展的道路。

栉风沐雨，薪火相传；筚路蓝缕，玉汝于成。人类学学科重建后，学者们在老一辈学者的引领下，再度通过乡村解读中国社会时，反思过去研究模式的局限性，探寻研究中国乡村的新主题。

1. 空间上的拓展：乡村区域研究

乡村区域研究是指超越村落民族志，关注更大地理范围以期达到区域整体认知的人类学研究。前文提到的施坚雅的经济与市场研究范式、台湾的祭祀圈理论，以及"藏彝走廊研究""西南少数民族地区研究""华北农村研究""珠江三角洲研究""环南中国海研究"等都属于区域研究的范式。③

1981 年，新中国复办的首个人类学系——中山大学人类学系重建以来就致力于乡村民族志与区域研究的结合。第一任系主任梁钊韬主持的第一个项目就试图以区域研究的视角，结合民族学、语言学、体质人类学、考古学等多个学科来综合考察海南岛的黎族文化。黄淑娉主持"岭南文化区域研究"项目，对广东广府、潮汕、客家三个汉族民系，广东、香港区域文化，广东"细仔"制，"中国第一侨乡"台山县等汉族社区进行田野调查，形成了《广东族群与区域文化研究》④《广东族群与区域文化研究调查报告集》⑤ 等成果。周大鸣将村落共同体的实证研究与区域文化总体考察有机结合，出版了《当代华南的宗族与社会》⑥《珠江流域的族群与区域文化研究》⑦《中国乡村都市化再研究：珠江三角洲的透视》⑧ 等著作。麻国庆主持的华南与环南中国海研究、张应强对贵州清水江文书的长期关注等都秉承了中大长期以来的区域研究传统。此外，陈志明长期从事族群、侨

---

① 费孝通：《行行重行行——中国城乡及区域发展调查》，群言出版社，2014。
② 王莎莎：《江村八十年——费孝通与一个江南村落的民族志追溯》，学苑出版社，2016，第 38 页。
③ 周大鸣、詹虚致：《人类学区域研究的脉络与反思》，《民族研究》2015 年第 1 期。
④ 黄淑娉：《广东族群与区域文化研究》，广东高等教育出版社，1999。
⑤ 黄淑娉主编《广东族群与区域文化研究调查报告集》，广东高等教育出版社，1999。
⑥ 周大鸣：《当代华南的宗族与社会》，黑龙江人民出版社，2003。
⑦ 周大鸣：《珠江流域的族群与区域文化研究》，中山大学出版社，2007。
⑧ 周大鸣：《中国乡村都市化再研究：珠江三角洲的透视》，社会科学文献出版社，2015。

乡与海外华人研究，也有效促进了中国乡村研究与国际华人社区研究之间的对话。

1982 年，费孝通首次正式提出"藏彝走廊""西北走廊""南岭走廊"三大民族走廊的区域研究框架，"进入 21 世纪，对民族走廊的研究重新回到研究者的视野中来，掀起了一波波热潮"，① 出现了王明珂的《羌在汉藏之间——川西羌族的历史人类学研究》②、王铭铭的《中间圈——"藏彝走廊"与人类学的再构思》③ 等经典之作。杨志强近年聚焦于"古苗疆走廊"，将由古驿道连接的沿线及周边地域视为互为关联的整体空间，关注西南边疆地区"国家化"的过程，丰富了民族走廊的研究。④

此外，周永明通过研究涉藏公路，提出"路学"是一门从跨学科的角度对道路的修建、使用和影响进行综合研究的学科，并讨论了道路研究的主要内容。⑤《"水利社会"的类型》⑥《分水之争：公共资源与乡土社会的权力与象征——以明清山西汾水流域的若干案例为中心》⑦《共同体理论视野下的湘湖水利集团——简论"库域型"水利社会》⑧ 则提出了以"水"为中心的"水利社会"的概念，拓展了长期以来单纯围绕土地建立起来的分析框架。

2. 时间上的延伸：乡村变迁研究

中国乡村人类学研究所观照的不仅是中国乡村问题，还涉及更普遍的文化议题，特别是文化变迁的问题。⑨

（1）回访与再研究。除了费孝通，林耀华在 1943 年考察了凉山彝族后，也不断地回访曾经的田野点，1995 年将历次研究结集为《凉山彝家的

---

① 周大鸣：《民族走廊研究的路径与方法》，《青海民族研究》2017 年第 4 期。

② 王明珂：《羌在汉藏之间——川西羌族的历史人类学研究》，中华书局，2008。

③ 王铭铭：《中间圈——"藏彝走廊"与人类学的再构思》，社会科学文献出版社，2008。

④ 杨志强：《"国家化"视野下的中国西南地域与民族社会——以"古苗疆走廊"为中心》，《广西民族大学学报》（哲学社会科学版）2014 年第 3 期。

⑤ 周永明主编《路学：道路、空间与文化》，重庆大学出版社，2016。

⑥ 王铭铭：《"水利社会"的类型》，《读书》2004 年第 11 期。

⑦ 赵世瑜：《分水之争：公共资源与乡土社会的权力与象征——以明清山西汾水流域的若干案例为中心》，《中国社会科学》2005 年第 2 期。

⑧ 钱杭：《共同体理论视野下的湘湖水利集团——简论"库域型"水利社会》，《中国社会科学》2008 年第 2 期。

⑨ 黄海波：《在乡村发现中国——汉人社会研究札记》，《中国农业大学学报》（社会科学版）2010 年第 4 期。

巨变》① 一书出版。他们均是前后多次调查，通过对乡村变化的切身体悟，分析乡村社会的变迁。

20 世纪 80 年代后，师从林耀华的庄孔韶先后 5 次访问了《金翼》所描写的黄村，追踪金翼之家的后裔及半个世纪后的尚存者，撰写了由不同研究者先后调查同一个乡村社区的再研究成果《银翅——中国的地方社会与文化变迁》②，生动地展现了该地的社会沧桑、文化传承和人事更替。随后，一大批学者投身到对"台头""义序""西镇""南景"等学术名村的再研究中，其中周大鸣追踪研究了第一个从民族志角度研究的中国乡村——凤凰村，使《凤凰村的变迁》③ 一书在一系列对学术名村的回访成果当中占据独特的位置。周大鸣通过扎实的人类学追踪研究，展现了凤凰村经济生活、人口变化、婚姻家庭、宗族制度、信仰习俗、教育制度、政治制度和文化变迁等全景式的画面，不仅对葛学溥提出的 71 个结论一一回应，还反思纠正了葛著中的一些错误结论，同时，讨论了中国乡村社会传统文化复兴背后的深层次原因，阐述了乡村都市化的发展趋势，"赋予了凤凰村新的学术生命"。④

（2）社会史研究。20 世纪 80 年代中后期，科大卫（David Faure）、陈其南、萧凤霞（Helen Siu）、郑振满、陈春声、张小军、刘志伟、赵世瑜等历史学家、人类学家被人类学"目光向下"的研究视野和参与观察的田野调查方法所吸引而聚集到一起，对广东、福建、香港等华南地区展开历史人类学的研究，形成了一个"中国历史学和人类学界不多见的能够和世界学术前沿对话的群体"，⑤即"华南学派"⑥。该学派主张历史学、人类学等人文社会科学多学科综合研究的方法取向，提倡田野调查与文献分析、历时性研究与结构性分析、上层精英研究与基层社会研究的有机结合，强调从中国社会历史的实际和中国人自己的意识出发，理解传统社会发展过程中的各种现象，建立中国人文社会科学研究的本土方法体系和学术范

① 林耀华：《凉山彝家的巨变》，商务印书馆，1995。
② 庄孔韶：《银翅——中国的地方社会与文化变迁》，三联书店，2000。
③ 周大鸣：《凤凰村的变迁》，社会科学文献出版社，2006。
④ 杨小柳、何星亮：《人类学与中国乡村社会的百年变迁——周大鸣〈凤凰村的变迁〉评介》，《民族研究》2007 年第 5 期。
⑤ 王学典：《述往知来：历史学的过去、现状与前瞻》，山东大学出版社，2003，第 242 页。
⑥ "华南学派"的学者不认同该称谓，郑振满称之为"华南学术共同体"。

畴，① 树立了乡村区域社会史研究的典范。

王铭铭的《溪村家族——社区史、仪式与地方政治》② 为《社区的历程——溪村汉人家族的个案研究》《现代场景中灵验"遗产"——围绕一个村神及其仪式的考察》《地方政治与传统的再创造——溪村祠堂议事活动的考察》三篇著述之合编，全书从社区史、仪式与地方政治三个侧面展示了一个闽南村庄的历史变迁。以《社区的历程——溪村汉人家族的个案研究》为核心，王铭铭通过对溪村汉人宗族社会的考察，一方面把村落的发展历程与中国历史联系起来，充实村落的历史；另一方面把地方社会与国家联系起来，超越村落的空间，"提出了在结构的研究中包容历史过程的观点"。③ 此后，他继续统合历史进程、国家与社会两个逻辑维度，进一步提出"小地方与大社会"④ 的模式。

阎云翔的《私人生活的变革——一个中国村庄里的爱情、家庭与亲密关系（1949—1999）》⑤ 关注在中国历经巨大变化的 50 年里，村民的道德世界、私人生活、家庭生活发生的改变，以及他们在持续的社会变化中如何参与创造了地方的历史。他以个人的心理及行为方式为切入点，通过家庭财产分割、老人赡养等问题反思青年一代传统伦理及家庭观念的衰落，提出在国家政策的影响下，这个时代的青年很可能一步步由独立、自立、自主的个体转变为以自我为中心的无道德的个人。

3. 发展的趋势：乡村都市化

20 世纪 80 年代以来，我国乡村都市化的浪潮率先席卷长江三角洲、珠江三角洲等沿海发达地区，乡村工业蓬勃发展，村庄面貌发生了翻天覆地的变化。费孝通在 1991 年出版的《城乡协调发展研究》"后记"中肯定了这一现象："我国农村当前正在发生的重大变化本质上是一个工业化的过程。把工厂办到农村里去的另一方面就是乡村的城市化，也可以说城市扩散到乡村去。"⑥

---

① 中山大学历史人类学研究中心、香港科技大学华南研究中心：《中山大学历史人类学研究中心正式成立》，《华南研究资料中心通讯》2001 年第 23 期。
② 王铭铭：《溪村家族——社区史、仪式与地方政治》，贵州人民出版社，2008。
③ 王铭铭：《社区的历程——溪村汉人家族的个案研究》，天津人民出版社，1997，第 2 页。
④ 王铭铭：《小地方与大社会——中国社会的社区观察》，《社会学研究》1997 年第 1 期。
⑤ 〔美〕阎云翔：《私人生活的变革——一个中国村庄里的爱情、家庭与亲密关系（1949—1999）》，龚小夏译，上海人民出版社，2017。
⑥ 周尔鎏、张雨林主编《城乡协调发展研究》，江苏人民出版社，1991，第 322 页。

　　乡村都市化是都市化的起步阶段,[①] 意味着乡村生活向都市生活转变的过程,[②] 带来乡村生计模式、生活方式、社会文化、思想观念的转变。周大鸣和郭正林把珠江三角洲地区的都市化进程分为村落的"集镇化"、集镇的"市镇化"、县城和小城市的"大都市化"、大中城市的"国际化"。他认为,前二者属于乡村都市化的范畴。其中,村落的"集镇化"即乡村的各种设施逐渐配套,自身具有镇的职能,村民生活向都市化转化。集镇的"市镇化"即过去的乡镇随着镇区人口的增长,城市基本设施日趋完善,娱乐和文化设施不断增加,人们的生活水准日益提高。[③] 他较早与国际组织合作,参与国内社区发展项目的社会评估。其与秦红增合著的《参与发展:当代人类学对"他者"的关怀》一文介绍了参与发展在中国的应用,阐述了如下经验与体会:运用 PRA 方法时要有中国特色;调查要善于发现问题,建议应切实可行;学会与当地政府官员打交道;要特别关注弱势群体;要调动老百姓的参与积极性;寻找村子资料时要随机应变,等等。[④]

　　都市化的迅猛发展使部分乡村社区向结合部社区发展,产生了亦城亦农的第三种"城乡结合部社区"类型。[⑤] 同时,还塑造了一批具有过渡性、动态性和不稳定性的半城市化空间——"村中城"。杨小柳基于对广东佛山西樵镇民乐地方"村中城"的个案研究,追踪十余年来珠三角乡村都市化发展的动向,通过总结"村中城"都市化发展类型的特点,提出在特定地区分散性的乡村都市化不是一种过渡阶段,而是一种稳定持续的都市发展方式。[⑥] 张恩迅也认为,民乐伴随着当地纺织业转型,地方经济网络发生巨大变迁,形成了与传统的珠三角"城中村"截然不同的地方经济结构。[⑦]

---

① 周大鸣:《社区发展与人文关怀》,《广西民族学院学报》(哲学社会科学版) 2006 年第 2 期。

② 周大鸣:《人口密集型乡村的经济发展之路——以潮州归湖镇凤凰村为例》,《中山大学学报》(社会科学版) 1999 年第 1 期。

③ 周大鸣、郭正林:《论中国乡村都市化》,《社会科学战线》1996 年第 5 期。

④ 周大鸣、秦红增:《参与发展:当代人类学对"他者"的关怀》,《民族研究》2003 年第 5 期。

⑤ 周大鸣、高崇:《城乡结合部社区的研究——广州南景村 50 年的变迁》,《社会学研究》2001 年第 4 期。

⑥ 杨小柳:《"村中城":一种乡村都市化类型的研究》,《思想战线》2017 年第 3 期。

⑦ 张恩迅:《"村中城"的地方经济网络研究——以佛山西樵镇民乐地方为例》,《湖北民族学院学报》(哲学社会科学版) 2018 年第 1 期。

由于城镇化和村庄合并等原因，中国出现村落数量锐减、村落空心化、乡村传统文化衰落等问题，人们开始担心"村落的终结"。李培林通过对广州20多个"城中村"的调查，深入探讨乡村经济生活、村落边界、社会结构、权力更替等内容，分析了土地崇拜与工商精神并存、传统乡土民情及非正式制度依然有效、原村民与外来务工人员的互动等现象，得出农民的终结并不等同于村落终结的结论。羊城村虽然已无农业，但是村落生活还没有结束，农业耕作史断裂和终结了，但村落的历史还在延续。《村落的终结——羊城村的故事》告诉我们，一个由血缘、地缘、信仰、村规民约等深层社会网络联结而成的乡村社会的终结远不是非农化、工业化、户籍改革等就能迅速完成的。[1]

秦红增长期关注农村生产技术推广、农民技能教育等问题，提出文化农民的出现有利于农民再造乡村，促进文化留村、文化兴村。他认为，科技下乡把现代农业生产科学技术输入、应用到乡村，可以改变乡村传统的生产方式方法和农民在现代农业科技研究方面的脆弱性。[2] 不仅乡村发展更现代化，大批有参与、创造能力的新型乡村社会精英和乡村文明人也完成了由传统到现代的转换，即出现"文化农民"，实现了"一个从再造农民到农民再造乡村的转型过程"。因此，乡村可持续发展的关键是充分发挥农民的积极性和创造力，[3] 同时发挥政府在乡村都市化进程中的引领作用，通过文化"留村、兴村"，实现预期的都市化目标。[4]

近年来随着新型城镇化和乡村旅游的快速发展，乡村就业机会增多，农民收入增加，不少学者提出旅游引导下的乡村城镇化是一种新的城镇化模式，认为接下来要重点关注新型城镇化背景下的乡村旅游特性、旅游引导的新型城镇化发展模式、乡村旅游文化与乡愁记忆的恢复与重构、乡村生态文明与乡村旅游的融合发展、乡村旅游空间结构优化及城乡旅游一体化空间格局与机制、乡村旅游社区参与及"三农"问题解决路径等问题，

① 李培林：《村落的终结——羊城村的故事》，商务印书馆，2004。
② 秦红增：《乡村科技的推广与服务——科技下乡的人类学视野之一》，《广西民族学院学报》（哲学社会科学版）2004年第3期。
③ 秦红增：《农民再造与乡村发展——文化农民系列研究之一》，《广西民族研究》2005年第2期。
④ 秦红增、杨恬：《乡村都市化进程中的文化实践：以桂中武台新村为例》，《广西民族大学学报》（哲学社会科学版）2014年第5期。

引导具备条件的乡村走以旅游为导向的中国特色新型城镇化道路。[①]

四　研究展望

"从基层上看去，中国社会是乡土性的。"[②] 自近代以来，尽管传统的农耕文明受到西方文明的冲击，工业化和城市化有所发展，但总体上，广袤的中国腹地还是一个以乡村为主导的农业社会。[③]

本文聚焦于国内外学者以村落为中心的社区研究和跨越村落之外的研究范式，一方面回顾了 20 世纪上半叶国外对中国乡村开展的"全景式"调查和以"燕京学派"为代表的国内学者对社区研究方法的本土化实践，另一方面梳理了 20 世纪中期以后，国内外学者对超越乡村边界的思考，总结了家族与宗族、经济与市场、国家与地方、信仰与宗教四种经典研究范式，并着重关注我国人类学学科重建后，国内学者对乡村研究在空间上的扩展、时间上的延伸和对乡村发展趋势的把握，即运用区域研究、变迁研究、都市化研究三大主题对乡村人类学研究进行深化。

我国人类学家对乡土社会的研究已形成了中国人类学"乡土社会"的本土范式。[④] 全球化和中国城镇化进程的加速，使得中国的乡村社会正经历着前所未有的深刻变革。告别乡村社会是中国社会变迁转型的一个缩影，虽然传统的乡村社会被打破，但是新的稳定的社会规范仍未确立。这就要求中国人类学学者在继承前人研究的基础上，主动顺应时代发展的要求，继续探索中国乡村研究的新路径。

第一，研究方法的拓展。中国传统村落研究的方法一直在微观与宏观、特殊性与普遍性之间备受争议，布洛维（Michael Burawoy）等人推崇和实践的扩展/拓展个案法为处理这两对关系提供了一个较好的选择。它

---

① 黄震方、陆林、苏勤、章锦河、孙九霞、万绪才、靳诚：《新型城镇化背景下的乡村旅游发展——理论反思与困境突破》，《地理研究》2015 年第 8 期。

② 费孝通：《乡土中国》，北京大学出版社，1998，第 6 页。

③ 周大鸣：《告别乡土社会——广东农村改革开放 30 年的思考》，《中南民族大学学报》（人文社会科学版）2010 年第 4 期。

④ 彭兆荣：《乡村振兴的历史逻辑与相关话题》，《山西师大学报》（社会科学版）2019 年第 6 期。

将社会处境当作经验考察的对象，从有关国家、经济、法律秩序等已有的一般性概念和法则开始，去理解微观处境如何被宏大的结构所形塑。[1] 也就是说，在乡村个案的研究过程中，我们既要借助人类学的方法来突出个案的特殊性与深度，又要善于将其特殊性置于宏观的社会环境中加以分析和理解。

第二，研究区域的拓展。中国人类学者长期以来钟情于研究乡村社区或小型区域，导致研究者多成为"村落专家"。因此，人类学研究应分为三个层次：微观村落研究、中观族群与区域研究和宏观跨文化比较研究。从目前中国人类学界的积累来看，将研究重心逐步转入中观族群与区域研究的条件已经成熟，这是中国人类学步入新的发展阶段的必由之路。[2]

第三，研究方向的拓展。随着社会的不断发展，原先相对静态的村落及其社会文化已在现代性因素的影响下不断和外界产生互动和碰撞，中国传统的乡土性的社会文化及其育化的人在互动和游移中面临诸多的挑战。[3] 比如近年来在互联网飞速发展下产生的"淘宝村"。"淘宝村"村落社会空间迅速变迁与重构，村民新的生计模式呈现自发性、多元性与科技性的特点。[4] 这种极具时代特色的乡村社会变迁对人类学研究方向的拓展提出挑战，比如现代技术如何与乡村文化结合并发生涵化、人类学传统民族志如何介入乡村互联网的虚拟生活与生计空间等。

第四，重视应用研究。"志在富民"是费孝通先生一生追求的理想。从早期的江村经济研究到后来的云南三村调查，再到改革开放后基于小城镇研究提出的苏南模式、温州模式等概念，费老用毕生的学术经历阐释了如何在实践中探寻真知，用真知反馈社会的人生哲理。因此，乡村人类学研究也应该注重应用层面，为乡村的发展、农民的致富做出实质性的贡献。

---

[1] 周大鸣：《"凤凰村"与"江村"之比较及其对人类学村落研究的贡献》，《社会学评论》2018 年第 3 期。

[2] 周大鸣：《学科恢复以来的人类学研究——基于对中大人类学系博士论文的分析》，《西北民族研究》2013 年第 1 期。

[3] 赵旭东：《线索民族志：民族志叙事的新范式》，《民族研究》2015 年第 1 期。

[4] 周大鸣、向璐：《社会空间视角下"淘宝村"的生计模式转型研究》，《吉首大学学报》（社会科学版）2018 年第 5 期。

改革开放以来中国乡村人类学
研究回顾与展望[*]

陈　彪　秦红增^{**}

千百年来，中国人的生活、中国社会的发展、中国文化精神的积淀始终与乡村保持着密切联系。伴随现代化进程的推进，"乡村何去何从"成为中国必须攻克的重大历史性课题。党的十九大提出乡村振兴战略，将乡村发展提升到前所未有的战略高度，掀起了乡村建设的新浪潮，这也给有着浓厚乡土情结的人类学学科赋予了新的使命。有鉴于此，本文拟对改革开放以来中国乡村人类学研究进行回顾与总结，进一步明晰中国乡村人类学的研究脉络，以期人类学能够更好地融入并推进乡村振兴，促使人们重新认识乡村文化内涵，发现乡村文化价值，增强乡村文化自信，从而坚定对中华传统文化之自信。

一　乡村：人类学研究中国社会的出发点

谈到中国人类学的起点，就必然要追溯人类学缘何由西方传入中国，西方人类学学者又以何作为观察中国、理解中国的着眼点这一问题。从人类学发展历史来看，西方社会是其生长的文化土壤。人类学作为一门独立的人文社会科学学科形成于 19 世纪中叶。19 世纪末 20 世纪初，伴随西方

　＊　本文系 2018 年度国家社科基金重大项目"乡村振兴背景下我国农村文化资源传承创新方略研究"（项目编号：18ZDA118）研究成果。

＊＊　陈彪，《广西民族大学学报》编辑部编辑；秦红增，广西民族大学民族学与社会学学院教授，2021 年 5 月 30 日因病医治无效去世，终年 54 岁。

工业化、城市化的急剧扩张，中国古老的农业文明受到严重冲击，乡村之落后、衰败、崩溃有目共睹，成为焦点，西方的中国观也随之发生变化，曾经令人艳羡的都市和市镇逐渐淡出人们的视野，乡村主宰了中国的形象，① 被视为中国社会贫弱之根源，在此背景下，人类学传入中国，乡村成为西方人类学学者观察中国、理解中国的着眼点。1899 年，美国传教士明恩溥出版了《中国乡村生活》一书，书中明确"中国乡村是这个帝国的缩影"，考察乡村是认识中国的最佳切入点和关键。② 而在另一部以中国乡村生活为素材写成的著作《中国人的气质》中，他更明确地指出：在村庄比在城市更易于了解中国人的生活知识，必须把村庄看作中国社会生活的一个基本单位。③ 此后，一些教会学校或一些学校中的外籍教授，为指导学生实习，从事一些小规模的调查研究，如清华学堂美籍教授狄德莫、美国学者葛学溥、华洋义赈会救灾总会马伦和戴乐尔教授、金陵大学美籍教授约翰·卜凯等，其中，曾任上海沪江大学社会学教授的葛学溥被认为是最早以规范的社会文化人类学田野工作方法对中国乡村社区进行调查研究的西方学者。1918～1923 年，葛学溥指导学生在广东潮州调查只有 650 人的凤凰村，其调查报告于 1925 年在美国出版，书名为《华南的乡村生活》，该书从人类学、社会学的角度研究中国汉民族社会，详细记录了凤凰村经济、家庭、宗教、教育、人口及社区组织的情况。④

如果说 19 世纪末 20 世纪初在西方工业文明与中国农业文明的冲突中，西方学者建立起来的是以西方为都市中心、以中国为乡野的思维模式，那么中国本土学人对中国社会的"乡土关怀"，则是由于近代以来，中国知识分子面对中国农业社会在西方现代工业文明的冲击下出现的危机，认识到中国社会的根本问题是乡村问题，为"救亡图存"实现"富国强民"的理想，而自觉地将自己的人生目标、学术追求与乡村中国紧紧地联系在一起，力图从传统中国社会出发，探索中国现代化的道路。⑤ 这一时期，形成了以李景汉、杨开道等为主要代表的社会调查派，以刘复、周作人、顾

---

① 冯雪红、徐杰舜、郭鸣：《走进乡村人类学书林》，黑龙江人民出版社，2009，第 3 页。
② 〔美〕明恩溥：《中国乡村生活》，午晴、唐军译，时事出版社，1998，第 1 页。
③ 〔美〕明恩溥：《中国人的气质》，刘文飞等译，译林出版社，2011，第 4 页。
④ 徐杰舜、韦小鹏、张艳：《中国乡村人类学研究回顾》，《中南民族大学学报》（人文社会科学版）2009 年第 5 期。
⑤ 冯雪红、徐杰舜、郭鸣主编《走进乡村人类学书林》，黑龙江人民出版社，2009，第 7 页。

颉刚、李友义等为主要代表的民俗文化派，以晏阳初、梁漱溟、卢作孚、黄炎培等为主要代表的乡村建设派，其中，乡村建设派在提出乡村建设主张的同时深入农村，或从振兴农业、技术推广，或从乡村教育、乡村服务，抑或从乡村组织、乡村自卫等方面着手，在全国掀起了乡村建设运动的浪潮。

20 世纪三四十年代，以吴文藻、林耀华、费孝通、杨庆堃、李安宅、徐雍舜、田汝康、张之毅等为代表的一批受过欧美社会学人类学教育，大力倡导"社会学中国化"的学者，将乡村视为"认识中国，改造中国"的关键所在，投身于中国乡村研究的队伍之中，以参与观察和访谈的方法开展田野调查，初步创立了有中国特色的社区研究范式，① 取得了一系列重要研究成果，如林耀华主要以宗族为出发点研究中国乡村社会，出版《义序的宗族研究》《从人类学的观点考察中国宗族乡村》《金翼》等著作；费孝通通过对不同地区、不同类型乡村的调查，写成《花篮瑶社会组织》《江村经济》《云南三村》等著作，其中《江村经济》描述开弦弓村农民的消费、生产、分配和交易等体系，旨在说明这一经济体系与特定地理环境的关系以及与这个社区的社会结构的关系，同时揭示正在变化着的乡村经济的动力和问题，② 是这个时期具有里程碑意义的代表作。此外，杨庆堃的《山东的集市系统》、田汝康的《芒市边民的摆》、李有义的《山西的土地制度》、许烺光的《祖荫下——中国乡村的亲属·人格与社会流动》等著作也是这一时期社会人类学研究中国乡土社会的重要成果，使乡村人类学在新中国成立前获得了相当的发展。20 世纪 50～70 年代，社会学、人类学被视为资产阶级学科而取消，中国社会学、人类学的乡村研究几乎完全停滞，多以海外人类学界对中国香港、台湾地区的田野调查以及对 20 世纪三四十年代"社会学中国学派"的乡土中国研究进行反思为主，代表性人物为英国人类学家莫里斯·弗里德曼和美国经济人类学家威廉·施坚雅。受两位学者影响，新一代人类学家，不论是海外学者还是国内学者，均不再将村庄当作中国的缩影，而是将注意力集中在村庄与"中国"的关系上，努力探索建构一个能够将对具体的村落的考察升华为对中国乡村乃

---

① 郑海花、李富强：《人类学的中国乡村社区研究历程》，《广西民族研究》2008 年第 4 期。

② 费孝通：《江村农民生活及其变迁》，敦煌文艺出版社，1997，第 9 页。

至整个中国社会的认识的分析框架。①

综观改革开放前的中国乡村人类学研究，可以说是发于西方工业文明对中国农业文明之冲击，行于知识分子"救亡图存""富国强民"之抱负，立于中国特色乡村社区研究之范式，相关研究成果印证了本土人类学家对"认识中国""改造中国"的身体力行，对当前乡村人类学研究仍有着重要的借鉴意义。

二　中国乡村人类学研究主题

20 世纪 70 年代末 80 年代初，伴随着改革开放政策的实施，人类学得以恢复，中国乡村人类学迈入了新的探索发展阶段，众多学者立足于中国现实，在研究理论、研究方法、研究领域等诸多方面逐步形成自身特色，呈现出多元化的发展趋势。其一，在研究理论与方法上强调中国乡村社会的重要地位；其二，形成追踪性的特定回访与再研究模式；其三，围绕如何加快农村经济发展、保障农村社会稳定、传承保护乡村传统文化，如何以文化为核心引领乡村可持续性发展等焦点议题展开调查与研究。

（一）研究理论与方法

20 世纪 80 年代以来，中国人类学已进入了一个重要的新的发展时期，由于长期封闭，中国人类学脱离了世界发展一般轨道，存在着学科地位不明确、不稳定，名称混乱，范围涵盖不清等问题，② 因此，如何推进人类学在中国化或本土化的同时走向国际化成为学科发展面临的首要问题。就这一问题，李亦园认为人类学本土化，不但研究的内容要是本地的、本国的，而且更重要的是也要在研究的方法上、观念上与理论上表现出本国文化的特性，在研究方法与研究策略上需要有我们自己发展出的一套适合于国情的模式，而不是一味追随西方的模型。③ 徐新建从中国形象的塑造这

① 徐杰舜、刘冰清：《乡村人类学》，宁夏人民出版社，2012，第 50 页。
② 张有隽：《关于中国民族学、人类学学科地位问题》，《广西民族学院学报》（哲学社会科学版）1995 年第 3 期。
③ 李亦园：《人类学本土化之我见》，《广西民族学院学报》（哲学社会科学版）1998 年第 3 期。

一角度出发，认为应重视台湾学者魏杰兹提出的有关中国的三个概念，也即"村落中国""戏剧的中国""仪式的中国"。随后，彭兆荣指出中国人类学的知识应该包括三个方面，第一个方面是"西方的知识"，第二个方面是"文人的知识"，第三个方面是"乡土的知识"。① 2002 年，在中国首届人类学高级论坛上，中国乡村社会研究作为中国人类学界的特色传统得到发扬光大，学者们认为乡村社会为中国人类学界提供了广泛的田野空间。总而言之，在人类学恢复发展初期，学界进一步明确了乡村社会的重要地位。

针对乡村人类学的研究理论与范围，庄孔韶在《中国乡村人类学的研究进程》一文中为乡村人类学的专题研究界定了两层意思：一是指实际上的乡民、农人或农民社会（不是指资本主义制度下的农业经营者）的研究；一是指中国本土乡村社会特定回访与再研究的学术检视，并特别强调从多元视角发展中国农民社会研究的重要意义。在另一篇论文《乡土中国人类学研究》中，庄孔韶等指出农民社会及其社会文化变迁乃是现代人类学以及相关学科的研究重心之一，从整体上来讲，乡土中国人类学研究可区分为经济人类学，生态人类学，汉人家庭家族制度，农民的心态、信仰与认同，回访等五大研究视角，形成了关于农民社会变化变迁的平衡论、新平衡论、盛衰循环论等几种理论解释。② 徐杰舜等将中国人类学对乡村社区的研究分为如下三个部分。一是借用西方人类学的研究范式，从社会组织、生计方式、风俗礼仪等文化形态来对某一村落作民族志式的描述，或选择其中的一个方面如人际关系、家庭家族关系、宗族、族群等来描述。二是抓住特定时期某一社会焦点问题来展开调查与研究，如从乡村工业化、农民工流动、乡村都市化、乡村反贫困等角度对乡村社区进行研究。三是探讨农业生产科学技术在乡村社区中的文化意义，研究得出的关于中国乡村社会结构的基本结论和积累的研究经验为我们今天进一步深化乡村人类学领域的研究提供了宝贵的借鉴。③

---

① 徐冶、徐新建、彭兆荣等：《研究中国 建设中国——人类学本土化五人谈》，《广西民族学院学报》（哲学社会科学版）1997 年第 4 期。
② 庄孔韶、徐杰舜、杜靖等：《乡土中国人类学研究》，《广西民族学院学报》（哲学社会科学版）2006 年第 1 期。
③ 徐杰舜、韦小鹏、张艳：《中国乡村人类学研究回顾》，《中南民族大学学报》（人文社会科版）2009 年第 5 期。

　　就研究方法论而言，结构功能分析、比较研究在很长一段时间内被认为是解剖乡村社会的行之有效的调查研究方法，但在中国人类学本土化的过程中，也形成了重视田野调查与历史研究结合的传统，学者们认为中国社会历史运行的这一事实使得人类学家无法回避国家与地方社会的关系。结构功能主义忽视了历史，让人难以洞察社会运作的秘密与"内幕"，要在学术上有所突破，就需要研究国家进入地方社会的过程与历史脉络，①从而能够在时空交错之中将具体的村落社区与广阔的中国社会相互联结。故自20世纪80年代以来，一批学者在继承传统乡村社区研究的基础上探索创新，将历时研究与共时研究相结合，广泛运用"国家与社会"的分析框架，兴起文化过程、社区史等新的研究方法，王铭铭的《社区的历程——溪村汉人家族的个案研究》就是运用"社区史"方法开展村落社区研究的代表作之一。而庄孔韶的《银翅》更是开创了回访与再研究的范式，得到学界积极响应。此后有周大鸣对广东凤凰村、段伟菊对云南西镇、潘守永对山东台头村、阮云星对福建义序村、兰林友对后夏寨村、孙庆忠对南景村、张宏明对云南禄村、梁永佳对大理喜洲镇、褚建芳对云南芒市的追踪调查，一系列的回访研究铺设了新老人类学学者间进行跨时空对话的路径，这种路径的铺设使得田野点的学术生命得以延伸。②

　　方法论的发展源于具体研究方法的实践，田野调查是人类学研究尤其是乡村人类学研究的主要方法之一。民族学、人类学学者在进行民族文化的研究时，首先是调查它，弄清楚它的文化现象，然后来解释它，在这个解释中，要注重本土解释。③ 现代人类学的田野调研，古今文献不可或缺，经由专业分析和现场判定得出新鲜的文化诠释，是人类学擅长的，田野调查不再是传统意义上"一个人的旅行"，而是多学科、多主体参与的团队式田野调研，这类调查往往需要先行设计，进行长时段的规划与合作，从而能够集思广益获得递进性重大结论。④ 此外，20世纪90年代以来，参与

① 杜靖：《30年来汉人乡村人类学发展的知识脉络与生长点》，《民族研究》2008年第6期。
② 徐杰舜、韦小鹏、张艳：《中国乡村人类学研究回顾》，《中南民族大学学报》（人文社会科学版）2009年第5期。
③ 张有隽：《本土解释在人类学理论、方法上的意义》，《广西民族学院学报》（哲学社会科学版）2002年第4期。
④ 庄孔韶、生龙曲珍：《田野调研：布局、论证、发现、转换与交叉》，《广西民族大学学报》（哲学社会科学版）2013年第3期。

式发展理论被广泛应用于中国人类学的实践中，引起了学界对人类学方法与参与式发展、社会评估关联的探讨，形成了参与式社会评估的工作方法，注重倾听当地人的心声，赋权于项目目标群体或受益群体是这一方法的核心理念。[①] 这也促使学者们对以往的田野调查研究进行反思，指出索取式的以研究者为本位而将研究对象当作研究工具的调查范式存在的弊端，提出主体间际分享范式，将研究对象看作与研究者平等的主体。[②]

理论和方法是一门学科发展创新的基石，自人类学重建以来，乡村人类学作为其重要分支取得了一系列具有代表性的研究成果。在继承学术传统、借鉴国外人类学发展经验的基础上，乡村人类学学者不断反思、探索符合中国国情的研究方法与研究理论，以推进中国本土人类学研究走向深化。

（二）研究焦点

众所周知，中国的对内改革是从农村率先开始的，也是在农村率先取得的突破，四十多年来，中国的乡土社会发生了深刻剧烈的变化，乡村成为各门学科的研究重心，人类学也从自身视角出发，聚焦农业产业化、农业科技、乡村生态、乡村旅游、乡村治理、乡村传统文化保护等研究议题，对乡村社会经历的变迁进行全面考察和探讨。

1. 农业科技化、产业化与村落社会经济转型

20 世纪 80 年代初期，农业现代化的内涵由农业机械化、农业化学化、农业水利化、农业电气化扩展为农业基本建设现代化、农业生产技术现代化、农业经营管理现代化，在此后的发展过程中，现代农业生产科学技术不断被输入、引进、应用到乡村，农民的生产生活方式也随之发生改变，这一现象引起了人类学学者的关注。如秦红增从人类学视角围绕科技下乡，对乡村科技的推广与服务、乡村土地使用制度与农业产业化经营、村庄内部市场交换与乡村人际关系、乡村新网络专家展开了研究，并提出"文化农民"这一概念。文化农民往往拥有普通农户少有的社会关系、技术、经商才能、胆识、经验和文凭，可以说是民间"知识分子"，因此，

---

① 马晓琴、杨德亮：《参与发展与人类学的应用——读〈参与式社会评估：在倾听中求得决策〉》，《宁夏社会科学》2011 年第 6 期。

② 赵晓荣：《主体间际分享："他群""我群"互动的田野》，《广西民族大学学报》（哲学社会科学版）2013 年第 3 期。

培养更多的文化农民才是科技下乡中最为要紧的事，也唯有如此，乡村社区建设才有希望。① 针对如何推进农业现代化，最初人们倾向于农业现代化激进主义，主张消灭传统农业和构成传统农业基础的"小农经济"。随着时间的推移，社会各界逐渐认识到中国农业现代化不仅是不能抛弃小农的现代化，而且必须是以小农为服务重点的农业现代化，是用现代的适合小农需要的技术、装备、信息、组织来帮助小农的农业现代化。②

农业科技化、产业化的发展极大地推动了乡村经济转型，而经济转型是文化、社会转型的基础和前提，进入 21 世纪以来，村落经济社会变迁与转型发展日益成为学界关注的热点。其中，浙江师范大学农村研究中心的王景新、车裕斌、鲁可荣等学者通过多年来对长江三角洲地区的村落调研，初步构建了村域转型与发展的研究框架，即在村域转型与发展研究中，以村域经济社会文化变迁与发展的历程为研究主线，以村域经济转型、社会转型和文化转型等主要关节点和重大事件为核心，从影响和决定村域转型发展的内部驱动力（村域发展主体的转型、村落精英的创业创新及示范驱动、村落文化内聚与强化、农村社区互助合作）和外部推动力（区域环境资源、国家制度变迁创新、政府合理干预）两方面入手，系统分析村域转型与发展的原因，构建村域转型与发展的动力机制、基本理论并提出政策建议。③

2. 流动的农民与乡村都市化

伴随改革开放的进程，大量农民涌向大中城市，成为既不是务农人口又不是城市人口的"流动农民"，这一群体成为人类学的研究热点。周大鸣通过对不同省市农民工流动的人类学考察提炼出了二元社区的概念和钟摆理论，④ 李强则从社会分层的角度运用大量的调查资料探讨农民工社会群体的特征、社会地位与社会功能。⑤ 此外，流入城市的农民工表现出的融入困境问题也广受关注，这一社会融入进程是经济、社会和文化等因素

---

① 秦红增：《农民再造与乡村发展——文化农民系列研究之一》，《广西民族研究》2005 年第 2 期。
② 贺雪峰：《农业现代化首先应是小农的现代化》，《中国农村科技》2015 年第 6 期。
③ 鲁可荣：《村域转型与发展研究的核心理念、框架及路径》，《广西民族大学学报》（哲学社会科学版）2012 年第 6 期。
④ 周大鸣：《渴望生存——农民工流动的人类学考察》，中山大学出版社，2005。
⑤ 李强：《农民工与中国社会分层》（第二版），社会科学文献出版社，2011。

共同作用的结果。有学者指出，农民工进入城市，在城市中日常生活世界的建立和书写，是一种"自下而上"的现代性谋划，但这种谋划又注定是艰难甚至是难以成功的。① 而作为一个动态群体，农民工内部结构是不断变化的，60后、70后农民工逐步让出了主体地位，80后、90后农民工逐步成为农民工群体的重要组成部分，并且在教育、价值观念等方面已经具有一些不同于老一辈农民工的群体特性。② 近年来，农民工流动出现回流趋势，学者们从不同视角、结合实地调查对农民工的回流进行了专门探讨，有学者指出回流是农民工主体性的选择，是对二元体制无力抗争的结果；③ 一些学者将回流动因分为"个人发展需要""家庭责任需要""生存安全需要""文化价值取向所致"四种类型。④

城市化的快速推进掀起了乡村都市化的浪潮，尤其在长江三角洲、珠江三角洲等地涌现了一批都市化程度较高的村落，其生活方式、社会文化、社会结构、生计模式都发生了转变，吸引了乡村人类学学者的注意。周大鸣等著的《中国乡村都市化》一书，将乡村都市化进程概括为村落的"集镇化"、集镇的"市镇化"、县城和小城市的"大都市化"以及大中城市的"国际化"四个类型。⑤ 李培林在其《村落的终结——羊城村的故事》一书中从人类学角度对乡村城市化过程进行了深刻分析和探讨。⑥ 还有学者注意到中国特有的土地征购政策、户籍管理政策体系催生的亦农亦城的"城乡结合部社区"。⑦ 更多学者关注乡村都市化过程中传统文化的变迁，如孙庆忠、高崇等学者以宗族为研究对象，认为作为一种文化传统，宗族在从乡村聚落到都市村庄的演进中依然存活，这一事实究其根本是中国社

---

① 潘泽泉：《被压抑的现代性：农民工融入城市的困境》，《广西民族大学学报》（哲学社会科学版）2011 年第 1 期。
② 王兴周：《"90 后农民工"群体特性探析——以珠江三角洲为例》，《广西民族大学学报》（哲学社会科学版）2013 年第 1 期。
③ 周大鸣、姬广绪：《回流的主位视角：企业农民工流动研究》，《广西民族大学学报》（哲学社会科学版）2010 年第 3 期。
④ 刘玉侠、石峰浩：《农民工回流动因的影响分析》，《浙江社会科学》2017 年第 8 期。
⑤ 周大鸣、郭正林等：《中国乡村都市化》，广东人民出版社，1996。
⑥ 李培林：《村落的终结——羊城村的故事》，商务印书馆，2004。
⑦ 周大鸣、高崇：《城乡结合部社区的研究——广州南景村 50 年的变迁》，《社会学研究》2001 年第 4 期。

会儒家传统延续的结果;① 作为一种社会组织方式,宗族不仅没有把自己与现代化话语对立起来,反而通过经济发展提供的良好条件得以再组织和延续。② 此外,一些学者也以民间信仰、节庆习俗复兴及社区文化构建等为切入点聚焦乡村都市化进程中的文化重构过程,呈现国家政治力量、市场经济力量与乡村传统文化间的相互交织与渗透。

3. 乡村环境保护与生态文明建设

进入 21 世纪,人类学开始质疑以破坏生态环境为前提的"发展观",对发展与不发展、如何发展进行深入讨论,在传统与现代的交融碰撞中探索人类生存与自然生态环境、社会发展与生态文明建设相互平衡的现实道路。从人类学的观点来看,人类在长期的历史发展中,不同群体在处理与环境及资源的关系时,不论是控制人口,还是获取资源、分配资源,调整人与自然及人与人之间的关系,都积累了许多宝贵经验,总结这些经验,正确认识、处理人与自然及人与人之间的关系,对解决人类当前面临的人口增长、环境破坏、资源枯竭、族群冲突问题有至关重要的意义。③ 近些年来,人类学关注了以下有关生态环境的焦点问题。

一是农业文化遗产的保护与利用。农业文化遗产聚焦人类在历史上创造、传承、保存至今的农业生产系统,包括人类巧妙利用自然资源、保护土壤健康和生物多样性等传统农业知识和农业技术。近年来,农业文化遗产保护形势非常严峻,主要面临社会普遍缺乏保护意识、保护主体存在结构性缺失、对保护对象认识存在较大分歧、保护利用与农村发展矛盾日渐突出、工业化与城市化不断侵蚀其生存空间等困境,造成这些困境的深层次原因包括对传统农业文化的认识偏差、管理体制不合理、学术共同体未形成、缺乏利益协调机制和战略规划。要解决这些困境,应该增强全社会的保护意识、建立政府主导的管理体制、构建学术共同体、建立利益协调机制和制定战略规划。④

---

① 孙庆忠:《乡村都市化与都市村民的宗族生活——广州城中三村研究》,《当代中国史研究》2003 年第 3 期。

② 高崇:《都市化进程中华南宗族的演变动态:以南景村为例》,《浙江大学学报》(人文社会科学版) 2005 年第 3 期。

③ 张有隽:《人类与环境及资源关系的人类学见解》,《广西民族学院学报》(哲学社会科学版) 2004 年第 4 期。

④ 李明、王思明:《农业文化遗产保护面临的困境与对策》,《中国农业大学学报》(社会科学版) 2012 年第 3 期。

二是关于生态移民的实地研究。生态移民是当代移民群体的主要类型之一，由于这类群体面临生计方式、生活环境、社会关系、风俗习惯等方面的突然变化，如何安置及迁移后的社会文化适应问题引起乡村人类学学者的重视，通过对生态移民现状的调查，有学者总结出下移安置、杂散居安置、异地安置三种不同的移民模式，并提出民族文化是影响移民模式形成的重要变量的观点。[①] 更多的实地研究表明生态移民的社会适应是一个综合的社会转变过程，其不仅仅是居住地的改变，还存在人力资本的上升、社会关系的重塑以及思想意识的变迁等问题。面对生态移民在社会适应过程中面临的诸多困境，我们需要从政府层面、主体层面、社区层面和社会层面采取措施，突破其社会适应的困境，使其在迁入地"落地生根"。[②]

三是强调民族文化对生态环境保护的重要作用。自然生态系统丰富多彩，不同的民族在各自独特的自然环境中发展出了不同的文化，它一方面在满足自身需要的前提下，自觉不自觉地冲击自然生态系统的稳定运行，使民族生境与所处自然生态系统保持一定程度的偏离；一方面控制和回归这种偏离，使之不至于毁灭自己赖以为生的生态系统，从而发展出了与生态多样性相适应的民族文化多样性。[③] 因此，乡村生态保护要从具体民族、地区入手，对传统生态知识进行发掘与整理，激发各族人民对所拥有的传统知识的自信，充分地发挥各区域、各民族生态知识价值，实现对乡村生态环境的高效利用与精心维护。[④]

四是农村生态文明建设。相关研究认为农村生态文明建设目前还存在资源约束下的超小农生产模式局限、基础设施投入不足、法治薄弱、生态环境监管存在空白、科技支撑体系不健全、农村居民环保意识淡薄等诸多制约因素，应采取加大政府投入力度、明确责任、建立奖惩机制等措施，[⑤]尤其在一些生态技术的运用和生态环保意识的普及上，要深入结合乡村社会老龄化、妇女化和低文化等社会文化特征，培育农民符合时代发展要求

---

① 刘朝晖：《民族文化对生态移民的影响与因应策略》，《广西民族学院学报》（哲学社会科学版）2005 年第 6 期。

② 李军：《西北少数民族生态移民社会适应分析》，《北方民族大学学报》（哲学社会科学版）2018 年第 3 期。

③ 罗康隆：《论民族文化与生态系统的耦合运行》，《青海民族研究》2010 年第 2 期。

④ 罗康隆：《全球化背景下的人类生态维护理念》，《民族论坛》2012 年第 6 期。

⑤ 崔晓莹、李慧明：《农村生态文明建设的制约因素与对策思考》，《广西民族大学学报》（哲学社会科学版）2010 年第 1 期。

的生态观，依靠农民自身的力量实现乡村生态的现代转型，唯有如此，和谐乡村生态的建成才指日可待，人类所面临的环境与经济问题才可妥善解决。①

4. 农民再组织化与乡村治理

多年来，随着乡村社会结构加速转型，农村人口流动性增强、农民利益诉求多元化、矛盾复杂化等特点凸显，乡村治理面临着诸多问题与挑战，成为中国农村问题研究中的重要范畴，针对如何提升乡村治理能力这一问题人类学学者也做了诸多的探索。从中国农村社会治理历程看，农民的组织化程度与社会治理程度密切相关。把现代农民以现代方式组织起来，以农民为中心、以服务农民为目的促进农民再组织化，是实现农民和农村治理现代化的现实要求与根本途径。② 关于农民再组织化有两种不同理念，即"让农民组织起来"与"把农民组织起来"，前者凸显的是农民的主体性以及政府作为客体和服务者的角色定位，而后者则强调了政府力量的主动性、强制性和农民的被动和服从地位。就理论层面而言，组织化行为主体在于农民而非政府，但乡村现实却是农民之外的政府力量发挥着主导作用，农民反而处于被组织和被合作境地，并带来了农民"渴望合作"而又难以"真正合作"的困境。扭转这种困境必须廓清农民组织化过程中政府的角色定位，构建具有"镶嵌式自主"能力的政府，扩大乡村社会资本存量和增量，促进社会资本结构再造，以多种举措激发和培育农民的公民意识，提高合作社盈利能力与社会美誉度。③

除上述外，乡村人类学学者认为优秀农耕文化积淀了中国数千年乡土社会的智慧和经验，对当前乡村社会治理仍具有独特的价值意蕴及社会效益。把优秀农耕文化嵌入乡村社会治理，不仅能凝聚乡民情感、指导农业生产、丰富乡村精神生活、塑造文明乡风、推进乡村社会德治，还有利于巩固乡村社会治理的心理基础，塑造社会价值共同体，聚合多元社会力

---

① 秦红增：《田园家园同构：文化农民的生态观探析》，《广西民族大学学报》（哲学社会科学版）2010 年第 1 期。

② 李秀艳：《创新农村社会治理　促进农民再组织》，《人民论坛》2015 年第 11 期。

③ 赵泉民：《农民组织化现实困境及其破解的路径选择——基于乡村社会资本重构视角》，《农业部管理干部学院学报》2013 年第 1 期。

量，达成乡村社会善治目标。① 这就要求我们在解决乡村纠纷的过程中既要发挥以国家法律法规为主的正式社会规范的作用，也要发挥以村规民约、社会契约为主的非正式社会规范的作用。特别是时下民族地区乡村生计呈现出多元化特点，生态农业、景观农业、民族旅游、文化体验等不仅改变了过去单一依靠土地产出的传统生计模式，而且创新性地形成了一些新的治理方式，② 这些新乡村治理方式既依托于信仰、禁忌、习惯等自身传统文化资源，又依靠以村委会、村民小组、农民合作社等为主体的现代治理资源，同时注意整体性治理的宏观整合逻辑，从而寻找适合自身社会文化基础的乡村治理资源结构。这种乡村治理的资源整合机制给予人们新启发，即乡村治理研究应该走出传统的寻找各种乡村治理权威的研究路径，发掘各种乡村治理的资源结构及其背后的运行逻辑。③

5. 旅游与乡村发展变迁

随着社会快速发展，人民生活水平不断提高，旅游逐步成为一种生活休闲方式，大众对乡村旅游的需求日益旺盛，使得民族地区乡村旅游的蓬勃发展成为一大亮点。围绕旅游与乡村社会变迁这一研究主题，人类学学者进行了广泛而深入的探讨。首先，作为一种生计方式，乡村旅游的发展深刻改变了乡村传统的生计组合模式，农户生计策略由传统农业生计方式向新型旅游经营主导生计方式转型，生计方式趋于多样化，人力、金融、物质、社会等生计资本提升明显，④ 这在一定程度上优化了农户生计环境；但与此同时，乡村旅游也对当地社会—生态系统形成全面扰动和冲击，农户生计脆弱度整体处于中高水平，⑤ 故其可持续发展还面临诸多问题，需要建立更为全面的社会保障体系，从而提高农户抵御生计风险的能力。其次，乡村旅游发展涉及多个主体，被看成民族交往的一种特别形式，催生

---

① 金绍荣、张应良：《优秀农耕文化嵌入乡村社会治理：图景、困境与路径》，《探索》2018年第4期。
② 邓玉函、李青蓓：《民族地区乡村生计与治理智慧探析》，《广西民族大学学报》（哲学社会科学版）2018年第1期。
③ 罗彩娟：《民族地区乡村治理的资源结构与整合逻辑——以马关县马洒村为例》，《广西民族大学学报》（哲学社会科学版）2016年第2期。
④ 陈佳、张丽琼、杨新军等：《乡村旅游开发对农户生计和社区旅游效应的影响——旅游开发模式视角的案例实证》，《地理研究》2017年第9期。
⑤ 蔡晶晶、吴希：《乡村旅游对农户生计脆弱性影响评价——基于社会—生态耦合分析视角》，《农业现代化研究》2018年第4期。

了三个主要角色，即游客、旅游对象和中间人。① 这样一种主客互动交往模式改变了乡村长期以来形成的"熟人社会"，形成一个新型的"陌生人社会"，这一乡土"陌生人社会"的关系网络主要表现为内部和外部的关系，外部的关系主要是东道主与游客发生的互动关系，这是一种显性的陌生人关系；内部的关系则是乡土社会内部在旅游开发过程中自发形成的"契约"关系，这是一种隐性的陌生人关系。②

随着时间的推移，乡村人类学更为关注旅游开发给民族传统文化带来的影响，一方面，旅游开发中资本与权力的介入，打破了原有村落的生成性秩序，新的生活秩序不得不适应旅游开发的需要。随着这种改变加深，新的秩序成为少数民族族群观念的一部分，从而再生出新的族群文化。③当然，这并不意味着完全抹去原有的地方族群文化，实践证明，社区参与旅游开发能够强化社区居民的自我意识，增强社区认同感，促进民族文化的保护、发展和传承。④ 另一方面，旅游开发中传统民族文化的商品化、市场化现象也成为乡村人类学的热点议题。民族传统文化在由资源转化为商品的过程中，面对当地使用者和外来旅游者呈现出不同的风格，作为市场商品的民族传统文化与曾经是本地居民生活一部分的民族传统文化是有着本质差别的，这使人们对文化的真实性产生质疑，同时也对旅游文化展演带来的复杂、深远的多重社会文化效应有了更为深刻的认识，⑤ 从而引发学界对原生态文化保护与开发这一话题的热烈讨论。除上述研究主题外，乡村人类学还对旅游开发所引发的专业市场体系建构过程、专业市场体系影响下的社会结构特征以及旅游语境中道路与社区的互动关系进行了探讨。总体上来看，乡村或者说民族村寨的旅游开发实质上是文化开发，且这一过程中利弊并存，因此，要实现民族文化开发与保护良性互动应采取构建有效的社区居民参与机制、从文化产品与文化空间两方面把握好文化开发的"度"、

---

① Pierre L. van den Berghe，Charles F. Keyes：《旅游和民族性的再创造》，徐赣丽译，《民俗研究》2006 年第 1 期。

② 周大鸣、石伟：《旅游情境中的乡土"陌生人社会"——基于桂林灵渠旅游的田野研究》，《广西民族大学学报》（哲学社会科学版）2012 年第 5 期。

③ 朱健刚：《旅游景区生产与族群文化的再造——对一个布依族村寨的旅游人类学研究》，《广西民族大学学报》（哲学社会科学版）2010 年第 6 期。

④ 孙九霞：《社区参与旅游与族群文化保护：类型与逻辑关联》，《思想战线》2013 年第 3 期。

⑤ 光映炯：《认识"旅游展演"：基于"行为——文化——场域"的阐释路径》，《广西民族研究》2017 年第 5 期。

因地制宜地选择实地民族文化村模式或异地民族文化村模式这三大对策。[1]

6. 乡村传统文化保护与传承

不论是立足当前还是面向未来，乡村振兴都离不开文化的引领和支撑，这一文化不仅包含现代城市文明，更包含着孕育中华优秀传统文化的村落文明，因此，必须对乡村文化的功能与价值进行重新定位与深入认识，重视传统村落文化保护与传承。从人类学视角来看，传统村落具有农业生产、经济、生态、生活、文化、教化等多种价值。一些人类学学者从社会记忆的角度重申村落的价值，认为社会记忆是对乡村存在与流变历程的记载，构成其文化的精神脉络和灵魂核心，是乡村在历史嬗变过程中，由村民的共同生活体验逐渐形成的价值观念与思想形态，由此形塑了支配村民行动的思维方式与价值取向，被视为乡村共同体的黏合剂与文化遗产。通过社会记忆系统，乡土社会的过去得以重构，这也是乡土文明的根系与精神基因，塑造了使乡村绵延不绝的内聚力。社会记忆弥散于乡村的各个领域，凝结成一种风气。社会记忆系统不是抽象化合物，而是凝结于信仰习俗、家庭宗族、礼俗人情、乡规村约等制度范畴，存在于乡村的各种仪式与身体实践中，通过影响村民思想观念和行为方式发挥维系乡村秩序结构的基础性规则作用。[2] 近年来，人类学、民族学在相关研究中还引入了"空间"概念，进一步深化了村落的认知体系。[3] 学者们主要从两方面入手，一是聚焦文化空间，分析村落景观及其文化价值；二是多从村落公共空间入手，强调村落空间是乡村文化传承和村落共同体延续的重要载体，只有增强多元主体的文化自觉及协同参与意识，重构村落公共空间，才能更好地促进乡村文化的传承以及为村落可持续发展提供内在的精神动力。[4] 乡村人类学也十分关注乡村教育、乡村学校对乡村传统文化传承与保护发挥的重要作用。乡村学校与乡村社会是相互影响和相互促进的关

---

[1] 田敏、撒露莎、邓小艳：《民族旅游开发与民族村寨文化保护及传承比较研究——基于贵州、湖北两省三个民族旅游村寨的田野调查》，《广西民族大学学报》（哲学社会科学版）2012 年第 5 期。

[2] 郑杭生、张亚鹏：《社会记忆与乡村的再发现——华北侯村的调查》，《社会学评论》2015 年第 1 期。

[3] 秦红增、曹晗：《新文化空间的建构与前瞻：从耕读传家到乡村新习》，《广西民族大学学报》（哲学社会科学版）2016 年第 6 期。

[4] 鲁可荣、程川：《传统村落公共空间变迁与乡村文化传承——以浙江三村为例》，《广西民族大学学报》（哲学社会科学版）2016 年第 6 期。

系，所以乡村学校不仅是乡村的教育机构，更是乡土文化得以传承的重要空间。当前，来自城市文化的冲击、教育上移、乡土亲情淡化、教育环境功利化与碎片化导致了乡土文化传承的窘境和尴尬，[①] 因此，振兴乡村必须加强乡村的基础教育，传承发展乡村文化，为乡村发展提供文化软实力。除上述外，中国近年来大力推进"遗产保护事业"，使人们逐渐意识到乡村拥有丰富的物质文化遗产和非物质文化遗产，且这些文化遗产具有非常高的历史文化价值，是乡土文化的根基，故如何利用好、保护好乡村文化遗产尤其是非物质文化遗产成为乡村人类学研究的重要内容。由此出发，学者们从非物质文化遗产文化创意产业发展路径[②]、数字化保护[③]、活态保护与传承等多个角度进行了探究。

三　中国乡村人类学研究展望

综观百年乡村建设与研究历程，中国社会对乡村文化的认知与观念也处于不断变化之中。鸦片战争后，乡村被视为中国贫弱的根源，人们对乡村文化持强烈的批判与否定态度，这一态度一直延续至新中国成立初期，乡村被视为封建社会的基础，成为被改造的对象，随后的"文革"运动全盘否定乡村文化，使乡村文化遭到前所未有的破坏。改革开放以后，在以经济建设为中心的时代背景下，工业化、城市化成为重中之重，乡村社会所受关注较少，即便有所关注，也是侧重于乡村经济发展与社会稳定，忽略了乡村文化。进入 21 世纪，乡村文化在乡村经济发展、基层治理等领域发挥越来越重要的作用，引起人们的重视，与此同时，受保护生物多样性、文化多样性世界潮流的影响，保护乡村文化亦是保护人类文化多样性的观念逐渐深入人心。党的十九大上，乡村振兴战略的提出和实施，明确了乡村的重要战略地位，社会各界高度关注乡村未来发展，乡村为中华优秀传统文化之根脉、乡村文化是乡村振兴之灵魂逐渐成为当前的主流认

---

① 王小红、王倩：《乡土文化的传承：乡村振兴战略下乡村学校的新使命》，《西华师范大学学报》（哲学社会科学版）2018 年第 4 期。

② 田阡：《非物质文化遗产文化创意产业发展路径研究》，《社会科学战线》2015 年第 4 期。

③ 宋俊华、王明月：《我国非物质文化遗产数字化保护的现状与问题分析》，《文化遗产》2015 年第 6 期。

识。而从否定到利用再到保护与发展并行，直至被视为寄放灵魂的精神家园，人们对乡村认识和观念的变化无时无刻不在影响着中国乡村人类学的发展，而乡村人类学自传入中国发展至今也一直担当着记录追踪乡村社会发展变迁、总结提炼乡村发展特点与经验、探索破解乡村发展困境的重要使命。如今，中国乡村已站在一个崭新的历史起点，机遇与挑战并存，乡村人类学应延续历史使命，在研究当中走向深入，不断开拓创新，为推进乡村发展与振兴贡献一己之力。笔者认为，当前及未来中国乡村人类学研究需要在以下几个方面努力。

一是进一步探索中国乡村人类学研究的理论与方法，从而推进中国本土人类学的发展。西方对中国乡村的研究是中国人类学产生和发展的基础，故早期的中国乡村人类学研究不论在理论还是方法上都以模仿和借鉴西方人类学研究为主，在此后的发展过程中，也多为在实践中运用、验证或修正西方理论。虽然中国乡村人类学学者对人类学的中国化有着深厚的情结，在人类学被引入中国初期就已意识到并积极倡导人类学研究的本土化，且在理论、概念与方法上亦有所突破，但发展至当前，鲜有提出具有中国特色的理论、概念及方法，总体上难以摆脱西方话语的支配，未达到学界预期。因此，未来中国乡村人类学的发展，既要基于乡村发展的现实，坚持人类学的研究特色，做扎实的田野调查，增强研究的应用性，也要不拘于经验性研究，注重理论的思考与提炼。面对乡村现代化进程中问题的复杂化与多元化，乡村人类学应在继承传统人类学理论与方法的基础上，加强乡村人类学与诸学科的交流，积极借鉴、吸取民族学、社会学、生态学、政治学、地理学、旅游学、风景园林学等其他相近或交叉社会科学的理论与方法，拓展研究视野，提升学科创新活力。一言以蔽之，中国乡村人类学在理论、概念、方法上的探索任重而道远，如若在此方面有所突破，将不仅有益于中国乡村社会的发展，也将促使中国乡村人类学走出一条适于自己发展的道路，从而确立人类学的中国话语权，并对世界人类学的发展做出贡献。

二是对乡村价值与功能进行深入挖掘、解读与系统整理。改革开放以来，中国在城市化、工业化发展上成绩斐然，但伴随而来的各类城市、生态环境等问题使学界、政界和普通大众逐渐认识到传统乡村之美，实现中国社会发展、满足人民对美好生活的向往，不仅需要城市文明，也需要乡村文明。乡村的丰富与独特，体现在自然资源、生态环境、田园风光、生活方式、节庆习俗、民间信仰、社会记忆等多个方面,这些既是乡村的固有价值,也是乡村不可替代的价值。近些年来,乡村建设过程中出现了一些偏差,其重要原因是缺乏对乡村特点和价值体系的认识,其结果自然是难以适应农民的生产与生活,更谈不上传承优秀传统文化。[①] 笔者认为,在党的十九大提出坚持农业农村优先发展、实施乡村振兴战略的背景下,乡村人类学作为以乡村为主要研究对象的社会科学,首要任务就是从历时性和共时性角度对乡村的价值与功能进行全面梳理,在此基础上引导人们重新认识、发现乡村价值。此外,在乡村建设过程中坚持尊重乡村发展规律的原则,探索提升传统乡村价值的路径,激活、释放乡村文化价值,进而重塑乡村价值体系,明确新时代乡村的价值定位,这也是乡村振兴的前提和基础。

三是乡村生态文明建设与人居生活环境改善。乡村生态文明是生态文明建设的重要组成部分,乡村生态环境滋养了传统村落文化精神,特定的生态环境孕育出特定的文化类型,既造就了乡村文化的多样性,也使得天人合一、人与自然和谐相处等生态理念和生态智慧充分体现在乡村日常生活、农业生产、社会关系、习俗信仰等各个方面,从而形成一个复合型的生态循环系统,这是古老乡村文明留给人们最为宝贵的财富。当前,乡村的环境和生态问题尤为突出,故不论从乡村振兴的总目标还是从乡村建设的具体内容出发,良好生态环境必然成为实现乡村振兴的关键环节和重要支撑。一般而言,可将乡村生态文明建设分为保护、修复自然生态环境与改善、优化人居生活环境两大方面,乡村人类学对自然生态环境保护、修复的关注较早,但在研究范围与深度上仍有不足,对乡村人居生活环境优化、改善的研究鲜有涉及,对其认识也还不够深入。要满足人们对乡村美好生活的需求,不仅需要青山绿水,也需要完善的基础设施和便利的生活条件,而长期以来,乡村环境的脏乱差降低了农民的生活质量,阻碍了乡村发展,这也从侧面证明乡村人居生活环境早已嵌入乡村发展结构之中,对其进行优化、改善既有利于绿色农业、生态农业、乡村生态旅游等各类产业的发展,也有利于促进城乡互动,为乡村聚集人气,吸引各类资源向乡村流动,使乡村成为生态宜居的美好家园。从上述来看,乡村人类学研究要加强重视乡村的生态文明建设与人居生活环境改善,并从自身学科视

---

① 朱启臻:《乡村振兴与乡村价值的发现和提升》,《光明日报》2018 年 7 月 3 日。

角出发，探索乡村生态文明建设的路径。

四是关注乡村发展中农民的主体性地位。近年来，大量"空壳合作社""僵尸合作社""伪田园综合体"纷纷被曝光，成为社会关注的热点，这些现象从侧面反映出在当下中国乡村社会的发展中，农民的主体性地位还未受到足够的重视，甚至在具体实践中存在排斥农民参与乡村建设的现象，损害了农民的利益。中国乡村建设的历史说明，如果不能尊重、确保农民在乡村建设中的主体性地位，不关心农民的实际需求，得不到农民的认同，那么关于乡村发展的任何目标都难以实现，故不论乡村社会的未来会有怎样的变化，无可否认，农民是实现乡村振兴的关键主体。因此，在乡村建设过程中必须充分尊重农民的主体性地位，调动广大农民的积极性、主动性、创造性，给农民充分的表达权、话语权、自主权，提升农民建设乡村的参与度，增强农民的获得感。对上述有关的议题的探究，是乡村人类学未来研究中艰巨且重要的任务。而面对中国乡村的多样性、差异性以及时下乡村建设中的种种困难，不仅需要乡村人类学学者在大量田野调查的基础上寻找好的做法、总结经验模式，也需要学者身体力行地去探索解决问题的办法。

五是乡村社会文化转型研究。随着现代化进程的深入，传统乡村社会还将经历更为全面和深刻的变化，对于中国数千年的农耕文明将会走向何方、乡村传统文化究竟会经历何种演变、如何重构村落传统文化等时代之间的回应，还需要乡村人类学学者更为细致的观察、大胆的探索和深入的思考。在具体研究过程中，乡村人类学一方面要延续学科研究传统，关注生计方式、宗族家族、亲属制度、族群关系、文化习俗、民间信仰、社会网络等要素在新发展时期如何适应与转变；另一方面也要紧随时代发展步伐，关注乡村新生事物，开拓新的研究领域与议题，如新乡贤群体、乡村社会再组织、乡村现代治理体系建设、乡村专业市场体系建设、乡村公共文化服务、乡村特色文化产业、农村电子商务、农业绿色发展、乡村教育、生活方式等。除上述外，乡村人类学应更加注重跨区域、跨国、跨文化、跨学科的研究视野，唯有如此，才能更好地把握乡村发展动态，全面而深入地呈现新时期乡村社会文化转型的特点与发展趋势。

新时代中国都市人类学的新发展

杨小柳*

改革开放以来，随着城镇化进程的不断加速，我国正在从一个数千年以农业文明为中心的乡土社会转型进入一个以开放性和流动性为特点的城市社会。城镇化对整个中国社会转型的重大意义，在党的十八大以后出台的《国家新型城镇化规划（2014—2020年）》中从国家战略的层面上得到了确认。在这一纲要中，城镇化被视为保持经济持续健康发展的强大引擎，是加快产业结构转型升级的重要抓手，是解决农业、农村、农民问题的重要途径，是推动区域协调发展的有力支撑，是促进社会全面进步的必然要求。快速的城镇化为推动经济转型升级、加快社会主义现代化建设带来巨大机遇和推动力的同时，更需要我们准确研判城镇化发展的新趋势、新特点，妥善应对城镇化面临的风险与挑战。作为人类学现代社会研究的一支重要力量，都市人类学亟待积极有效地参与到新时代全面建设社会主义现代化强国相伴随的社会转型的研究中，对中国新型城镇化发展过程中的问题、经验和模式进行理论分析和提升，通过理论和实践的紧密结合，探索一条以坚持中国特色社会主义道路自信、理论自信、制度自信、文化自信为核心宗旨的学科发展道路，为更好服务党和国家事业发展、为不断满足各族人民对美好生活的向往贡献力量。

一 都市人类学的研究特色

早期的人类学以前现代、非西方的部落社会和农民社会为主要研究对

---

* 杨小柳，中山大学社会学与人类学学院教授、博士生导师。

象。二战以后，随着国际政治经济格局的转变，世界性的大规模人口迁移，全球的城镇化发展掀起高潮。人类学学者伴随着他们的研究对象进入了都市研究领域。从早期学科内部对都市人类学学科定位的质疑，到今天都市人类学成为现代人类学最活跃的一个组成部分，都市人类学在研究问题、研究理论和研究方法上都进行了一系列大胆尝试，有效拓展了人类学研究的领域，并极大推动了现代人类学学科的发展和转型。经过半个世纪的发展，都市人类学的研究主题已经从早期的都市乡民、移民适应等有限的主题拓展到了产业关系、社会排斥、性别问题、政治与城市规划、移民抗争、多元文化体系、城市体系、环境保护等，涵盖了现代城市经济、社会、政治、文化发展各个方面。[①] 都市人类学的研究主题虽然非常多样，学科边界十分开放，但仍形成了极具自身特色的研究领域。

一是在跨文化的视野中理解城市的多种形态和发展模式。从沃斯的现代都市性[②]到芮德菲尔德的农民社会[③]，构成一个认识论上的从农村到城市的连续统一体，为都市人类学者跨文化的城市形态探索奠定了基础。都市人类学学者在研究中积累了大量不同时代、不同地域的城镇发展类型，对城市研究中存在的一些基本研究假设提出了反思和质疑，展现了世界城市发展模式的多样性。

如人类学学者在对深受殖民主义影响的中非铜矿带城市的一系列研究中，发现这一地区城市的发展远不止城乡两种社会和经济制度之间的转型，还要应对复杂的殖民资本主义制度。[④] 从 20 世纪 40 年代伴随着铜矿带城市的崛起，以"去部落化"为特征的乡村人口迁移潮流的发展，到赞比亚独立后非洲矿工从暂时性城镇化到永久性城市化，成为城市工人阶级，[⑤] 再到 80 年代以后城市工业发展停滞，绝大多数矿工在退休后，迫于

---

① Giuliana B. Prato and Italo Pardo, "Urban Anthropology," *Urbanities*, Vol. 3, No. 2, 2013.

② 参见 Louis Wirth, "Urbanism as a Way of Life," *The American Journal of Sociology*, Vol. 44, No. 1, 1938。

③ 参见〔美〕罗伯特·芮德菲尔德《农民社会与文化》，王莹译，中国社会科学出版社，2013。

④ 参见 J. Clyde Mitchell, *Tribalism and the Plural Society*, Oxford: Oxford University Press, 1960; *Social Networks in Urban Situations*, Manchester: Manchester University Press, 1969。

⑤ 参见 Bernard Magubane, "Pluralism and Conflict Situations in Africa: A New Look," *African Social Research* (June 1969); "A Critical Look at Indices Used in the Study of Social Change in Colonial Africa," *Current Anthropology*, Vol. 12, No. 4/5, 1971。

生活压力返回从来没有住过的农村的"家"，铜矿带城市现代性梦想破裂。中非矿业城市的城镇化发展历程，打破了学界对城镇化线性发展的简单判断，引发了他们对城镇化研究中有关"传统"和"文明"、"农村"与"城市"二元转型的假设的反思。① 又如人类学学者对改革开放以后中国东南沿海地区由分散式乡村工业推动的城镇化模式进行了研究，认为这一模式与欧美城市化进程中先是城市中心的发展再到中心的分散形成郊区城镇的模式非常不同，从而引起学者们对人口、产业、空间的集聚与城市发展之间的对应关系进行重新思考，提出了乡村都市化的研究概念。②

二是城市移民与族群研究贯穿了整个都市人类学的研究。人口迁移是现代城市发展的一个重要动力。人口的大规模迁移，使得许多背景差异极大的人在城市中聚集。其中族群差异往往与特定制度、文化、意识形态等紧密结合，成为社会区隔、等级划分的重要机制，甚至是分隔种族和族群的制度被取消后，种族和族群的差异作为一种信仰体系，内化到人们的日常生活中，长期持续难以被改变。围绕移民与族群研究，都市人类学学者最早关注的是各类移民聚居区，聚集在这些区域被认为是移民进入城市后满足其社会文化适应需求的一种生存选择。传统的家庭和亲属关系是维系和构建这类移民聚居区的主要机制，以致形成了代表疏离和隔绝的、相对稳定的移民聚居区，学界称之为"隔陀"（ghetto）。③ 这种基于族群及种族差异而开展的社会区隔研究，特别关注族群分层、偏见与歧视、文化融入等主题。④

移民聚居区从其内部来看同质性很高，从外部来看它又是与周边社会差异最大的一种社会存在类型。事实上，城市社会的族群差异并不一定以分隔的族群聚居区的形式表现出来，更多的时候人们直面的就是充满了异质性的生活。因此，都市人类学学者拓展了在移民聚居区研究中形成的有

---

① 参见〔美〕詹姆斯·弗格森《现代性的前景：赞比亚铜带省城市生活的神话与意义》，杨芳、王海民、王妍蕾译，社会科学文献出版社，2017。

② 参见 Gregory E. Guldin, *Urbanizing China*, Contributions in Asian Studies, No. 2, Westport: Greenwood Press, 1992；周大鸣《漂泊的洞察——我的学术研究之路》，《西北民族研究》2018 年第 1 期。

③ 参见 Louis Wirth, *The Ghetto*, Chicago: University of Chicago Press, 1928.

④ 相关研究如 Wong Bernard, "A Comparative Study of the Assimilation of the Chinese in New York City and Lima, Peru," *Comparative Studies in Society & History*, Vol. 20, No. 3, 1978；周敏《唐人街——深具社会经济潜质的华人社区》，鲍霭斌译，商务印书馆，1995。

关家庭和亲属组织同质性网络的研究，关注基于地缘、业缘、闲暇等形成的社会关系互动中的族群差异，衍生出了以都市邻里①、都市职业群体②、都市社会组织③等为对象的移民与族群关系研究。在这一系列研究中，学者们既注意到了族群关系的结构性，还关注到了其作为一种社会关系的情景性。对情景性社会关系的关注，帮助人类学学者把都市中广泛存在的匿名性陌生人关系纳入研究视野。④

三是都市文化研究是都市人类学研究的特色领域。人类学家把城市视为文化整合的一个层次，人类文化的生产、传播和消费的中心，关注城市的文化角色，对城市通过宗教信仰、各类世俗性公共活动所引发的一系列文化整合进程进行了研究。⑤ 芮德菲尔德和辛格还将不同时期的城市划分出"直生性"和"异质性"两种类型，探讨不同类型城市的文化职能。⑥都市作为文化中心，依附于大都市而产生的新的生活方式与观念表象形式多样，其中的一些具有霸权性，甚至成为全球性的主流文化表象。因此，人类学学者通过对都市流行文化⑦、特殊群体的亚文化⑧、城市象征⑨等主题的研究展现了都市文化的不同面向。同时人类学学者也注意到，都市化并不一定是千篇一律的现代化和西方化，每个文化传统，不论历史悠久与否，都对都市文化的建构具有重要影响，从而使得非西方城市呈现出不同于西方城市的文化形态。如波科克就指出，印度城市有着从乡村生活直接

---

① 相关研究如 Herbert J. Gans, *The Urban Villager: Group and Class in the Life of Italian-Americans*, New York: Free Press, 1962；〔美〕贝斯特《邻里东京》，国云丹译，上海译文出版社，2008。

② 相关研究如 Paul G. Cressy, *The Taxi-Dance Hall*, Montclair, N. J.: Patterson Smith, 1969；〔美〕郝吉思《出租车！纽约市出租车司机社会史》，王旭等译，商务印书馆，2010。

③ 相关研究如 Frederic Thrasher, *The Gang: A Study of 1, 313 Gangs in Chicago*, Chicago: University of Chicago Press, 1927；〔美〕威廉·富特·怀特《街角社会》，黄育馥译，商务印书馆，1994。

④ 参见 Erving Goffman, *Relations in Public*, New York: Basic Books, 1971。

⑤ 参见周大鸣《城市文化职能论——都市人类学研究（中）》，《广西民族学院学报》（哲学社会科学版）1997 年第 3 期。

⑥ 参见 R. Redfield, M. Singer, "The Cultural Role of Cities," *Economic Development & Cultural Change*, Vol. 3, No. 1, 1954。

⑦ 相关研究包括夏建中《当代流行文化研究：概念、历史与理论》，《中国社会科学》2000 年第 5 期；周大鸣《珠江三角洲的大众传播与大众文化》，《社会学研究》1990 年第 5 期。

⑧ 参见 K. Gelder (ed.), *The Subcultures Reader*, London: Routledge, 2005。

⑨ 参见周大鸣《城市文化职能论——都市人类学研究（中）》，《广西民族学院学报》（哲学社会科学版）1997 年第 3 期。

而来的文化延续性，种姓制度在城市中得到充分发展，城市的设计如乡村一样，是宇宙秩序的表现，而非商业和工业的空间需求和购买力的表现。[①]如何在都市化的进程中保持地方性的传统，形成具有标志性、地方性特色的城市文化也成为人类学学者的研究重点。人类学学者通过运用地方感、士绅化等研究概念，在空间政治的研究框架中，关注了伴随着城市化，在城市空间转变过程中，城市文化遗产的保护和利用以及地方性传统的延续和发展。[②]

四是应用研究特点显著。各类都市问题是激发都市人类学研究的主要动力。而以问题为导向的研究也使都市人类学研究的应用取向十分显著。美国都市人类学学者刘易斯的"贫困文化"研究是都市人类学应用的典型案例。[③]"贫困文化"概念的提出使人们意识到贫困不仅仅是关键资源和能力的匮乏，还可能表现为一种自我封闭的亚文化。这种对贫困认识的突破，直接引起了美国社会对福利制度的反思，遂着手改变贫困文化的规范和价值观，使亚文化中的人们重新与主流社会建立起正常的联系。又如中国都市人类学主要研究的问题均来自中国快速城市化的进程中出现的各类社会问题。特别是中国都市人类学者追踪了改革开放以来中国人口迁移的整个历程，通过自上而下的研究视角，在早期农民工研究中就提倡农民工应平等享有基本的社会公共服务和福利，[④] 到后来在城市新移民研究中对城市多元族群关系给予了关注，[⑤] 后来又对新型城镇化时代移民城市的形成及其文化转型问题进行了讨论，[⑥] 一系列研究与中国城镇化的发展历程

① 参见 David F. Pocock，"Sociologies：Urban and Rural，" *Contributions to Indian Sociology*，Vol. 4，No. 1，1960。

② 相关研究如潘天舒《上海城市空间重构过程中的记忆、地方感与"士绅化"实践》，《同济大学学报》（社会科学版）2015 年第 6 期。

③ 参见 Oscar Lewis，"The Culture of Poverty，" in G. Gmelch and W. Zenner（eds），*Urban Life*，Waveland Press，1966。

④ 相关研究包括周大鸣《渴望生存——农民工流动的人类学考察》，中山大学出版社，2005。

⑤ 相关研究包括王琛、周大鸣《试论城市少数民族的社会交往与族际交流——以深圳市为例》，《广西民族研究》2004 年第 2 期；李志刚等《广州小北路黑人聚居区社会空间分析》，《地理学报》2008 年第 2 期；周大鸣、杨小柳《浅层融入与深度区隔：广州韩国人的文化适应》，《民族研究》2014 年第 2 期。

⑥ 相关研究如周大鸣《都市化中的文化转型》，《中山大学学报》（社会科学版）2013 年第 3 期；杨小柳《从地域城市到移民城市：全国性城市社会的构建》，《民族研究》2015 年第 5 期。

紧紧相扣，极大推动了不同时期各类城市化政策的实施和转变。

二　新时代中国新型城镇化发展的主要趋势

改革开放四十多年来，我国城镇化经历了一个"起点低""速度快"的发展过程，取得了举世瞩目的成就。1978～2017 年，我国城镇常住人口从 1. 72 亿人增加到 8. 13 亿人，城镇化率从 17. 92% 提升到 58. 52%。① 根据世界城镇化发展的普遍规律，我国当前处于城镇化率 30%～70% 的快速发展区间。新时代新常态的发展形势、新发展理念对新型城镇化发展的质量、内涵及目标均提出了更高的要求。

笔者认为，新时代新型城镇化发展的终极目标在于推动中国社会告别乡土社会，在社会结构上完成向城市社会的转型。城市社会的转型过程主要涉及几个层面。

一是经济层面的转型。从宏观的经济发展结构来说，第二、三产业的比重大大超过第一产业，全社会出现非农化发展的趋势；从具体的人群来说，出现大规模的农业转移人口，非农就业的比例极大提高，非农收入成为人们收入的主要来源。这是城市社会转型的起点，也是城市社会转型的基础。

二是城乡关系的全面调整。一方面体现为随着城市的不断扩大和增多，大量处于城市化不同阶段的地区内部在平衡各个不同利益相关群体的利益诉求，结合自上而下和自下而上的力量，进行包括土地、户籍、产业、福利等在内的一系列城乡二元制度的调整和创新。在制度调整和创新的激发下，相应地区在空间、人群、生计、结构、组织、文化等方面的属性转变。另一方面体现为城市对乡村形成有效带动效应，使乡村打破内卷化状态，传统农业转型，获得新的生机和活力，从而实现乡村的振兴。城乡关系的调整贯穿于整个城市社会转型的历程中，是我国城市社会转型的重点和难点，对其他层面转型的推进具有决定作用。

三是移民城市的形成，以及相应社会管理体系的构建。与世界上其他国家的城市发展一样，我国城市发展也带来了大量移民在城市的聚集。移

---

① 参见国家统计局 2017 年公布数据。

民城市是一种与我国以往的地域城市结构完全不一样的城市类型。在近代之前，基于农业文明形成的地域城市一直是我国城市的主要特征。这类城市的形成建立在安土重迁的小农经济之上，是地域文化的代表，其居民主要来自周边地区，居民的同质性程度很高。改革开放以来大规模的人口迁移浪潮打破了地域城市的格局，以多元文化聚集为特征的移民城市迅速崛起。[①] 从地域城市向移民城市的转型，不但带来了我国长久以来适应地域城市特点的城市管理体系的转变，还意味着多元文化成为人们日常生活的常态。除了引发物质和制度层面的文化变迁，更是涉及道德、伦理、精神、价值层面文化的全面转型。从地域城市向移民城市的转型，是我国城市社会新的主体结构形成的过程，也是城市社会转型最终要实现的目标。其中，自上而下的政策和制度引导是转型的第一步，而自下而上的文化变迁则需要一个相对长时段的过程。

最后，就全国范围来看，城市社会的转型还要有效处理协调发展的问题，特别是东、中、西部城市社会转型步调的协调，以及城市体系内部大中小城市、小城镇的协调发展问题。区域层面的协调是城市社会转型在全国层面全面展开的一个必经过程，而城市体系内部的协调则是城市群健康发展的内在需求。

从我国目前的城市化发展状况来看，经济层面的城市社会转型已经全面启动，深刻影响着我国东、中、西部城乡社会的发展。东南沿海地带在改革开放初期，通过乡村工业的发展迅速实现了本地的非农化，迈出了向城市社会转型的第一步。随着外向型经济的发展，珠三角地区成为我国最早的和最大的流动人口流入中心，人口向珠三角地区的流动开启了我国大规模城乡人口迁移的序幕。随后，长三角地区从 20 世纪 90 年代起开始成长为我国最具影响力的多功能的制造业中心，也成为全国人口迁移的热点地区。2000 年以后，广大少数民族地区人口也被卷入了外出务工的浪潮中。农民围绕以代际分工为基础的半工半耕家计模式，形成了一种渐进城镇化模式，[②] 以脚投票，通过迁移入城实现了非农化。我国被统计为城镇人口的农业转移人口及随迁家属已近 3 亿人，农业转移人口已经成为我国产业工人的主体。由此可见，城乡人口迁移是全国范围内经济层面城市社

---

① 杨小柳：《从地域城市到移民城市：全国性城市社会的构建》，《民族研究》2015 年第 5 期。

② 夏柱智、贺雪峰：《半工半耕与中国渐进城镇化模式》，《中国社会科学》2017 年第 12 期。

会转型的主要动力，大规模农业转移人口的出现正是全国经济层面发生的向城市社会转型的主要表征。

经济层面非农化转型的迅速铺开，集中暴露出我国城市社会转型面临的两大亟待重点攻克的问题。第一个问题是围绕城乡二元结构展开的旨在调整城乡关系的一系列制度调整，其中最突出的就是大量农业转移人口结束循环式迁移，定居城市实现永久性城镇化的问题。而农业转移人口在城市所能获得的社会福利保障是促使其永久定居的一个重要决定因素。因此，"人的城市化"问题构成了今天新型城镇化发展的新内涵，农业转移人口的市民化成为制度调整的重点。首先要通过开放城镇户籍制度、推进农业转移人口享有城镇基本公共服务等一系列调整，实现农业转移人口对城市社会的结构性融入，从而促使其最终定居城市。另一个制度调整的重点是土地制度。土地是城镇化进程中最稀缺的资源，是各利益群体博弈的焦点。在利益的驱动下，城乡二元的土地制度在为大量农业转移人口提供基本生存保障的同时，更多的时候是使农民在告别乡土社会，向城市社会转型过程中遇到各种波折，典型的案例就是珠三角地区城中村的延续和发展，其背后的关键因素就是以土地为中心的一系列制度的调整。

第二个问题是城镇化的协调发展。首先，是区域的协调。与东部地区相比，中西部城市社会转型的进程明显滞后。在改革开放的前三十年，中西部地区主要是通过人口迁移启动了区域内的非农化城市社会转型，区域经济结构层面上的城市社会转型力度相对较弱。近十年来，随着国家主体功能区战略的实施，中西部地区城市社会的经济转型有所加快，表现为中西部劳务输出大省出现人口回流。即便如此，其目前仍主要处于构建城市社会转型的经济基础的阶段。在保护生态环境的基础上，引导有市场、有效益的劳动密集型产业优先向中西部转移，吸纳东部返乡和就近转移的农业转移人口，加快产业集群发展和人口集聚，促进中西部地区城市群的培育发展，在优化全国城镇化战略格局中显得十分重要。其次，是城市体系内部的协调。城市群内部各个层级城市之间分工协作不足，集群效率不高。特大城市的主城区人口压力偏大；中小城市集聚产业和人口不足，发展潜力有待挖掘；而小城镇因投入不足、功能不完善、缺乏吸引力等原因，发展相对缓慢。最后，是城乡的协调。城市社会的转型发展并不意味着乡村的凋敝和消失，随着传统农业生产方式的转变，农村农业生产与再生产的社会关系与动力、农业结构及其变化过程中的财产与权利关系都要发生深刻的变化。在城市的带动下，乡村社会重新获得活力，传统的乡土记忆和文化遗产得以活态保护和利用。

因此，在新发展理念指导下提出的新型城镇化发展、乡村振兴以及精准扶贫等正是在对我国城市社会转型所处阶段做出正确判断基础上实施的国家发展战略。其中，新型城镇化发展重点在于解决人的城镇化及城镇协调发展的问题；乡村振兴重在重新定位在城市社会转型大背景下乡村发展的内涵、意义和路径，推动实现城乡的协调发展；精准扶贫则特别关注和扶持缺乏发展禀赋的人群和区域的发展，保证其能赶上和融入城市社会转型的节奏。

由此可见，目前我国城市社会的转型正处于一个制度引导变革的关键节点，变革的重点主要是集中通过一系列发展战略的实施和制度的调整和改革，推动全国在经济层面和城乡关系调整层面的城市社会转型。其具体内容包括四个方面：一是加快中西部地区经济层面城市社会转型的步骤，培育和发展中西部地区的城市群；二是加快推进农业转移人口的市民化，通过政策引导农业转移人口在城市的结构性融入，促使其在城镇永久定居；三是实施乡村振兴和精准扶贫战略，推进传统农村、农业、农民的转型；四是城市体系的协调发展，实现人口、资源、产业、空间等要素的合理布局。

移民城市的形成及相应社会管理体系的构建在全国也有显著的差异。东南沿海地区作为我国最早出现城市移民化趋势的区域，在这个方面的转型远远走在了全国前列。这首先体现在制度的探索和完善方面。以外来人口最集中的珠三角地区来说，最早在全国建立了相对完善的外来人口服务和管理体系，从早期主要以公安、计生部门为中心实施的暂住证制度、出租屋管理制度、计划生育管理制度到后来的劳动、民政、教育、医疗等多个部门参与联动，暂住证向居住证的转变，积分入户、入学制度的试点和完善，再到现在一系列农业转移人口市民化政策的实施，以及营建移民社会共建、共治、共享的社区治理格局的探索，其每一个阶段移民城市社会管理体系构建的主要做法和经验都成为全国其他城市的示范。

除了社会管理体系的完善，自下而上的文化转型是移民城市构建的核心问题。一系列打破城乡二元结构、推进农业转移人口市民化的制度调整，力在消除移民城市中城—乡、本—外等基于公共资源和公民权利而形成的结构性差异。而文化转型则是一个文化涵化的问题，是多元文化整合互动，形成现代移民城市文化的过程。

我国移民城市发展进程中文化多样性的来源主要是地域性的文化差异，以及族群与种族的差异。地域性的文化差异主要是指汉族及部分与汉族接触频繁的少数民族群体内部存在的在文化形式上的差异，而族群和种族的差异则涉及在身体、语言、信仰等方面表现出来的文化内核上的差别，且移民群体往往形成与周边群体边界明显的移民聚居区。不论是何种性质的多样性，均在文化转型过程中成为移民城市文化构成要素。这个过程意味着多样性、异质性渗透到包括原居民和移民在内的城市居民婚姻家庭、邻里社区、职业群体等社会基本结构的构建中，并引发伦理、道德、情感、价值观等精神层面文化的全面转变。移民城市的文化转型与我国人口迁移、城镇化发展同时起步，并将贯穿于我国城市社会转型的整个过程，随着我国下一步城市社会转型的深入，其转型的持续性、困难性和重要性将日益显著。

三　新时代中国特色都市人类学研究的思考

中国都市人类学研究起步于 20 世纪 80 年代，伴随着中国从乡土社会向城市社会的快速转型而发展。剧烈的社会转型在为都市人类学提供丰富的研究问题和资料的同时，也对都市人类学研判问题、把握趋势的能力提出了更高的要求。基于对新时代我国城镇化发展趋势的把握，并立足都市人类学研究的特长，笔者认为，可以从四个方面着手，对中国城市社会转型的历程开展具有学科特色的理论与实践结合的研究。

第一，在研究思路上，以人口迁移为线索追踪城市社会转型的推进轨迹。人口迁移是现代城市发展的主要指征之一，是促使多样性的移民社会出现的主要动力。人口迁移把城乡社会的发展联系在一起，深刻影响了广大乡村社会的生产方式、社会关系和人口结构。在我国东、中、西部发展不均衡的国情下，人口迁移还推动中西部地区在自身城市经济发展尚未成熟的阶段就开启了经济层面的城市社会转型。因此从实证角度看，人口迁移是一条串联了经济层面转型、城乡关系调整及移民城市构建等城市社会转型重要问题的关键线索。人口迁移也是理论探索研究的一条线索。传统乡土中国是一个安土重迁的地域型社会，整个社会构建的基础是由血缘和地缘关系交叠形成的村落地方性。人口迁移动摇了乡土中国构建的社会基础，研究者需要从研究方法、研究概念和理论上对其做出理论回应。

由此，笔者认为都市人类学应从如下方面做出努力。一是可以人口迁移为线索，关注中西部地区、民族地区经济层面城市社会转型的路径和特点。长期以来，学界对中西部地区、民族地区城镇化发展的关注度远不如东部地区，表现在基本研究数据积累相对缺乏，研究理论与方法相对单一和保守，研究深度也有待继续深入。下一步都市人类学的研究可立足于对中西部地区、民族地区人口迁移基础研究数据的积累和完善，围绕具有中西部和民族地区特色的城镇类型，重点关注如何在外源动力的推动下，激发城市发展的内生动力，推动产业、人口、服务、产品要素的聚集，形成城市中心性的路径和机制，并回应城市化研究中有关城市空间、产业、人口聚集等方面的基本理论假设。

二是中国移民城市的发展及特点。中国移民城市发展的特殊性在于城乡二元体制，城乡差异是一种涉及身份、公平和社会分隔的结构性差异。因此，中国移民城市的发展牵涉到城乡结构的全面调整，这是国外以移民与族群研究为重心的都市人类学研究所不曾涉及的领域。同时族群和种族差异也是中国移民城市的重要一部分，但在差异产生的背景、制度和社会环境、特点和演变等方面均与西方国家有较大差异，因此中国的都市人类学学者也需要在实证研究基础上，回应西方学界一系列有关文化适应、社会融入等移民与族群研究的理论与假设。

三是以人口迁移联结城乡，构建城乡一体的理论分析框架。城市社会的转型包括城市的发展及传统乡村的转型两个部分。其中，移民是联结城乡变迁的载体。移民群体在变迁中的特殊性，使其有可能成为都市人类学回应中国城市社会转型的理论突破点。其重点是打破"城"与"乡"在理论层面的分隔，形成一个城乡一体的理论框架，其中的乡村不是完全封闭和落伍的，城市性也是乡村生活的内在组成部分；而城市不是绝对的现代化和陌生化的存在，乡村的要素也是现代城市发展所必需的。从这种理论判断出发，城市社会的转型其实就是各类城乡要素在不同语境下互动，有融合、有协调，抑或是消除矛盾和冲突的过程，而这一过程发生的载体正是人的流动。

第二，在研究目标上，围绕城市转型的主题，都市人类学要在大量个案研究的基础上，从地域性、专题性的现实问题研究转向理论模式的抽象和提炼。自 20 世纪 80 年代以来，中国的都市人类学学者在不同地域的研究中积累了大量有关城市社会转型的个案经验。这些经验与其他社会科学的研究一起，形成了今天城市研究中诸如人口迁移、城市社区治理、城镇化模式等热门研究专题。基于这些研究经验，形成具有人类学特色并对相关领域研究具有影响力的研究概念，对提升中国都市人类学在城市研究中的理论影响非常重要。

比如都市人类学学者在 20 世纪 90 年代基于珠三角城镇化发展而提出的乡村都市化概念就是一个极具潜力的可衍生为解释中国城市社会转型模式的理论概念。乡村都市化的概念不仅是对当时珠三角农村就地城镇化模式的一种总结，更是代表了人类学学者对城市化发展的一种研究思路，也即城市化的目的不是塑造一种与乡村截然不同的对立结构，而是城市与乡村相互影响，乡村文化与城市文化互相接触融合后，形成一种整合的社会结构，既含有乡村文明的成分，又含有城市文明的成分。

随着珠三角城镇化发展的持续推进，改革开放初期出现的各个乡村都市化地区经历了不同的变迁历程，有的随着城市的拓展成为大都市的中心或近郊的城中村，有的则地处城市远郊，长期停留在城镇发展的阶段。在这一过程中珠三角都市圈日益成熟，外来人口持续迁入，城市多样性日益显著，村落实现了从改革开放初期的农业村到就地城镇化时期的工业村，再到今天移民社会的城市社区不同阶段的转型。因此，完全可以将"乡村都市化"作为一条研究的思路和线索，通过村落定点的持续观察研究，追溯珠三角四十多年城市社会转型的历程，发现城乡结构要素整合的机制和特点。通过把城镇化视为一个城乡结构要素整合的过程，可突破从制度、产业、空间、人口等角度简单定义城镇化的思路，从而有可能在城镇化发展的内在规律、城市社会结构特点等理论层面上，而不仅仅是解决现实问题的需要层面上，对珠三角城镇化进程中面临的各种问题（如城乡接合部、乡村工业、农业转移人口等的出现、延续和变化）进行系统研究。乡村都市化这一概念虽然提炼于珠三角的发展经验，个案经验有一定的特殊性，但其城乡要素结合的机制及结果却具有一定的理论意义，显示出了我国从乡土社会向城市社会转型的主要阶段及其相应的内涵和问题，也是中国社会和文明转型的缩影。

第三，在研究领域上，发挥都市人类学城市文化研究的特长，开展移民城市的文化转型研究。文化转型是我国下一步城市社会转型的重点，这是一个自上而下和自下而上力量互动，构建新的移民城市文化的漫长历史进程。笔者认为，从日常生活的层面来看，人口迁移所带来的地域、族群和种族的多样性，逐步渗透到婚姻家庭、邻里社区、职业群体等城市社会的基本结构中，在生活方式、观念价值、情感道义层面带来了一系列碰撞。对此，人类学学者要在文化转型的视野下重新审视学科传统的研究主题，如婚姻家庭观念、亲属制度、邻里关系、文化习俗等如何在移民社会中传承、适应、变化并参与到社会重构的过程中。比如跨文化家庭内部的冲突、地域性歧视、传统道德伦理的弱化等，都可以成为未来中国都市人类学作深入探讨的领域。

从整个城市的文化体系来看，一方面是在多元性基础上形成的新的移民城市文化。一系列城市地标、城市符号、城市仪式、城市文体活动等尝试彰显城市的文化特色，是自上而下推动移民城市文化构建的主要路径，也是移民城市文化涵化在公共层面的重要体现。同时，在不同层次人群中存在的各类城市流行文化的传播和蔓延，则体现了基于阶层、职业、年龄、教育等因素形成的文化差异，亦显示了文化涵化的不同层次和多种可能性。另一方面，城市及乡村的传统文化也是移民城市文化的重要组成部分，各类城市文化遗产的保护和利用也应该成为中国都市人类学文化转型研究的重点。

第四，积极探索研究方法的突破，实现宏观和微观研究的有机结合。在研究方法的探索中，都市人类学核心的问题在于如何兼顾人类学在方法论层面对平衡整体观和田野调查二者关系的内在要求。因为在城市研究的场景中，人类学学者不可能只通过田野调查就能获得有关城市的整体性认识。因此，人类学学者既需要开展微观田野调查，也需要具备对城市的宏观整体性认识，而微观研究与宏观研究的有机结合是都市人类学在研究方法上突破的重点。

笔者认为，立足于社区、人群的微观研究是都市人类学研究的方法之本，特别是长时段的社区追踪研究，是把握城市社会转型内在机制的基础研究方法。人类学有一套完整的微观研究规范，强调在时空的延续中以人为中心开展研究，围绕生计模式、人口结构、婚姻家庭、社会组织、文化观念等一系列主题展开的社区和人群变迁的整体研究有助于我们在微观层面观察城乡要素之间充满张力的互动与结合过程，并通过"小地方"来透视一定区域、一定时期内城市社会转型的动力、机制与表征。

当然，仅有微观研究的个案是不够的，因为如果过分沉浸于微观研究，人类学学者根本无法提出有普遍性的研究问题和概念，难以扩大学科研究的社会影响力。中国的都市人类学需要在微观研究基础上增加宏观研究的深度和强度。其路径，一是与其他学科开展跨学科的数据合作，帮助人类学学者定位有关城市的整体性认识。人口学、地理学、经济学等这些主要在宏观层面开展城市问题研究的学科积累了大量研究数据库，特别是信息化时代大数据的发展使运用海量数据以及数据分析新技术，对人类行为、群体互动以及社会适应系统进行研究成为可能，这是人类学者获得有关城市的整体性认识的重要数据来源。二是在数据合作的基础上，都市人类学更需要基于人类学自身宏观研究的传统，通过具体个案的类型比较研究，形成对城市宏观发展趋势的判断，实现从个案到类型、从微观到宏观、从特殊性个案到普遍性理论的突破。我们要对中国都市人类学积累的三十余年的个案研究资料进行有计划的个案经验比较，并更进一步地将社区比较扩展到更加宏观的层面，如城市发展模式的比较、区域社会经济演变的比较等。在比较研究的基础上形成城镇化模式及城镇类型数据库，进一步指导都市人类学的微观个案研究。这是实现中国都市人类学从地域性、专题性的问题研究转向理论模式抽象和提炼的必由之路。

四 结语

坚持和发展中国特色社会主义，必须加快构建中国特色哲学社会科学。改革开放以来中国社会的剧烈转型举世罕见，在理解转型的基础上构建中国道路、中国模式和中国经验的理论解释，是今天中国各哲学社会科学学科的时代使命。中国的都市人类学伴随着改革开放而成长，其研究的主要问题意识、研究经验均来自中国城市的发展历程，都市人类学在城镇化与都市问题、移民与族群研究、都市文化研究等关键领域形成了兼具学术性和应用性的研究成果，并逐渐形成了自身的研究特色。笔者认为，下一步，面对新时代全面建设社会主义现代化强国的新要求，都市人类学应义无反顾地承担起时代赋予的研究使命，以学科性为专业性、原创性、特色性研究的灵感来源，以立足于实际调查的中国特色为理论创新的突破点，与时俱进地以新时代发展的核心问题为研究指引，从学科性、中国性、时代性三个层面着手，加快构建新时代中国特色的都市人类学研究的学科体系、学术体系和话语体系，总结中国发展经验，形成中国理论，为中国特色社会主义建设实践，为世界经济社会发展，为建设人类命运共同体贡献更多中国智慧、中国方案。

后 记

　　上个世纪 90 年代我开始教授人类学与中国社会研究这门课程，除了讲述国内外以往的研究，亦关注改革开放以来的新成果。经过 40 多年快速的发展，中国经历了从地域社会到移民社会的变迁历程，社会转型的过程中伴随着文化的转型。早在 20 世纪 90 年代末期，费孝通先生就已经谈到中国面临文化转型，他认为："文化转型是当前人类的共同问题，因为现代工业文明已经走上自身毁灭的绝路上，我们对地球上的资源，不惜竭泽而渔地消耗下去，不仅森林已遭难于恢复的破坏，提供能源的煤炭和石油不是已在告急了么？后工业时期势必发生一个文化大转型，人类能否继续生存下去已经是个现实问题了。"① 文化机制作为社会转型现象背后的深层次结构性逻辑，深刻影响着社会转型的方式，是社会转型的本质，而文化转型则以社会转型为动因和表征，实践着文明进程意义上的变迁。中国人类学面临研究话题和文化情境的巨大改变，原有的以乡村和地域文化为基础的研究范式亟待拓展，相关的理论更新也迫在眉睫。自从我个人的研究主题调整以来，我就鼓励我的博士生大胆尝试人类学以前没有涉足过的领域进行研究，以期中国人类学在不同的研究主题上都有所贡献。

　　本书是我和自己数十年悉心培养的学生共同完成的一部理解中国社会的文章的合集，各篇文章的研究主题各异，但都立足于人类学的文化理解，提供了中国社会变迁的全方位图景。在组织论文收录和整理出版的工作中，几次调整主题，中间因其他琐事耽搁了一段时间，但庆幸此书最终付梓，得以问世。为此，我应该感谢所有的撰稿者，尤其是那些按时完成文章撰写的作者，感谢他们的付出；感谢社会科学文献出版社，特别是刘

---

　　① 费孝通：《反思·对话·文化自觉》，《北京大学学报》（哲学社会科学版）1997 年第 3 期。

荣副编审，她的不弃和细致的工作最终成全了此书的顺利出版；感谢中国社会科学院学部委员、民族学与人类学研究所研究员何星亮同志为本书撰写外审专家审读意见，促成本书的最终出版。

参加本书撰写的有（按照文章顺序排列）：中山大学社会学与人类学学院教授周大鸣，武汉大学社会学院副教授李翠玲，云南大学民族学与社会学学院王越平副教授，南开大学周恩来政府管理学院副教授刘华芹及硕士研究生姜兆艺，独立研究者何绰越，广东外语外贸大学新闻与传播学院讲师姬广绪，中山大学旅游学院教授孙九霞，广东开放大学副校长、教授孙平，中山大学社会学与人类学学院副研究员曹雨，西南大学历史文化学院民族学院教授田阡，湘南学院副教授陈敬胜，湘潭大学碧泉书院社会学系讲师申玲玲，《广西民族大学学报》编辑部编辑陈彪，广西民族大学民族学与社会学学院教授秦红增，中山大学社会学与人类学学院教授杨小柳。最后要感谢我的科研助理祁红霞，她为书稿的出版付出了相当多的努力。感谢社会科学文献出版社刘荣副编审和单远举编辑，他们的精心审校，为本书增添了不少色彩。

此书稿完成了，但它更是鞭策和鼓励，催促我们继续前行。但愿我们对中国文化转型的观察与思考不会因这部论文集的出版而停滞，相反，希望这种观察和思考能够引发更大范围的回应和反响。

周大鸣

2021 年于康乐园斯盛堂

图书在版编目（CIP）数据

人类学与中国社会／周大鸣等著. -- 北京：社会
科学文献出版社，2021.7（2022.9重印）
ISBN 978 - 7 - 5201 - 8378 - 9

Ⅰ.①人… Ⅱ.①周… Ⅲ.①社会人类学 - 研究 - 中
国 Ⅳ.①C912.4
中国版本图书馆 CIP 数据核字（2021）第 102278 号

人类学与中国社会

著　　者／周大鸣 等

出 版 人／王利民
组稿编辑／刘　荣
责任编辑／单远举
责任印制／王京美

出　　版／社会科学文献出版社（010）59367011
　　　　　地址：北京市北三环中路甲29号院华龙大厦　邮编：100029
　　　　　网址：www.ssap.com.cn
发　　行／社会科学文献出版社（010）59367028
印　　装／北京虎彩文化传播有限公司

规　　格／开　本：787mm × 1092mm　1/16
　　　　　印　张：18　字　数：300 千字
版　　次／2021 年 7 月第 1 版　2022 年 9 月第 2 次印刷
书　　号／ISBN 978 - 7 - 5201 - 8378 - 9
定　　价／99.00 元

读者服务电话：4008918866